張栻年譜

王開琢　胡宗楙　〔日〕高畑常信　著　鄧洪波　輯校

科學出版社
北京

内 容 簡 介

　　張栻（1133～1180年），字敬夫，一字欽夫，號南軒，學者稱南軒先生。卒後三十餘年，追諡曰宣，後世因稱張宣公。南宋漢州綿竹（今屬四川）人。爲南宋思想家，湖湘學派集大成者，其事功政績炳於史册，世有公輔之望；道德文章照於汗青，人稱百世之師。在宋代講學名臣中，他與朱熹、吕祖謙關係緊密，世以朱、張、吕三子並稱，號爲“東南三賢”。但朱、吕各有年譜，張氏獨付闕如。直至清道光年間寧鄉王開琠輯刊《南軒公年譜》，其後，民國永康胡宗楙《張宣公年譜》、日本高畑常信教授《張南軒年譜》先後問世。

　　今輯校成書，并輯録有關張栻的畫傳、傳記、祭文、著作提要序跋、紀念性書院資料，編爲附録，以《張栻年譜》爲名刊布，以爲研究之助。

圖書在版編目（CIP）數據

張栻年譜／（清）王開琠等著；鄧洪波輯校. —北京：科學出版社，2017.10
ISBN 978-7-03-054900-6

Ⅰ. ①張…　Ⅱ. ①王…　②鄧…　Ⅲ. ①張栻（1133—1180）-年譜
Ⅳ. ①B244.995

中國版本圖書館 CIP 數據核字（2017）第 257989 號

責任編輯：陳　亮　耿　雪／責任校對：韓　楊
責任印製：張克忠／封面設計：潤一文化
編輯部電話：010-64005207
E-mail: chenliang@mail.sciencep.com

科 學 出 版 社 出版
北京東黄城根北街 16 號
郵政編碼：100717
http://www.sciencep.com

北京匯瑞嘉合文化發展有限公司 印刷
科學出版社發行　各地新華書店經銷
*
2017 年 10 月第 一 版　開本：A5（890×1240）
2018 年 1 月第二次印刷　印張：9 1/2
字數：244 000
定價：42.00 元
（如有印裝質量問題，我社負責調换）

前言

一

　　張栻（1133～1180 年），字敬夫，一字欽夫，號南軒，學者稱南軒先生。卒後三十餘年，追諡曰宣，後世因稱張宣公。南宋漢州綿竹（今屬四川）人。綿竹張氏，世稱大族。張栻曾祖張鉉，宋仁宗時以殿中丞致仕。祖父張咸，宋神宋元豐二年（1079 年）進士，官到劍南西川節度判官。父親張浚，宋徽宗政和年間進士，歷仕欽宗、高宗、孝宗三朝，出將入相，力主抗金，組織北伐，號稱中興名相，但遭秦檜排擠，貶謫湘粵二十餘年。臨終，以曾任宰相而不能雪恥恢復中原爲終身之憾，自覺無顏見先人於地下，遺囑葬於衡山之下。張栻生於蜀而長於湘，長期隨父輾轉於瀟湘嶺南之間，至此乃遵囑葬其父於潭州寧鄉，並徙居其地，子孫繁衍至今，皆尊其爲遷湘始祖。故而，綿竹張栻又得稱爲湖南寧鄉人。

　　張栻"生有異質，穎悟夙成"，深得乃父張浚喜愛，令共長隨身旁，"教以忠孝仁義之實"。既長，以蔭補右承務郎，任職於其父的宣撫司都督府，負責機宜文字工作，除直秘閣。從此，踏入仕途，成爲一名没有進士功名的南宋官員。計其一生，張栻歷任嚴州知州，尚書吏部員外郎兼權左右司侍立官、侍講，左右司員外郎，袁州知州，靜江府知府兼廣南西路安撫使，轉承事郎，進直寶文閣，除秘書閣修撰，荆湖北路轉運副使，改知江陵府兼荆湖北路安撫使。淳熙七年（1180 年），以病請辭，詔以右文殿修撰，提舉武夷山沖佑觀，未及拜官而卒於江陵任所，年僅四十八歲。

張栻雖然英年早逝，歷官未久，但他却以修德立政、清廉除貪、正直敢言、用賢養民、屯邊善馬、選將練兵、抗金復仇等正面形象享譽孝宗時代的官場。其生也，人們對其期待甚高，《宋史》稱其"有公輔之望"；其死也，孝宗皇帝"深爲嗟悼"，"四方賢士大夫往往出涕相吊，而江陵、静江之民尤哭之哀"①。由此可見，其官宦生涯閃耀光輝，是史有定論，流芳丹青。然而，張栻一生的最大貢獻並不在從政，而在治學、育人，以嶽麓書院、城南書院、石鼓書院爲基地，奠定了湖湘學派的規模，並最終將自己鍛造成集湖湘學派之大成的代表性人物。

張栻與朱熹、吕祖謙齊名，並稱"東南三賢"，是當時全國最有名的學者。早年他師從胡宏於碧泉書院，以其超群學識而深得器重，曾有"聖門有人，吾道幸矣"的贊語。學成之後，他先後創建城南、道山、南軒書院於善化、寧鄉、衡山等地，宣導師説，將湖湘之學光大於胡氏身後。乾道元年（1165 年），湖南安撫使劉珙重建的嶽麓書院，聘他主持教事，因撰《潭州重修嶽麓書院記》，比較系統地提出了他反對"群居佚譚"，反對"但爲決科利禄計"，反對僅爲學習"言語文辭之工而已"，堅持辨理欲、明義利、體察求仁，將教學與治國平天下的經世活動聯繫起來，以培養"得時行道，事業滿天下"的濟世人才，即堅持"成就人才，以傳斯道而濟斯民"的辦學方針和指導思想②。在教學方式方法上，他力主致知力行，知行互發，循序漸進，博約相須，學思並進，博思審擇等，頗具特色。因此，"一時從游之士，請業問難者至千餘人，弦誦之聲洋溢於衡峰湘水"③。湖湘學派得以嶽麓書院爲中心基地而盛極當年。

東南三賢之一的朱熹，遠在兩千里之外的福建，得聞張栻闡胡

---

① 《宋史》卷四二九，中華書局点校本，一九八五年。
② 見《南軒文集》卷十，清道光洗墨池刊本。
③ 楊錫鈸：《城南書院志》卷首，《改建書院叙》，清道光刻本。

宏之學於嶽麓書院，即於乾道三年秋，偕學生"往從而問焉"①，這就是中國學術史上著名的張栻與朱熹會講。此次會講，以"中和"（心性論）爲主題，涉及太極、乾坤（本體論），持敬、察識持養（道德修養論）等理學所普遍關注的問題，講論兩月有餘，"學徒千餘，輿馬之衆，至飲池水立涸，一時有瀟湘洙泗之目焉"②。

八百五十年之後，我們再來討論這次張栻與朱熹的嶽麓會講，發現其意義重大。首先，對張栻而言，學問愈講愈明，思想趨於成熟，正所謂"遺經得紬繹，心事兩綢繆。超然會太極，眼底無全牛"。對朱熹而言，它有著啓導其集理學之大成的重要作用，正如朱熹答張栻贈詩所說："昔我抱冰炭，從君識乾坤。始知太極蘊，要妙難名論。謂有寧有迹，謂無複何存。"③ 書院兩個多月的會講，對朱學體系形成所産生的影響於此不言自明。

其次，對嶽麓書院而言，東南三賢中有二賢講學於此，何其幸也。"自此以後，嶽麓之爲書院，非前之嶽麓矣，地以人而重也！"④ 此正所謂"真儒過化之音不可絶而莫之繼也"。後人繼起，張栻與朱熹二先生就這樣被奉爲嶽麓百世之師，"張朱之學"（元明以降，隨朱熹地位日高，改稱"朱張之學"）即成嶽麓之教的正統。這一點很重要，它確立了嶽麓學統，張朱之學／朱張之學不僅影響書院數百年，而且通過書院影響湖湘文化數百年的發展。

第三，此次學術活動，早於學術史上著名的鵝湖之會，實開不同學派借書院會講之先河，大倡自由講學之風，二先生辨中庸之義三晝夜而不輟，是爲追求真理的大學術風範，可以楷模後世。

總之，張栻與朱熹這次嶽麓會講，是湖南乃至全國書院和學術發展史上里程碑式的大事，是不同學術流派在書院開展學術交流的

---

① 朱熹：《中和舊說序》，見《晦庵先生文集》卷七五，四部叢刊本。
② 趙寧：《嶽麓書院志》卷三，清康熙刻本。
③ 張栻、朱熹：《南嶽倡酬集》，文淵閣四庫全書本。
④ 吳澄：《嶽麓書院重修記》，見陳谷嘉、鄧洪波：《中國書院史資料》，杭州：浙江教育出版社，一九九八年版，第三二二頁。

典範，是書院與理學的一次完美結合，可以視作書院與學術一體化機制形成的標志，更是湖湘學派終成盛大之勢的標志。從此以後，朱學與白鹿洞書院、呂學與麗澤書院、陸學與象山精舍（書院）相結合，它們和嶽麓一起，號爲"南宋四大書院"，開創了一個理學與書院一體發展的新時代，推動了中國文化的進步與繁榮。

二

湖湘學派是一個形成於宋代的地域性學術流派。命名學派、勾勒學統並首次對其作清晰而全面描述的是晚宋大儒真德秀。宋寧宗嘉定十六年（1223 年），真德秀以潭州知州兼湖南安撫使發布《潭州勸學文》，其稱：

> 竊惟方今學術源流之盛，未有出湖湘之右者。蓋前則有濂溪先生周元公，生於舂陵，以其心悟獨得之學，著爲《通書》《太極圖》，昭示來世，上承孔孟之學，下啓河洛之傳。中則有胡文定公，以所聞於程氏者設教衡嶽之下，其所爲《春秋傳》專以息邪説，距詖行、扶皇極、正人心爲本。熙寧以後，此學廢絕，公書一出，大義復明。其子致堂、五峰二先生，又以得於家庭者，進則施諸用，退則淑其徒，所著《論語詳説》《讀史》《知言》等書，皆有益於後學。近則有南軒先生張宣公寓於兹土，晦庵先生朱文公又嘗臨鎮焉。二先生之學源流實出於一，而其所以發明究極者，又皆集諸老之大成，理義之秘，至是無復餘蘊。此邦之士，登門牆承謦欬者甚衆，故人才輩出，有非他郡國所可及。今二先生雖遠，所著之書具存，皆學者所當加意。而南軒之《論孟説》，晦庵之《大學中庸章句》《或問》《論孟集注》，則於學者爲尤切，譬

之菽粟布帛，不容以一日去者也。①

　　非常明顯，在真德秀看來，南宋後期盛於全國的湖湘學派，它以人才輩出，"有非他郡國所可及"而著稱，而考其學術源流，則由前期的周敦頤（元公），中經胡安國（文定公）、胡寅（致堂）、胡宏（五峰）父子，近則張栻（宣公）、朱熹（文公），構成一個完整的學統。在這個學統中，周敦頤上承孔孟，下啓河洛，有開祖之目；胡氏父子設教衡嶽，對湖湘後學多啓導之功；張栻、朱熹二先生則闡明理義，集諸老大成，更被推爲學派的旗幟，其著作"譬之菽粟布帛，不容以一日去者也"，抬到了近乎神聖的地位。

　　需要特別指出的是，湖湘學派的學統與嶽麓書院的學統重疊於"張朱之學／朱張之學"這一部分。這是嶽麓書院在湖湘學派無上地位及領導作用的反映。這種地位和作用的影響是長期的，以至它使當時的民衆、士論廣爲接受而形成一種主宰性的看法，其結果就是將嶽麓書院、張朱之學／朱張會講推到了一種"文化霸權"的位置。當然，這種"霸權"地位的建立是漫長的，由宋及元而至明清，才得以最終完成，在南宋，它鮮少"强制"性，更多地則表現爲湖湘學派這一區域性文化的象徵意義。

　　必須特別强調的是，南宋年間，湖湘學派這一象徵的表述，不是"朱張之學"，而是"張朱之學"。如前所述，真德秀《潭州勸學文》所謂"二先生之學"，將張栻排在朱熹之前。而他嘉定十六年（1223年）在潭州州學的《先賢祠祝文》中，更是直呼"張朱二先生"，謹將其全文引録如下：

　　　　濂溪先生周元公、明道先生程純公、伊川先生程正公、武夷先生胡文定公、五峰先生胡公、南軒先生張宣公、晦庵先生朱文公，聖學不明千有餘載，數先生相繼而出，遂續孔

　　① 光緒《湖南通志》卷六二。按《西山文集》卷四十亦載此文，唯題作《勸學文》，文字稍有不同。

孟不傳之統，可謂盛矣。惟時湖湘淵源最正，蓋濂溪之生實
在舂陵，而文定父子又以所聞於伊洛者設教於衡嶽之下，張
朱二先生接迹於此，講明論著，斯道益以光大。然則天之生
數公也，所以幸天下與來世，而湖湘之幸抑又多焉。頖宫有
祠，其來尚矣。某雖不敏，然於數先生之學，蓋嘗用其力者，
而庸駑之質，欲進未能，叨恩假守，用敬謁於祠下，緬懷遺
風，當益自勵，冀於斯道或有聞焉，施之有政，庶乎寡過，
惟先生其相之。幸甚。①

　　在真德秀看來，湖湘之學"淵源最正"，由濂溪—明道—伊川接
"續孔孟不傳之統"，到武夷—五峰夫子的"講明論著"，再到南軒—
晦庵"張朱二先生"的"接迹""光大"，其學統路徑清晰可考。這
與《潭州勸學文》的思路與表述邏輯完全一致，"張朱二先生"其有
功於湖湘之學，實可視作當年官紳士民的公論，而張前朱後當無異議。
　　真德秀直呼"張朱二先生"之後三十年，在張栻曾生活多年的
永州，更出現了只提張栻而不談朱熹的情況。據記載，宋寶祐元年
（1253 年）八月丁未，永州知州會稽人虞玨率諸生到州學祭祀孔子，
作《永州學釋奠詩》，前有小序，其稱："惟湖湘理學自周元公倡之，
五峰、南軒繼之，遠有端緒。"詩中也有"正學昭昭貴力行，湖湘一
派到於今。好翻愚島詞峰手，密察濂溪理窟心"②之句。表述雖然比
較簡要，但勾畫的輪廓清楚，強調周、胡、張三人對湖湘理學發展
的貢獻，而把朱熹排斥在外。一個官於斯者的外地人能有如此認同，
可見此論應爲當時當地士人的一般共識，應該視作學術公論深入人
心的表現而予以特別注意。
　　即便是在嶽麓書院，到元代吳澄作《百泉軒記》才將朱子置於
張子之前，而在其所作《嶽麓書院重修記》中還是張前朱後。直到

① 真德秀：《西山文集》卷五三，文淵閣四庫全書本。
② 光緒《湖南通志》卷二七四，清光緒刻本。

明弘治年間，陳鋼建朱張祠（又名崇道祠），"朱張二先生"的排位才最終定型並沿用至今。"朱張之別祀……崇道學……從書院也"[①]，"祀朱張，崇道也"[②]。這是明清時代的説法，如此"朱張二先生"，本質上與宋代"張朱二先生"並無二致，但爲什麼排序上有前後的差別呢？究其原因，極爲複雜，但其中有兩個因素是不能忽視的。一是張栻長期生活在湖南並定居湘中，講學書院，門人甚眾，湖湘學派由他奠定規模；朱熹前後兩次到湘講學，門徒雖多，但終屬作客，湖湘人士有心理認同的困難。二是朱學的地位在宋理宗時代雖然迅速上升，但它畢竟還是八閩文化的符號，沒有從區域性文化象徵變成國家文化的象徵，儒家正統觀念使得這個時期只能表述爲"張朱二先生"，這是極爲自然的理念表現，正如後來朱學成爲官學而變作"朱張之學"一樣自然。

應該説，不論是"張朱二先生""張朱之學"，還是"朱張二先生""朱張之學"，無論是張在朱前，還是張在朱後，雖然表述容有不同，排序亦可先後有別，但張栻在湖湘學派的核心作用與靈魂性地位都是毋庸置疑，不可動搖的。

三

張栻一生，其事功政績炳於史册，世有公輔之望；道德文章照於汗青，人稱百世之師。在宋代講學名臣中，他與朱熹、吕祖謙最爲友善，關係緊密，世以朱張吕三子並稱，號爲"東南三賢"。但就年譜而言，"朱有李果齋、李古沖、洪去蕪、王白田數家。吕有門人所訂，載入本集。南軒張氏，獨付闕如"[③]。這種情況，要到清道光年間寧鄉王開琠輯刊《南軒公年譜》，才得以改變。

王開琠，字雲樵，湖南寧鄉人，爲張栻同鄉後輩。其曾祖王文

---

① 趙寧：《嶽麓書院志》卷三《廟祀》，清康熙刻本。
② 黃衷：《嶽麓書院祠祀記》，載趙寧《嶽麓書院志》卷七。
③ 胡宗楙：《張宣公年譜序》，民國二十一年鉛印本。

清，乾隆年間兩任嶽麓書院山長十餘年，曾撰《宋理學先儒考略》，輯朱熹、張栻生平事略，意在振起湖湘學統。其祖王運樞爲嶽麓書院學生。家學淵源，深受影響。清道光元年（1821年），舉孝廉方正。曾任酆縣洣泉書院、永州濂溪書院山長。著有《國朝禮制文宜》八卷、《湖南郡縣沿革便覽》四卷、《炎陵志》八卷之首一卷末一卷、《周子年譜》一卷、《南軒公年譜》一卷。

《南軒公年譜》編輯緣由，見於寧鄉縣知縣郭世闓所作序言，其稱："寧鄉王徵君雲樵既爲道山周子濂溪編《年譜》，梓而公諸同好，又念其鄉南軒張子，《年譜》缺如，采群書輯之成帙，蓋論古而尚友者矣。"[1] "於是取《宋史》《綱鑑》《南軒全集》《朱子文集》，以及他書之可采者，編年紀月，纂而成帙"[2]。道光十九年（1839年），此譜首刻於寧鄉冠英堂。其後，又有清活字本問世。惜乎年代久遠，今已難覓其蹤影。所幸南軒後裔，曾將其改題爲《宣公年譜》，收入所修族譜、家譜予以刊布，始得存留於世。今據民國二十八年（1939年）四益堂所刻《寧鄉水口張氏八修譜》爲底本，以民國十三年（1924年）源遠堂刻本《溈寧湯溪張氏九修族譜》爲參校本，進行整理[3]。書名一依族譜，題爲《宣公年譜》。此無他，尊底本而作變通也，特此説明。

王開琭之後，又有浙江人胡宗楙、日本人高畑常信，先後編纂《張宣公年譜》《張南軒年譜》，兹將其情況簡介如下：

胡宗楙（1867~1938年），一名胡宗楚，字季樵，浙江永康人。清光緒二十九年（1903年）舉人，以知縣分發江蘇，任江南工藝總局提調、直隸州知州等。入民國，寓居天津，潛心於典籍。繼承其父胡鳳丹 "十萬卷樓" "退補齋"藏書近十萬卷，藏書增至十六萬卷，藏書處有"夢選樓""嬋嬛勝處""頤園"等處，爲民國著名

[1] 郭世闓：《宣公年譜叙》，民國二十一年鉛印本。
[2] 王景章：《宣公年譜叙》，民國二十一年鉛印本。
[3] 洪波按：源遠堂、四益堂兩本文字一致，唯源遠堂不載序跋。

藏書家。致力於鄉邦文化建設，編有《金華書目》著録精品圖書四百一十一種，著述《金華經籍志》二十四卷，收録魏晋至明末金華文獻一千三百餘種，輯刊《續金華叢書》六十種。著作有《説文雋言》《東陽記考》《東陽記拾遺》《永康人物志》《昭明太子年譜》《胡正惠公年譜》《張宣公年譜》《王魯齋先生年譜》等①。

胡宗楙有感於張栻、朱熹、吕祖謙並稱三子，朱吕各有年譜，而南軒"獨付闕如"，遂有編輯《南軒年譜》之想。其《張宣公年譜序》稱："由是而考三子之年譜，朱有李果齋、李古沖、洪去蕪、王白田數家。吕有門人所訂，載入本集。南軒張氏，獨付闕如。嘗考南軒，壬辰以還，學駸駸焉而底於成，與朱子庚寅拈出程子涵養二語，大恉始定，若合符券，使天而永其年，其所造詣或不出朱子下。……讀《南軒集》既竟，竊不自揣，編訂成譜。首事實，次引證，件分條繫，不相襍厠。學問政事，出處行誼，苟有據依，無不剷緝。至於言關忠告，雖遺議皆所當書；事類舞雩，即游觀亦所不廢。後爲附録，則以它書有涉南軒事實者入之。"由此可知其編譜緣由與宗旨，也可以看出，他當年并不知道有王開琜《南軒公年譜》的存在，自認爲填補空白之作。今日而論，其作雖不得稱首撰，但其據譜主著作而定其生平事迹及學術活動，繫事有據，引述資料豐富，比之王氏之作進步不少，實可資研究參考。

胡宗楙《張宣公年譜》，有胡氏夢選樓民國二十一年刻本傳世。其後的影印本，有一九九〇年北京圖書館出版社出版的《北京圖書館藏珍本年譜叢刊》本、二〇〇七年四川大學古籍所所編《儒藏》之《儒林年譜》本。

高畑常信（1941～　），日本香川縣人。昭和四十年（1965年），香川大學學藝學部畢業，昭和四十六年，廣島大學大學院中國哲學博士。東京學藝大學教授。著有《宋代湖南學研究》《中國的閑章》

① 李玉安、黃正雨：《中國藏書家通典》，北京：中國國際文化出版社，二〇〇五年版。

《日本的閑章》《篆刻鑒賞大字典》《鄧石如的書法與篆刻》等，譯著有《東坡題跋》《篆刻的歷史與技法》《篆刻的歷史與鑒賞》等。一九九五年，西泠印社曾出版其《日本的篆刻》。

高畑常信先生的學術研究，以中日篆刻和湖湘學派爲兩翼。一九七四年，其中國哲學專攻博士課程完成之後，就有《張南軒年譜》問世。《年譜》首刊於《中京大學文學部紀要》一九七四年十二月號，後來收入其學術專著《宋代的湖南學研究》。該書五章，分論胡安國、胡五峰、張南軒的思想，以及湖南學與朱子等，平成八年（1996年），由東京秋山書店出版，《張南軒年譜》爲其第三章第六節。

此次整理，王闓琫《南軒公年譜》，因清刻本難覓，遂以張氏族譜爲底本，并改題爲《宣公年譜》，有關情況已如前述。胡宗楙《張宣公年譜》，以北京圖書館出版社影印之《北京圖書館藏珍本年譜叢刊》爲底本。高畑常信《張南軒年譜》，以秋山書店《宋代湖南學研究》爲底本，請書院同事田訪博士翻譯。三種年譜之外，又輯錄有關張栻的畫傳、傳記、祭文、著作提要與序跋、紀念性書院等文獻，編爲附錄五種，以作補充。限於學識水準，錯誤或當難免，若得方家賜教，則洪波幸甚。

四

洪波自一九八四年七月忝爲嶽麓書院一員，即受南軒、考亭潤化，身心受益，久懷感恩。一九九七年八月，曾有整理南軒著作之議，計劃收入其現存全部著作，並作《南軒文集集佚》，附錄《張宣公年譜》及史志相關傳記資料。此議雖得到柳州張先知先生、祁東張石珍先生、邵東張克剛先生等南軒後裔支持，但由於種種原因，一直進展不順。二〇一〇年一月，因省府《湖湘文庫》計劃，出版《張栻集》，收入《南軒文集》《論語解》《孟子說》，占張栻現存著作總量的百分之九十以上，學術精華可謂盡入其中。如今，又輯校《張栻年譜》，收入王開琠、胡宗楙、高畑常信所作三種年譜，二十年心願得以基本了却，其喜悦之情難以言表。誠然，當年的計劃不能全部執行，實屬美中不足。但願，日後有機會輯刊南軒現存全部著作，并撰寫全新的《南軒年譜》。

　　這次整理工作的完成，要感謝嶽麓書院新老山長朱漢民、肖永明教授的支持；感謝南軒後裔張勁松、張筱林等先生爲代表的張浚張栻思想研究會的支持。還要特別感謝高畑常信先生、鶴成久章先生、田訪博士的幫助。二〇〇二年十二月，鶴成久章先生带我在東京學藝大學第一次拜訪高畑常信先生，其後或信件往復，或相見於嶽麓，多次請教，獲益良多；同事田訪博士，是畢業於京都大學高材生。若無他們三位的支持，我們就不可能知道南軒先生在東洋日本的影響。開闊眼界，此之助也。

鄧洪波

二〇一七年七月三日，記於嶽麓書院勝利齋

目録

宣公年譜

清·王開沃　撰

鄧洪波　校點

—— 宣公年譜叙 ——

　　司馬龍門《史記》，序孔子，列世家，論者謂知尊聖而體製未協。然觀其網羅放失，臚列舊聞，自世系、生卒、葬所，并七十二年行道、傳道諸徵謨，庶乎詳且備矣。夫聖人之道，光日月、壽天地、亘元會運世不朽，必年代有可紀者。而以後學高山景仰之懷求之，則藉此考而記焉，一抒嚮往之誠也，亦固其所。宋代先賢，紹孔門之傳者也。寧鄉王徵君雲樵，既爲道山周子濂溪編《年譜》，梓而公諸同好，又念其鄉南軒張子，《年譜》缺如，采群書輯之成帙，蓋論古而尚友者矣。

　　予思張子，蜀産也，長楚南，葬衡山下，袝其父魏公塋側，今寧邑西百餘里，佳城在焉。是楓林之龍塘原歟，所謂衡山下者歟？抑衡爲南嶽宗，潙之峰皆其支絡所蜿蜒，衡山下即潙山下歟？夫以南軒先生之賢，政績奏議，炳於史鑒，性理文章，載之全集，固彰彰已。即與紫陽諸大賢講學粹旨，亦散見於《大全》《或問》諸書。若夫生之歲、卒之年、游宦流寓之日月，豈不有家乘，而煩雲樵之采輯爲？予以爲世俗尋常族牒，類皆以子孫譜其祖宗，獨至古昔先賢大儒，其道公而溥、遠而長，得所傳，人人皆可以私爲淑而表其緒。族牒之所詳，因而表之不爲襲；族牒之或略，從而補之不爲僭。則家自爲書之説，非所論於尚友古人也。況雲樵是編，其詳其略，尚未敢自信無漏，且冀夫同心者之集思而廣益也哉！予蒞寧數載，得登張子墓一展拜矣。憶摩抄碑碣時，髫齔讀其梗概，茲雲樵真有以眎我也。繫年繫事，序列羅羅，然尤見用太史公遺意，而能不失傳記體製云。

　　賜進士出身，欽加州同銜，署湖南乾州直隸軍民府事，知寧鄉縣，加十級，紀録十次，砥瀾弟郭世闓拜譔。

—— 又叙 ——

寧鄉雲樵徵君，昔主講永州濂溪書院，輯《先賢周子年譜》，予已爲之序，以付剞劂。越今六載，重晤雲樵於長沙署齋，又出所撰《先儒南軒張子年譜》見示。張子生於西蜀，長於楚南，卒葬於忠獻公墓側，所謂衡山下楓林龍塘原者，今即寧鄉地也。其後裔蕃衍寧鄉。雲樵詢其後裔，初無年譜，且家乘亦失載生年月日。於是取《宋史》《綱鑑》《南軒全集》《朱子文集》，以及他書之可采者，編年紀月，纂而成帙。其年月不詳者，不能悉録，故雲樵猶憾未得廣爲攟拾也。

夫以周子之學數傳而下如張子者，功業既彪炳於高、孝兩朝，而俎豆馨香，尤隆千載，詎藉此年譜乎哉？然四十八年中，嘉言懿行，彙而求之，倍詳史册矣。予猶憶雲樵主講濂溪時，游朝陽、澹山、九龍諸巖，見周子題名，拓而藏之。游環翠亭舊址，見張子題名，亦拓而藏之。謂先賢先儒故迹，不啻球璧之珍焉。故一則仰光霽於草庭，一則欽英靈於梓里。觀兩譜之相繼而成，知其心乎先賢先儒也倍切矣。予雖簿書鞅掌，翰墨久疏，乃皆得綴一言於簡端，不大幸哉！

道光十九年己亥歲仲冬月穀旦，特授湖南郴州直隸州知州，加十級，紀録十次，剡溪宗愚弟景章睢園氏拜撰。

—— 宣公年譜 ——

·宋高宗紹興二年壬子　宣公生。

公諱栻，字敬夫，後避翼祖諱改字欽夫，號南軒，讀書南軒小方丈，學者因稱爲南軒先生。行五十，蜀漢川縣竹人。唐宰相九齡公弟九皋公之裔。由曲江徙長安，由長安轉徙居成都。高祖諱文矩，封沂國公，復由成都徙居綿竹。曾祖諱紘，舉茂才異等，累官知雷州，封冀國公。祖諱咸，舉進士、賢良兩科，歷官宣德郎，封雍國公。父諱浚，入太學，中進士第，累官尚書左僕射，同平章事，兼樞密使，封和國公，加封魏國公，贈太師，諡忠獻。前母樂氏，封楊國夫人。母宇文氏，封蜀國夫人，生宣公於閬州。生有異質，穎悟夙成，忠獻公其珍愛之。是年九月，上以王似爲川陝宣撫副使。十二月，召公知樞密院事。

按《宋史·浚傳》：紹興元年辛亥，金將烏魯攻和尚原，吳玠兵擊之，大敗兀术。復合兵至，其弟璘復邀擊，大破之。拜浚檢校少保定國軍節度使。浚在關陝三年，關陝雖失，而全蜀安堵。《魏公行略》：吳玠敗兀术於和尚原，公以陝右捍禦加制通奉大夫，奏迎太母。《綱目》：建炎四年時，浚駐邠州，又軍興州。紹興元年，軍閬州，分諸將鎮守川陝。距此則奏迎太母正元年，軍閬州，敗兀术於和尚原之後也，而公夫人即侍太母偕來，至二年乃生宣公，必生於閬州也。以《宋史》《綱目》及朱子所撰《神道碑》詳之：淳熙七年，宣公卒，年四十八。逆推至紹興三年，當爲宣公生年。而《嶽麓舊志》云"生於紹興二年"，則三年乃晬盤之期。又宣公有《生辰謝邵廣文惠仁者壽賦》詩云："左弧念當辰，藐此臥歲晚。"蓋在十二月，如今俗所云虛占一年也。

·紹興三年癸丑　宣公一歲。

是年春三月，金人至金牛鎮，劉子羽筑壁壘於潭毒山，忠獻公亦移守潼川，以子羽書乃止。上遣王似副公，公求解兵柄，詔赴行在。

·紹興四年甲寅　宣公二歲。

是年春，忠獻公至行在。辛炳劾公，遂以本官提舉洞霄宮，福州居住。冬，召以資政殿學士提舉萬壽觀兼侍讀，旋又以知樞密院事視師江上。

·紹興五年乙卯　宣公三歲。

是年春，上詔忠獻公還，與趙鼎爲尚書左僕射并同平章事兼知樞密院事，都督諸路軍馬。尋命如江上議邊防。三月，視師潭州。六月，岳飛斬楊幺，降鍾子儀、周倫等，湖湘悉平。召還。冬十月，詔對便殿，進《中興備覽》四十一篇。

·紹興六年丙辰　宣公四歲。

是年春，忠獻公加金紫光禄大夫，封公母計氏秦國太夫人，會諸將於鎮江。六月，撫師江上。冬十一月，還自鎮江。

·紹興七年丁巳　宣公五歲。

侍親來南，居永州。

是年春正月，忠獻公加觀文殿大學士兼樞密使。八月，爲淮西宣撫使。九月，因酈瓊叛引咎求去，免都督府，且論謫。以母年老且有勤王功，冬十一月，遂以秘書少監分司西京，永州居住。

> 按：《魏公行略》於何蘚還自金，公草哀詔後乃云：公戴星出，經處國事，入侍太母色養。又云：抵永州，凡所以順承親意者，無不曲盡。太母安之，不知其爲遷謫也。《綱目》：何蘚還自金，在紹興七年正月，公兼樞密使。時意公在相位，

或已迎太母攜家屬至京都，及謫永州，又偕往永州。然至京
都無可考，惟宣公《答陳平甫書》云：某自幼侍親來南，周
旋三十年間，且伏守墳墓於衡山之下。以公來南，當在此年。

·紹興八年戊午　宣公六歲。

侍居永州。

是年春二月，忠獻公於永州客館東隅作三省堂，又構詠
歸亭，太母施造零陵慈氏閣，金相輪公立碑記之。三月，公題李潼川下蜀
圖於龍興寺西軒。

·紹興九年己未　宣公七歲。

侍居永州，至長沙。

是年春，忠獻公聞朝廷欲與金講和，五上疏，皆不報，旋以赦
復官提舉洞霄宮。未幾，除資政殿大學士，知福州兼安撫大使。於
是，奉太母夫人來長沙，寓居城南，築堂榜曰："盡心"。①

·紹興十年庚申　宣公八歲。

侍居長沙。

是年，万俟卨希秦檜旨，論忠獻公卜宅僭擬五鳳樓，遣吳秉信
以使事至湖南有所案驗，見公居不過中人產，歸奏其實。檜黜秉信。
十月，復觀文殿大學士。

·紹興十一年辛酉　宣公九歲。

侍居長沙。

是年春正月，忠獻公入見。夏四月，又與韓世忠、岳飛相繼入覲。
冬十一月，除檢校少傅、崇信軍節度使，充萬壽觀使，免奉朝請。

----

① 洪波按：張浚築書心堂養親事，此據宋人徐自明《宋宰輔編年錄》卷十五，記作紹興
九年。而胡宗楙譜記作紹興十二年。

·紹興十二年壬戌　宣公十歲。

侍居長沙。

是年，忠獻公封和國公。

·紹興十三年癸亥　宣公十一歲。

侍居長沙。

·紹興十四年甲子　宣公十二歲。

侍居長沙。

·紹興十五年乙丑　宣公十三歲。

侍居長沙。

是年夏四月戊寅，彗星出東方。秋七月，忠獻公因彗星之變，將極論時事，恐貽太母憂。太母訝其瘁，問其故，公以實對。太母誦雍國公制策曰：臣寧言而死於斧鉞，不忍不言而負陛下。公遂決意上疏。事下三省，秦檜大怒，令中丞何若劾之。

·紹興十六年丙寅　宣公十四歲。

侍居長沙，往連州。

是年秋，忠獻公落節鉞，遂以特進提舉江州太平興國宮，連州居住。公被命，留家屬以養太夫人，獨挈子姪而行，公侍往連州。

·紹興十七年丁卯　宣公十五歲。

侍居連州。

忠獻公日夕讀《易》，教授。

·紹興十八年戊辰　宣公十六歲。

侍居連州。

忠獻公作忠、孝、勤、儉四德銘以訓。

· 紹興十九年己巳　宣公十七歲。

侍居連州。

· 紹興二十年庚午　宣公十八歲。

侍居連州，移永州。

秋八月甲辰朔，侍忠獻公往永州居。宣公奉公命，往長沙迎太夫人至永州。

· 紹興二十一年辛未　宣公十九歲。

侍居永州。

是年，秦檜令臺臣劾忠獻公，指爲國賊，欲殺之，使張柄知潭州，與郡臣汪召錫共畫計陷公。

· 紹興二十二年壬申　宣公二十歲。

侍居永州。

· 紹興二十三年癸酉　宣公二十一歲。

侍居永州。

時，忠獻公門生彭合知永州，議新學舍，首命治前地，得異石如雙鳳駢飛狀，作亭以臨之，請公記焉。

· 紹興二十四年甲戌　宣公二十二歲。

侍居永州。

是年，楊萬里調零陵丞，見忠獻公，勉以正心、誠意之學，萬里乃名齋曰誠。永州新學舍成，彭合求公銘并書石。又書大忠字泐於碑。

· 紹興二十五年乙亥　宣公二十三歲。

侍居永州。

夏五月端午後六日，公與弟构、從弟機、從姪炎、默、炳，從忠獻公，同守彭合、倅張登游環翠亭，題名石上。十二月，新知永州陳輝、零陵宰高祈建濂溪祠於學宮之東，請公爲記。是年，秦檜諷徐嘉論、趙汾與宗室合衿有姦謀，並使汾自誣與忠獻公及胡寅、胡銓等五十三人謀大逆，獄成，而檜病不能書。至十月，檜死乃免。十二月，詔聽自便，旋復公觀文殿大學士，判洪州，而公已遭太夫人之喪，居苦次矣。

· **紹興二十六年丙子　宣公二十四歲。**

侍居永州。

是年，忠獻公將歸葬太夫人於縣竹。秋七月，彗出井上，以星變求直言。公自以大臣義同休戚，不敢以居喪爲嫌，乃上疏極言，而沈該、万俟卨、湯思退等見之，笑爲狂，臺諫湯鵬舉、凌哲論其歸蜀，恐動遠方。冬十月，命依舊永州居住。後公堅請歸葬，許之，遂葬太夫人於雍國公之兆宅歹。甫畢，即敦迫就道，返永州。

· **紹興二十七年丁丑　宣公二十五歲。**

侍居永州。

· **紹興二十八年戊寅　宣公二十六歲。**

侍居永州。

春，方疇謫零陵，作室曰困齋。夏，武夷宋子飛作仰止堂。均請公爲之記。是年，忠獻公服闋，落職，以本官奉祠。

· **紹興二十九年己卯　宣公二十七歲。**

侍居永州。

時聞衡山胡五峰先生傳程氏之學，遂寓書質疑求益，裒集顏子言行，爲《希顏錄》上、下篇。旋丁母宇文夫人憂。

·紹興三十年庚辰　宣公二十八歲。

侍居永州。

三月，得鄒浩《甘泉銘》拓本於郡士蔣言之家，因摹以遺祁陽令魏君，刻之泉上，並作小楷跋於後。

·紹興三十一年辛巳　宣公二十九歲。

旋長沙，至建康。

春，宣公侍忠獻公旋潭州，因謁拜胡五峰於碧泉書堂。五峰見之，知爲大器，即告以所聞聖門論仁親切之旨。公退而思之，若有得也。旋以書質五峰，報之曰："聖門有人，吾道幸矣。"

十一月，公與弟构侍忠獻公往建康，由潭州陸行至岳陽，買舟冒風雪抵鄂，聞敵兵焚采石，人曰：慎毋輕進。公曰：吾攜二子赴君父之難，知直前求乘輿所在而已。

十二月，至建康。

是年春，忠獻公奉旨自便，於是旋潭州，上疏請早定守戰之策。冬十月，復公觀文殿太學士，判潭州一月，改判建康，兼行宮留守。十二月，抵建康，即牒通判劉子昂辦行宮儀物，請乘輿亟速臨幸。

　　按宣公《答陳平甫書》云：僕自惟妄意於斯道有年矣，始聞五峰胡先生之名，見其話言而心服之，時以書質疑求益。辛巳之歲，方獲拜於文定書堂，先生顧其愚而誨之，所以長善救失，蓋自在語言之外者。然僅得一見再見已耳，而先生没。

　　考五峰，諱宏，字仁仲，文定之季子，幼事楊時、侯仲良，而終傳其父學。《宋史》有傳，謂其玩心神明，不舍晝夜。宣公師事之。《湖南通志》：胡文定故宅在衡山西南，文定筑碧泉書堂在湘潭縣南，其時，由永州之長沙，道經湘潭，故獲拜於此。宣公有《過碧泉書堂》詩云：入門論溪碧，循流識深源。念我昔來此，及今七寒暄。所謂"昔來"，殆即指此言也。

·紹興三十二年壬午　宣公三十歲。

侍居建康，赴行在。

六月，孝宗即位，忠獻公爲江淮東西路宣撫使，薦陳俊卿爲宣撫判官。上召俊卿並及宣公赴行在。上見之，即問公動靜飲食顏貌，曰："朕倚魏公如長城，不爲浮言搖動。"宣公因進言曰："陛下上念祖宗之讐恥，下憫中原之塗炭，惕然於中，思有以振之，臣謂此心之發，即天理之所存也。願益加省察，而稽古親賢以自輔，無使其或少息，則今日之功可以必成，而因循之弊可革矣！"上大異之。時宣公初以蔭補右承務郎，遂定君臣之契。

是年，高宗車駕幸建康，忠獻公迎拜道左。衛士見公，無不以手加額，迨車駕將還臨安，勞公曰："卿在此，朕無北顧憂矣。"命兼節制建康、鎮江、江州、池州、江陰軍軍馬。六月，孝宗即位，召公。秋七月，公入見，賜坐，降問。公從容言："人主之學以心爲本，一心合天，何事不濟。天者，天下之公理而已。必兢業自持，使清明在躬。"上悚然曰："當不忘公言。"加少傅，江淮東西路宣撫使，進封魏國公。公薦陳俊卿爲宣撫判官。上詔俊卿，並及宣公赴行在。公附奏請，上臨幸建康，用師淮壖。

·孝宗隆興元年癸未　宣公三十一歲。

侍居建康，除直祕閣。

春正月，忠獻公除樞密使，都督江淮軍馬，開府建康。宣公即辟宣撫司都督府，書寫機宜文字。於是，宣公侍公，內贊密謀，外參庶務，凡所綜畫，雖幕府諸人極一時之選，皆自以爲不及。

二月十一日，宣公除直秘閣，賜紫金魚袋。詔曰："爾議論文章，卓然名家。浸以所學未伸，今命爾爲學士，以待不次之選。孔子曰：'如或知爾，則何以哉？'惟爾之才，不患無位。"

六月，上召宣公奏事。公附奏乞骸骨。上覽奏，謂宣公曰："朕待魏公有加，雖乞去之章日上，朕決不許。"

八月，金人貽書索四郡及歲幣，湯思退遣盧仲賢持報書如金。宣公奉公命，入奏仲賢小人辱國無狀。上怒，竄仲賢。

是年五月，忠獻公渡江圖靈壁、虹縣兩城，進克宿州。捷聞，上手書勞之。旋金帥紇石烈志寧又引兵至，以李顯忠與邵宏淵不協，遂潰師於符離。公還揚州，上疏自劾，降特進，更爲江淮宣撫使，復賜公手書。六月，公奏乞骸骨，不許。八月，復以公都督江淮軍馬。冬，召公入見，復力陳和議之失。十二月，拜公尚書右僕射同中書門下平章事兼樞密使，都督如故。

·隆興二年甲申　宣公三十二歲。

侍居江淮，歸葬潭州。

三月，宣公侍忠獻公視師江淮，過京口，郡佐陸游見公，並喜與宣公游。

四月，公乞致仕。

六月，宣公與弟构侍行。次餘干，公得疾，畏暑，假宗室趙公頣之居寓焉。

八月，公疾病，手書付宣公與构曰："吾相國，不能恢復中原，雪祖宗之恥，即死，不當葬我先人墓左，葬我衡山下足矣。"二十八日午時，呼宣公問曰："國家得毋棄四郡乎？"夜分而薨。宣公與构哀毀盡禮，扶柩歸葬潭州。

九月二十日，舟至豫章，朱子元晦登舟，哭公且送至豐城，與宣公得三日之款，歎宣公心質甚敏，學問甚正，若充養不置，何可量也。抵潭州，乃營葬衡山下楓林鄉龍塘原。葬甫畢，聞湯思退用事，罷兵講和，金人乘間縱兵入淮甸，中外大震。宣公不勝君親之感，即拜疏言："吾與金人乃不共戴天之仇，向來朝廷嘗興縞素之師，然旋遣玉帛之使，是以講和之念未忘於胸中，而至誠惻怛之心無以感格乎天人之際，此所以事屢敗而功不成也。今雖重爲群邪所誤，以蹙國而召寇，然亦安知非天欲以開聖心哉？繼今以往，益堅此志，誓不言和，專務自强，雖折不撓。使此心純一，貫徹上下，則遲以歲月，亦何功之不成哉！"疏入，不報。

是年四月，忠獻公以湯思退諷右正言尹穡、參議官馮方論公，遂留平江，凡八上章乞致仕。除少師保信軍節度使，判福州。公辭，改醴泉觀使。公既去位，猶上疏言："尹穡姦邪，必誤國事。"且勸上務學親賢。八月二十八日夜分而薨。訃聞，上震悼輟朝，贈太保。

　　按《宋史·地理志》：淳化四年，以衡山縣隸潭州長沙郡。則與寧鄉縣同爲潭州屬邑，而龍塘原距今衡山縣治二百餘里，距今寧鄉縣治不過百餘里，而曰"衡山下"，人多疑之。或曰衡山以衡嶽言，魏公遺命既言一"下"字，則無論嶽麓爲衡山七十二峰之一，凡湘西蜿蜒曼衍之岫巒，皆可謂爲衡山下也，又奚疑於龍塘原哉？第當時從公督師之王嘉叟出守莆陽，寄書陸游云"公已葬衡山"。而陸詩有"南嶽新阡共此哀"之句，朱子撰《魏公行狀》云："還潭，葬衡山縣南嶽之陰楓林鄉龍塘原。"撰宣公《神道碑》云："葬於潭州衡陽縣楓林鄉龍塘里。"衡陽，明係衡山之譌。"豐""楓"，字可通用。"原""里"亦可通稱其地。殆舊屬舊衡山，今屬寧鄉，猶神農墓舊屬茶陵，今屬酃縣是也。

·乾道元年乙酉　宣公三十三歲。

居龍塘墳菴。

時瀏陽宰章才邵建飛鴻閣，繪楊龜山像於其上，貽書求宣公序。宣公聞胡五峰講學寧鄉之靈峰，又往見之。[1]

---

　　[1]　洪波按：胡宏（1102～1161年）字仁仲，號五峰，人稱五峰先生，崇安（今福建崇安）人。卒於紹興三十一年（1161年），至乾道元年（1165年），已有五年時間。此處，宣公往見五峰於靈峰之說有誤，當改正。

·乾道二年丙戌　宣公三十四歲。

居龍塘墳菴。

湖南安撫使劉珙以郴桂群盜爲患，咨訪宣公，籌策破之。靜江守張維致書，求作《新遷府學記》。

十一月，服闋，來長沙，劉珙修復嶽麓書院，延請宣公講學其間。日南至，作書院序，寄書與朱子元晦，論性命之旨。

·乾道三年丁亥　宣公三十五歲。

居長沙。

時至碧泉書堂，弔懷胡五峰先生，有詩。

九月八日，朱子來訪，講論《中庸》之旨，三日夜不輟。自題城南二十景，朱子跋之，謂"讀是詩，便覺風篁水月，去人不遠"，隨又和之。

冬十月九日，偕朱子游嶽麓，登赫曦臺聯句。又同登定王臺，作詩唱和。又瀏陽迪功郎李從彥構遺經閣，邀宣公與朱子游宴賦詩。

十一月初六日，偕朱子往南嶽，至十三日登山，十六日始下，十九日離南嶽，二十三日到樵洲，二十四日乃別，有《南嶽倡和集》，公冠以序。嶽麓書院相對案山，劉珙建亭其上，宣公名以"風雩"，紀之以詞，且寄書朱子，謂"景趣在道鄉、碧虛之間，安得杖履來共登臨也"。十一月，劉珙奉召入見，遂薦宣公。

·乾道四年戊子　宣公三十六歲。

居長沙。

時與學者講誦城南之家塾，作《孟子説》。二月，知郴州事薛彥博、通判盧遍、教授吳鎰，同以《遷學碑記》請。湖南提舉常平萬成象偕提刑鄭思泰、知衡州趙某貽書請作《石鼓山武侯祠記》。劉珙出鎮豫章，乞作《敬齋銘》。公謂敬者，宅心之要，聖學之淵源，爲之銘以廣其意。又爲魏元履作《艮齋銘》，其言雖約，而《大學》始終之義具焉。

> 按朱子《答程允夫》云：敬夫所作《艮齋銘》，便是做工夫底節次。近日，相與考證，聖門所傳門庭，建立此個宗旨，相與守之。

·乾道五年己丑　宣公三十七歲。

居長沙，出官嚴州。

二月，有旨加贈忠獻公太師，謚忠獻。宣公拜表謝恩，往龍塘原祭墓。

三月，爲知桂陽軍事趙公瀚、教授劉允迪新建軍學作記。

夏，寓中湘館，題《張孝祥畫像贊》。

冬，以前劉珙薦除知撫州，改嚴州。時宰相虞允文以恢復自任，然所以求者類非其道，意宣公素論當與己合，數遣人致殷勤。宣公不答。旋入奏，首言："先王所以建功立事，無不如志者，以其胸中之誠，足以感格天人之心，而與之無間也。今規畫雖勞，而事功不立，陛下誠深察之，日用之間，念慮云爲之際，亦有私意之發以害吾之誠者乎？有則克而去之，使吾中扃洞然，無所間雜，則見義必精，守義必固，而天人之應，將不待求而得矣。夫欲復中原之地，當先以得中原之心，欲得中原之心，當先有以得吾民之心。求所以得吾民之心者，豈有他哉？不盡其力，不傷其財而已矣。今日之事，固當以明大義、正人心爲本。然其所施有先後，則其緩急不可以不詳；所務有名實，則其取舍不可以不審。此又明主所宜深察也。"到嚴州任，問民疾苦，首以丁鹽錢絹太重，爲請得蠲是歲半輸。州教授東萊呂祖謙輯《閫範》一編，閑日攜以示宣公而講訂焉，宣公序之。鄭忱得以其祖威愍公守同州，城陷而死始末一帙見示，公跋諸後。與朱子書，論中和静敬之旨。

·乾道六年庚寅　宣公三十八歲。

官嚴州。召除都司。

夏閏月，跋朱子所題濂溪《太極通書》，刻於嚴州學宮。有旨召爲尚書吏部員外郎，兼權左右司侍立宮。時宰相建議遣泛使往金，責陵寢之故，士大夫有憂其無備而召兵者，召宣公入對。上曰："卿知敵國事乎？"公對曰："不知也。"上曰："敵中饑饉連年，盜賊四起。"公對曰："敵中之事，臣雖不知，境中之事則知之詳矣。"上曰："何事？"公遂言曰："臣竊見比年諸道亦多水旱，民貧日甚，而國家兵弱財匱，官吏誕謾，不足倚仗，縱使彼實可圖，臣懼我之未足以圖彼也！"上爲默然久之。公因出所奏書，讀之曰："臣竊謂陵寢隔絕，誠臣子不忍言之至痛。然今未能奉詞以討之，又不能正名以絕之，乃欲卑辭厚禮以交於彼，則於大義已爲未盡，而異論者猶不以爲憂，則其淺陋畏怯，固益甚矣！然亦有以見我未有必勝之形而不能不憂也與！蓋必勝之形當在於蚤正素定之時，而不在兩陣決機之日。"上爲竦聽改容，稱善至於再三。宣公復讀曰："今日但當下哀痛之詔，明復仇之義，顯絕敵人，不與通使，然後修德立政，用賢養民，選將帥，練甲兵，內修外攘、進戰退守，以爲一事。且必治其實而不爲虛文，則必勝之形，隱然可見。雖淺陋畏怯之人，亦且奮躍而爭先矣。"上爲歎息褒諭，以爲前未始聞此論也。其後賜對反覆，上益嘉歎，面諭當以卿爲講官，冀時得晤語也。會史志正爲發運使，名爲均輸，實盡奪州縣才賦，遠近騷然。宣公奏言其害。上曰："志正謂取之諸郡，非取之於民。"宣公對曰："今日州郡財富，大抵無餘，若取之不已，而經用有缺，不過巧爲名色以取之於民耳！"上矍然曰："如卿所言，是朕假手於發運使以病吾民也。"旋閱其實，果如宣公言，即詔罷之。

秋七月十日，雷州知州事戴某建學，遣書請記。

·乾道七年辛卯　宣公三十九歲。

官都司，罷歸長沙。

春，除左司員外郎兼侍講。一日，經筵講《詩》，因《葛覃》之篇以進説曰："治生於敬畏，亂起於驕淫。使爲國者每念稼穡之勞，而其后妃不忘織紝之事，則心不存者寡矣。因上陳祖宗自家刑國之懿，下斥今日興利擾民之害。"上歎曰："此王安石所謂人言不足惜者，所以爲誤國也。"

三月，知閤門事張説以妻吳氏爲太上皇后女弟，攀緣親屬，擢拜樞府。公夜草疏，極言其不可，且詣朝質責虞能文，復奏曰："文武誠不可偏，今欲左文右武以均二本，而所用乃得如此之人，非惟不足以服文吏之心，且恐反激武臣之怒。"上感悟，命遂寝。公嘗肩輿出，遇曾覿，覿舉手欲揖，公急掩其窗檻，覿慙，手不得下。

秋，罷歸，行大江，舟中删正《孟子舊説》。過雪川，售得《王介甫帖》，爲其晚年所書，尤覺精到，跋而藏之。至姑蘇，跋《西銘》以示學徒潘友端。

冬，抵長沙故廬。

是歲，湖南旱，公憫之。

按《宋史·李彦穎傳》：某講《葛覃》，言先王正家之道及時事，語激切，上意不懌。彦穎曰：人臣事君，豈不能阿諛取容，栻所以敢直言者，正爲聖明在上得盡愛君之誠耳。上意遽解。又《綱鑑》以罷左司爲八年事，而公《孟子説·自序》則云"辛卯秋，自都司罷歸，冬抵故廬。"

·乾道八年壬辰　宣公四十歲。

居長沙。

春，宰相陰主張説，欲伸前命。且以公在朝未期歲而召對至六七，所言大抵皆修身務學、畏天恤民，抑權倖，屏讒諛之意。宰相益憚之，而近習尤不悦，遂合中外力排之。於是出知袁州，未行。

秋，往龍塘原省墓，有《墳枕上追悽愴》詩。

冬，湖南轉運使判官黃洧於所治潭州城之東南建五楹，公名之曰"尊美堂"，且爲記。弟构公以忠獻公大書四言名堂曰"四益"，請公追述其義以箴之。作陳希顔《敦復齋銘》。

·乾道九年癸巳　宣公四十一歲。

居長沙。

春，建寧府轉運副使沈樞新立游時夫、胡安國二公祠，請作記。尤溪縣宰石㙫新建傳心閣，請作銘。

秋八月初七日，跋衡山吳晦叔所藏伊川、上蔡、龜山帖。初九日，自跋《希顔録》云："取舊篇復加考究，定爲一卷，又附録一卷。蓋本諸《論語》《易》《中庸》《孟子》所載，而參之以二程先生之論，以及濂溪、横渠二先生與其門人之説。又采《家語》所載有近是者，與揚子《法言》之可取者，並史之所紀者，存之於後。願與同志之士，以顔子爲準的，致知力行，趨實務本，不忽於卑近，不遺於細微，持以縝密，而養以悠久，庶乎有以自進於聖人之門墻，是録之所爲作也。"往龍塘原省墓，過長橋，宿墳菴，登溈山芙蓉峰，俱有詩。

十月二十日，繕寫《孟子説》成，題曰《癸巳孟子説》，並自序謂："予之於此蓋將終身焉，豈以爲成説傳之人哉？特將以爲同志者講論切磋之資而已。"

十一月二十八，因舊聞城東梅塢甚盛，亦買園其間，與客游焉。過東屯渡十餘里，玉雪彌望，歎爲平生所未見也。歸，爲詩以紀。

·淳熙元年甲午　宣公四十二歲。

居長沙。

正月，爲知松滋縣事余彦作《重建縣學記》。

三月，爲知邵州事胡華公作《復舊學記》，又爲知欽州事岳霖、教授周去非作《新州學記》。

五月，作《魏元履墓表》。

六月既望，書《劉子駒摹范文正公與朱校理手帖》卷後。

九月，爲靈山主簿衡山胡實作墓表。

·淳熙二年乙未　宣公四十三歲。

官靜江。

春正月初四，以詔除舊職，知靜江府經略安撫廣南西路。初啓行，劉刑部公餞飲，用陶靖節斜川詩韻見貽，亦同賦以謝。

二月二日至湘潭，取道往龍塘原省墓，過碧泉，與客烹茗泉上，作詩以紀。抵廣西，即奏以鹽息什三予諸郡。又兼攝漕臺，出所積緡錢四十萬而分之，一以爲諸倉糶鹽之本，一以爲諸州運鹽之費，奏請立法。自今漕司復有多取諸州，輒行抑賣，悉以違制議罪，敢以資燕飲、供餉饋者，仍坐贓論。詔皆從之。所統州二十有五，爲之簡閱州兵，汰冗補闕，籍諸州黥卒伉健者，合親兵摧鋒等軍，日習月按，有不足於糧食若凡戈甲之費者，更斥漕司鹽本羨錢以佐之。申嚴保伍法，知流人沙世堅才勇，喻以討賊自效。又奏乞選辟邕州提舉巡檢官，以撫峒丁。傳令溪峒酋豪，弭怨睦鄰，毋相殺掠。朝廷買馬橫山，究其利病六十餘條奏革之。他如給納等量支券之姦，以至官校參司名次之弊，皆究其根穴而事爲之防。由是群蠻感悦，爭以善馬來。上聞公治行，詔特進秩直寶文閣。

六月，立濂溪、明道、伊川三先生祠於明倫堂側，刻記於石。

七月，修虞帝祠成，請朱子爲碑記。又答朱子書，問陸子壽、子靜兄弟。又寄朱子書，言臨川之學方熾，尤可慮。

十一月至前十日，送主簿嚴慶胄赴官清湘，勉以正大爲本之義。

十二月，爲提點刑獄事詹儀之新建濂溪祠於韶州作記。賀州別駕李宗甫以陳了翁帖寄贈，跋而藏之。以所得胡文定公家藏范文正公帖，刻於郡齋。

·淳熙三年丙申　宣公四十四歲。

居靜江。

元日，爲胡大時哀輯其先公《五峰先生詩文全集》作序。

六月朔日，跋司馬文正公、程伊川、張橫渠《三家昏喪祭禮》五卷，刻於靜江學宮。

刑獄使者陸濟卒，其子棄家爲浮圖，不奔喪，爲移諸路執拘以付其家。

·淳熙四年丁酉　宣公四十五歲。

官靜江。

春二月甲子，以新修陶唐帝祠，率僚屬祇謁祠下。薦經略司主管機宜文字韓璧於朝，謂璧清介豈弟，願假守符，俾牧遠民，詔知宜州。既望，奉詔勸農於郊，作《熙熙陽春詩》二十四章，以示父老，使告其鄉人歌之。

六月，跋陳了翁責沈文，刻之靜江學宮。

秋，知雷州事長沙李苪重修州學，以公曾祖希伯公，曾於至和元年由殿中丞來守雷州故迹，寄書請記。知靖州事陳義以其父宰分寧抗賊保邑傳寄呈，爲附志於左。

冬，作《吳晦叔墓表》。

> 按《責沈文跋》云：公壯歲，未聞前輩先覺之名，迨終身以爲歎，至引葉公之事自責。葉公，沈諸梁也，不知孔子問於子路，故名其文曰"責沈"。楊龜山嘗爲之跋，以發明公之盛德。建康留守劉珙得真迹而刻之，以墨本寄公，公恐遠方之士艱於得見，故復刻於靜江。

·淳熙五年戊戌　宣公四十六歲。

官靜江。除秘閣，改江陵。

四月，知道州事趙汝誼重建濂溪祠，請記。旋入朝，以平日所著書并奏議、講解百餘冊，裝潢進呈。方鋪陳殿陛，有小黃門忽問左司："甚文字許多？"公斥之曰："教官家治國平天下。"小黃門曰：

"孔夫子道'一言可以興邦'。"上聞之，亦笑。遂除秘閣修撰、荊湖北路轉運副使。

五月，改知江陵府，安撫本路。至任，去貪吏十四人，首劾大吏之縱賊者，捕斬奸民之舍盜者。令賊黨得相捕告以除罪，群盜皆遁郡瀕邊。屯主將與帥守每不相下，公以禮遇之，皆得其歡心。又加恤士伍，農隙閱習武事，勉以忠義，教以敦睦。隊長有功，輒奏補官。會有言者，請盡籍客户爲義勇。公命一户而三丁者，籍其一以爲義勇副軍，別置總首，人給一弩，俾家習之，三歲一遣官就按。並奏辰、沅、澧、靖諸州募游惰爲弓弩手，奪民田養之，實不可用。其所條列，詔皆施行。淮民出塞爲盜者，捕得數人，中有北方亡奴。公曰：朝廷未能正名討敵，無使疆場之事，其曲在我，命斬之以狥諸境，而縛其亡奴歸之。北人歡曰："南朝有人！"趙汝愚編其父行實以書抵公，求作序。

秋八月，以事至袁州，弟构知袁州，以廳事之旁便齋求題。公題曰"隱"，並記，蓋取孟子"惻隱之心"之義，謂惻然有隱也。教授李中與州士合詞，謂今守新建州學成，請序。今守，即构也。又爲韓璧作《修宜州學記》。司馬文正公之玄孫邁見公，出文正手録《舉賢才》一編，公繙閱終日，跋而歸之。對江陵郡學開一城門，爲樓於其上，以曲江宰相爲長吏時有《登郡城南樓》詩，因名曲江樓，寄書朱子記之。冬，聞朱子兩辭南唐軍請旨，寓書曰：須一出爲善，苟一向固拒，則上之人謂賢者不肯爲用，於大體却有害也。又與朱子書《論孟集註》與《或問》兩書。

　　按朱子撰《神道碑》：辰沅諸州自政和間奪民田，募游惰，號弓弩手，中廢復修，議者多不以爲便。是年三月丁未，又給諸州弓弩手田，公奏其病民罔上，去之。《朱子年譜》：淳熙四年六月，《論孟集註》《或問》兩書成，踰年，公始與之論耳。

·淳熙六年己亥　宣公四十七歲。

官江陵。

春，經行郡圃，命采杞菊付之庖人，作《續杞菊賦》。

三月，爲朱子立濂溪祠於南康學宮作記。

六月，爲朱子筑諸葛武侯臥龍菴作詩。太史范氏以所藏厚陵賜司馬文正公貯筆黃囊及紅管筆一枝見示，爲敬銘之。劾奏信陽守婺州劉大辯詐諼，虧國大信，以濟凶虐，且所招流民不滿百數而虛增十倍，奪見户熟田以與，請論罪，不報。章累上，大辯猶得易他郡，公遂以病請。

·淳熙七年庚子　宣公四十八歲。

卒於江陵。

春正月，詔以右文殿修撰，提舉武夷山沖佑觀。公在府舍，以虛陽不秘，亟猶手疏，勸上親君子，遠小人，信任防一己之偏，好惡公天下之理，以清四海，克固丕圖。緘付府僚，使驛上之。時弟构改知衢州，聞公病，念公無壯子，請旨來省視。

二月初二日病危，构求教，公曰："朝廷官職，莫愛他的。"零陵吳倫從游最久，時在左右扶掖，亦求教，公曰："蟬蜕人欲之私，春融天理之妙。"遂坐逝。至就殮，通身透明，瑩澈如水晶，臟腑筋骨歷歷可數，見者莫不歎異。其時，上嘗賜手書，襃其忠實，將復大用之也。久而聞其卒，嗟悼不已。四方賢士大夫，多出涕相弔，而靜江人哭之尤哀。朱子聞訃，罷宴大哭，爲文以祭之，且寄書黃幹曰："吾道孤矣！"寄書吕伯恭曰："吾道之衰，乃至於此。且不惟吾道之衰，於當世亦大有利害也！"柩出江陵，老幼挽車號泣，數十里不絶。

卜期六月之吉，遵遺言，祔葬於龍塘原忠獻公墓側。朱子又爲撰《神道碑》。构公既經理喪事，遂裒輯故稿四巨編，以授朱子，訂爲四十四卷。又有《洙泗言仁》《諸葛忠武侯傳》《論語説》《孟子説》

《太極圖説》《經世紀年》《希顏録》諸書。

公配宇文氏，朝散大夫師中之女，即母族也，封安人。朱子稱其事舅姑以孝聞，佐君子無違德。公卒。長子焯承奉郎，次子炳，均早世。長女，適胡五峰子大時。次，未行而卒。孫明義、明羲，尚幼，世籍楚南之溈寧。

按：公之爲人，幼侍忠獻公，固已得夫忠孝之傳。及講學五峰之門，以至與朱子往復論辨，所謂詣理既精，信道尤篤也。故見於《論語説》義利之間，毫釐之辨，有出於前哲之所欲言，而未及究者，四方學士，爭鄉往之，稱爲南軒先生。故其卒也，史官具書右文殿修撰，以深予之。迄寧宗慶元八年十月，賜謚曰宣。理宗景定二年，追封爲華陽伯，配祀文宣。

溈寧雲樵王開琇編輯。

—— 跋 ——

　　宣公張子，生於西蜀而長於楚南，且卒葬於吾邑，即忠獻公墓域，所謂衡山下也。詢其後裔，初未傳有年譜，適吾妹丈方伯唐竟海以所刻《朱子年譜》郵寄。朱子與張子最相友善，而《朱子年譜》亦自宋李氏果齋、明李氏古沖暨清洪氏去蕪、王氏白田，迭加修訂，竟海爲之重刊，獨嘆張子之年譜缺如也！爰不揣固陋，尋閱《宋史》《綱鑑》《南軒全集》，朱子所撰《神道碑》及凡他書之可證者，編年紀月，得成一帙。

　　夫以吾主講永州之濂溪書院，親至道山故里，瞻星墩祠宇，嘗低回流連，不能去。張子之靈爽猶在潙峰長橋間，謁其墓而肅然生敬者屢矣。即嶽麓、城南與朱子講論唱酬，流風餘韵，至今未泯。兩《年譜》相繼而成，得偕朱子之《年譜》以並行，此吾所私幸者也。第朱子作《伊川年譜》，尚謂不能保無謬誤。矧固陋如吾，莫能廣爲攟拾，其謬誤曷勝言哉？惟冀當世之君子，諒吾私心而不惜重加訂正之力焉。

　　雲樵王開琸跋。

張宣公年譜

民國·胡宗楙　撰

鄧洪波　點校

—— 序 ——

宗楙溺於俗學有年矣，近始讀朱子書而篤嗜之。宋時講學之殷，與朱子往還最契、訢合無間者，首遜張子南軒、呂子伯恭，世以朱、張、呂三子並稱。由是而考三子之年譜，朱有李果齋、李古沖、洪去蕪、王白田數家。呂有門人所訂，載入本集。南軒張氏，獨付闕如。嘗考南軒，壬辰以還，學駸駸焉而底於成，與朱子庚寅拈出程子涵養二語，大悋始定，若合符券，使天而永其年，其所造詣或不出朱子下。南軒《致朱子書》云：兄閑中得，媷精於文字間，殆天意也。朱子亦爲南軒之逝爲文祭之，以至於再低徊此語而不能置。學繫於年之說，不其然歟？讀《南軒集》既竟，竊不自揣，編訂成譜。首事實，次引證，件分條繫，不相褻厠。學問政事，出處行誼，苟有據依，無不剗緝。至於言關忠告，雖遭議皆所當書；事類舞雩，即游觀亦所不廢。後爲坿錄，則以它書有涉南軒事實者入之。

余友葉左文之言曰："治一人之學派，須求所從入之涂徑。因求涂徑，必當考其人所自著書，考著書必當得其年月先後。既得先後，則其議論雖離合錯綜，而皆有涂徑之可尋，而後其人其學宗恉，乃得以確定。後人不能牽合坿會，執前概後。"旨哉，言乎此！非媷爲年譜言，而年譜之作，要不外是。楙之恂督，其曷能與於斯。書成，質諸左文，顧有以諟正之無隱。

辛未孟秋，永康胡宗楙。

── 張宣公年譜卷上 ──

永康胡宗楙季樵

公名栻，字敬夫，一字樂齋，號南軒，官終右文殿修撰。嘉定八年，賜謚宣。景定二年，封華陽伯，從祀孔子廟庭。系出唐宰相張九齡弟、節度使九皋後。九皋始家長安，八世至璘，徙成都。十世至文矩，之夫人往綿竹，依外家，遂爲綿竹人。世居仁賢鄉武都里。文矩生紘，是爲公曾祖，官殿中丞，贈太師冀國公。祖咸舉賢良方正科，官宣德郎，贈太師雍國公。父浚，相高宗、孝宗，以少師保信軍節度使，封魏國公，致仕，贈太保。公，其長子也。曾祖母趙氏、王氏，贈冀國夫人。祖母計氏，贈秦國夫人。母樂氏、宇文氏，樂氏封楊國夫人，宇文氏封蜀國夫人。公配宇文氏，封安人。弟构，官終端明殿學士，知建康府。子焯，承奉郎，早世。女長，適胡宏子大時。次，未行，卒。寶慶二年正月，詔錄張栻子孫官。

《朱子文集》，後稱《朱集》。《贈太保張公行狀》，後稱《行狀》。《右文殿修撰張公神道碑》，後稱《神道碑》。《宋史》《理宗本紀》《張构傳》。景定《嚴州續志》。

·宋高宗紹興三年癸丑　一歲。

是年冬，公生。

按《行狀》云：紹興改元，奏迎太夫人自廣漢來闐中。又按《宋宰輔編年録》稱：紹興四年三月，張浚罷知樞密院事。浚自建炎三年四月除知樞密院，至是自蜀還朝云云。則紹興元年至三年，眷屬未它往，疑即在闐中生。又按本集《謝生朝啓》首句云：歲晚而思益艱。又有生辰，謝邵廣文詩云：

"左弧念當辰，藐此卧歲晚。"則公生日在冬間可知。

·紹興四年甲寅　二歲。

六月，公父魏公落職，福州居住，即日行，九月召還。

《行狀》云：紹興四年六月，以本官提舉臨安府洞霄宮，福州居住。即日赴福州。九月，以資政殿學士提舉萬壽觀兼侍讀，召。

·紹興五年乙卯　三歲。

·紹興六年丙辰　四歲。

公受學於家庭。

《神道碑》云：生有異質，穎悟夙成，忠獻公愛之，自其幼學，而所以教者，莫非忠孝仁義之實。

·紹興七年丁巳　五歲。

五月，公祖母至建康。

《行狀》云：太夫人安於蜀，未即出，上爲降旨，召公兄混偕迎侍而來，五月始達建康。

八月，酈瓊叛報至，公聞之不寐。

《行狀》云：八月八日，酈瓊舉軍叛。

《鶴林玉露·廬州之變》云：南軒言：符離之役，諸軍皆潰，唯存帳下千人。某終夕彷徨，而先公方熟寐，鼻息如雷。

九月，魏公落職，永州居住。

《行狀》云：公以九月五日得請，授觀文殿大學士，提舉江州太平興國宮。旋落職，以朝奉大夫秘書少監分司西京，永州居住。

·紹興八年戊午　六歲。

二月，公祖母至永州。

《行狀》云：八年二月，太夫人抵永，作草堂旁近，以奉版輿，命以三省，爲文紀之。

·紹興九年己未　七歲。

二月，招魏公任便居住，尋知福州。九月，至福州。

《行狀》云：二月以大需復宣奉大夫，提舉臨安府洞霄宮，任便居住。旋復資政殿大學士，知福州。九月至閩中。

·紹興十年庚申　八歲。

·紹興十一年辛酉　九歲。

十一月，魏公乞祠，寓長沙。

《行狀》云：十一年十一月，以蜀遠朝廷，不欲遽歸，奉太夫人寓長沙。

·紹興十二年壬戌　十歲。

是年，魏公築盡心堂養親。①

《行狀》云：恐太夫人念歸，即長沙城之南爲屋六十楹，以奉色養，榜曰"盡心"。親爲之記。

·紹興十三年癸亥　十一歲。

·紹興十四年甲子　十二歲。

·紹興十五年乙丑　十三歲。

·紹興十六年丙寅　十四歲。

七月，魏公落職，連州居住，教授公《易》，與語聖人之道。

《行狀》云：以特進提舉江州太平興國宮，連州居住，被命即行。

----

① 洪波按：魏公張浚築盡心堂養親事，此據宋人朱熹《晦庵集》卷九十五下，記作紹興十二年。而王開琛譜記作紹興九年。

自夫人以下皆留侍，獨挈子姪往。日夕讀《易》，親教授其子栻。

《鶴林玉露·高宗眷紫巖》云：宋高宗嘗問張魏公："卿兒想甚長成。"魏公對曰："臣子栻年十四，脫然可與語聖人之道。"

是年，與宋子飛酬唱於湟州。

本集《贈別湖南參議宋與道奉祠歸崇安》詩云：憶昔歲丙寅，又云：酬唱寫不供。

·紹興十七年丁卯　十五歲。

是年，與王元龜講學。

《宋史·王大寶傳》云：大寶知連州，張浚亦謫居，命其子栻與講學。

·紹興十八年戊辰　十六歲。

·紹興十九年己巳　十七歲。

·紹興二十年庚午　十八歲。

九月，隨侍永州。

《行狀》云：居連凡四年。二十年九月，移永州。

·紹興二十一年辛未　十九歲。

四月，公祖母至永州。

《行狀》云：二十年九月，移永州，遣人迎太夫人，以次年四月至永。

·紹興二十二年壬申　二十歲。

·紹興二十三年癸酉　二十一歲。

·紹興二十四年甲戌　二十二歲。

·紹興二十五年乙亥　二十三歲。

十月作《愨齋銘》。

《蘆浦筆記·愨齋銘》云：家君命栻以愨名其齋，命栻銘以告之。栻敬問所以爲銘之意，蓋取夫孔子曰"士必愨而後求智能"。遂退而深思，以爲之銘：士或志近，辯給智巧。學之不知，其器則小。天下之理，惟實爲貴。實不在外，當愨乎己。不震不搖，物孰加之。以此操行，誰曰不宜？古之君子，惟斯之守。不可小知，而可大受。故以此事親，斯爲孝；以此事君，斯爲忠；以此事兄，斯爲悌；交於朋友，斯爲信。子其深思而不忒，維師乎愨以令子之德。右銘不載集中。蓋當時此紙流落，今幸寶藏遺墨。先生作銘時年二十有三，實乙亥冬十月辛卯也。

·紹興二十六年丙子　二十四歲。

公祖母計太夫人薨，公隨父護喪，歸葬於蜀。

《中興遺史》云，紹興十六年八月，張浚連州居住，後移永州。丙子，丁母夫人憂。

《行狀》云：以治命，當歸葬雍公之兆。奏請，俟命長沙。繼被朝命，以太夫人之喪歸蜀，扶護西歸。

·紹興二十七年丁丑　二十五歲。

是年，魏公服闋落職，奉祠居永州。

《行狀》云：服闋，得旨落職，以本官奉祠居永。

·紹興二十八年戊寅　二十六歲。

·紹興二十九年己卯　二十七歲。

是年，楊廷秀爲零陵丞，公與邂逅，爲介紹於魏公。

《鶴林玉露·誠齋謁紫巖》云：楊誠齋爲零陵丞，以弟子禮謁魏公。時，公以遷謫故，杜門謝客。南軒爲之介紹，數月乃得見。

《誠齋集·順寧文集序》云：余紹興己卯之冬，負丞永之零陵。
哀《希顏録》。

本集《跋希顏録》云：某已卯之歲，哀集顏子言行，爲《希顏録》上、下篇。

《答胡季隨書》云：頃年，編《希顏録》。如《莊子》等諸書，所載顏子事多削去。五峰先生以書抵某云：其它諸説，亦須玩味，於未精當中求精當，不可便容易指以爲非而削之也。此事是終身事，天地日月長久。

·紹興三十年庚辰　二十八歲。

丁母宇文太夫人憂。

《行狀》云：再娶蜀國夫人宇文氏，先公五年薨。

·紹興三十一年辛巳　二十九歲。

春，詔魏公湖南路任便居住，遂歸長沙。

《行狀》云：三十一年春，有旨令湖南路任便居住，公歸至潭。

稟魏公命，從胡仕仲先生問河南程氏學，一見知其大器，即以所聞孔門論仁親切之旨告之。

《神道碑》云：即長，又命往從南嶽胡公仕仲先生，問河南程氏學。一見知其大器，即以所聞孔門論仁親切之指告之。

本集《答陳甫書》云：始，時聞五峰先生名，時以書質疑求益。辛巳之歲，方獲拜之於文定公書堂。又云：然僅得一再見耳。

《鶴山大全文集（後稱〈鶴山文集〉）·跋南軒與李季允帖》云：南軒受學五峰，久而後得見，猶未與之言。泣涕而請，僅令思忠清未得爲仁之理。蓋往返數四，而後與之。

　　按《宋元學案》云：初，公見五峰，辭以疾。它日見孫
正儒而告之，孫道五峰之言曰："渠家好佛，宏見它説甚"，
公方悟不見之因。再謁之，甚相契，遂授業焉。此言拜書堂，

或即再謁時耶。

吳獵從公受《易》。

《鶴山文集·吳獵行狀》云：尋受《易》於陳善長元會。魏忠獻張公寓長沙，太中公以《易》受知，因得交張宣公。於是年二十有三，遂從宣公卒業。宣公見獵弘裕疏暢，喜曰吾道其不孤矣。

十一月，魏公判建康府，命公與劉公寬游。

《行狀》云：改命判建康府。被命，即攜二子來。

《宋史·劉頴傳》云：金師初退，府索民租未入者。劉頴白浚，當蠲宿逋。浚喜，立予奏免，命公與游。

·紹興三十二年壬午　三十歲。

十一月，應召赴行在奏事。

《行狀》云：十一月，有旨召宣撫判官陳俊卿及公子栻赴行在。公進言曰：「陛下上念宗社之仇恥，下憫中原之塗炭，惕然於中而思有以振之。臣謂此心之發，即天理之所存也，誠願益加省察，稽古親賢以自輔，無使其或少息也。則不惟今日之功可以必成，而千古因循之弊亦庶乎其可革矣。」上異其言，於是始定君臣之契。

·隆興元年癸未　三十一歲。

正月，辟宣撫司都督府，書寫機宜文字，除直祕閣。

《行狀》云：正月九日，制除樞密使，都督建康鎮江府、江池州江陰軍，屯駐軍馬，且命即日开府視事。

《神道碑》云：少以蔭補承務郎，辟宣撫使都督府書寫機宜文字，除直祕閣。是時，天子新即位，慨然以伐仇虜，克復神州為己任。

趙彥直從公游。

《宋史·趙方傳》云：父棠少從胡宏學，嘗見張浚於督府，累以策言兵事。浚奇之，命子栻與棠交，方遂從栻學。

公侍魏公盱眙軍中，尋往建康，迨眷至揚。

《行狀》云：方初退師，公在盱眙，去宿不四百里。浮言洶動，公獨與子栻留盱眙幾月。俾將士悉歸憩，而後還維揚。是時，師退未幾，人不自保。公奉父命，由盱眙往建康，挈家屬來維揚，眾心始安。

公復應召奏事，魏公坿奏乞骸骨，不許。尋引見上皇於德壽宮。

《行狀》云：上復召栻奏事，公坿奏，乞賜骸骨。上覽奏，謂栻曰：雖乞去之章日至，朕決不許。

《鶴林玉露·高宗眷紫巖》云：隆興初，張魏公督師，南軒以內機入奏，引見於德壽宮。首問浚飲食起居狀，又問公幾歲。對曰：臣年三十一。又問卿母安否？對曰：久失所恃。上皇愀然久之，曰：朕記卿父再娶時，以無繼嗣曾來商量。卿父曾奏，欲令卿來見。今次方得見卿，朕與卿父，義則君臣，情同骨肉。卿行奏來，有香茶與卿父為信。

九月，公復被召入見，奏盧仲賢辱國無狀。詔下，仲賢大理寺奪三官，公引見德壽宮。

《行狀》云：栻復被旨，令入奏。公命栻奏仲賢辱國無狀，且奏仲賢不可不明正其罰。上怒，下仲賢大理寺奪三官。

《鶴林玉露·中興講和》云：南軒以內機入奏，引見德壽宮。時盧仲賢使金，上皇問曾見盧仲賢否？對曰：臣已見之。又問：卿父謂何如？莫便議和否？對曰：臣父職在偏隅，戰守是謹。此事在廟堂，願審處而徐議之，毋貽後悔。

公見孝宗於東華門。孝宗與論人才，公論奏久之。

《鶴林玉露·南軒辨梅溪語》云：孝宗因論人才，問王十朋如何？對曰："天下莫不以為正人。"上曰："當時出去，有少說話，待與卿說。十朋向來與史浩書，稱古則伊、周，今則閣下，是何說話？"對曰："十朋豈非謂浩當伊、周之任而責之乎？"上曰："更有一二事，見其有未純處。"對曰："十朋天下公論歸之，更望陛下照察主張。臣父以為，陛下左右豈可無剛明腹心之臣，庶幾不至孤立。"上曰："剛患不中，奈何？"對曰："人貴夫剛，剛貴夫中。剛或不中，猶勝於柔懦。"上默然。上又嘗曰："難得仗節死義之臣。"公對曰："當於犯顏敢諫中求之。"

·隆興二年甲申　三十二歲。

四月，召魏公判福州，力辭不許，除醴泉觀使。

《行狀》云：四月二十有二日，制除公少師保信軍節度使，判福州。公力辭恩命，上不許。至五六，除醴泉觀使。

七月一日，魏公還長沙，行至餘干，避暑於趙氏養正堂。

本集《書相公親翰》云：七月朔日，先公次餘干，暑甚，憩趙氏養正堂。

八月初旬，公侍魏公於清音堂。魏公手書家事，付公及弟定叟。二十八日，問國事數語，夜分而薨。

本集《題先忠獻公清音堂詩後》云：先公書此詩，去易簀纔兩旬。先是，一日游清音堂，步上山頂，復步下石磴，略無倦意。笑謂公曰："爾輩喜吾強健，不知吾大命且不遠矣。"

《行狀》云：手書家事付兩子，且曰："吾嘗相國家，不能恢復中原，雪祖宗之恥，不欲歸葬先人墓左。即死，葬我衡山下足矣。"仲秋二十八日日晡，命子栻坐於前，問國家得無棄四郡乎，且命作奏乞致仕，夜分而薨。贈太保。

九月，扶匶過豫章，朱公元晦登舟哭之。送至豐城，與公作三日談。

朱續集《答羅參議書》云：九月二十日至豫章，及魏公之舟而哭之。自豫章送之豐城，舟中與欽夫得三日之款，其質甚敏，學問甚正。若充養不置，何可量也。

十一月，葬魏公。

《行狀》云：十一月辛亥，葬於衡山縣南岳之陰豐林鄉龍塘之原。

公上《誓不言和專務自強疏》。不報。

《神道碑》云：甫畢喪事，即拜疏言：吾與虜人乃不共戴天之仇，向來朝廷雖亦嘗興縞素之師，然玉帛之使，未嘗不行乎其間，是以講和之念未忘於胸中，而至誠惻怛之心無以感格乎天人之際，此所以事屢敗而功不成也。今雖重爲群邪所誤，以蹙國而召寇，然亦安知非天欲以是開聖心哉？謂宜深察此理，使吾胸中了然，無纖芥之惑。然後明詔中外，公行賞罰，以快軍民之憤。則人心悦，士氣充，而敵不難却矣。繼今以往，誓不言和，專務自强，雖折不撓。使此心純一，貫徹上下，則遲以歲月，何功之不成！疏入，不報。

·乾道元年乙酉　三十三歲。

李金反郴州，公佐湖南安撫使劉共甫破之。

《神道碑》云：盜起郴、桂間，湖南帥守劉公珙雅善公，時從訪問籌策，卒用以破賊。

朱集《劉樞密墓記》云：乾道元年三月，除知潭州荆湖南路安撫使，以平郴賊李金功賜御札獎諭。

公在長沙，始與諸學友過從講習。

本集《答陳平甫書》云：自爾以來，僕亦困於憂患，幸存視息於先廬，湘中二三學者，時過講論，同志之友，自遠而至，有可樂者，如是有五載。

> 按：公自隆興二年冬葬魏公，旋長沙。乾道元年在禮廬，至乾道五年冬之官嚴州，是爲五年。則與同志講習始於是年可知。

序胡子知言。

本集《胡子知言序》云：是書乃其平日之所自著。其言約，其義精，誠道學之樞要，制治之著龜也。然先生之意，每自以爲未足，逮其疾革，猶時有所更定，蓋未及脱稿而已啓手足矣。或問於某曰：《論語》一書，未嘗明言性，而子思《中庸》，獨於首章一言之。至於《孟子》始道性善，然其爲説則已簡矣。今先生是書，於論性特詳焉，無乃與聖賢之意异乎？某應之曰：無以异也。夫子雖未嘗指言性，而子貢蓋嘗識之曰：夫子之文章，可得而聞也，夫子之言性與天道，不可得而聞也。是豈真不可得而聞哉？蓋夫子之文章，無非性與天道之流行也。至孟子之時，如楊朱、墨翟、告子之徒，异説並興。孟子懼學者之惑而莫知所止也，於是指示大本而極言之，蓋有不得已焉耳矣。又説今之异端，直自以爲識心見性？其説讀張雄誕，又非當時之比，故高明之士往往樂聞而喜趨之。一溺其間，則喪其本心，萬事隳弛。毫釐之差，霄壤之謬，其禍蓋有不可勝言者。先生於此又烏得而忘言哉！故其言有曰："誠成天下之性，性立天下之有，情效天下之動。"而必繼之曰"心妙性情之德"。又曰"誠者，命之道乎；中者，性之道乎；仁者，心之道乎"。而必繼之曰"惟仁者爲能盡性至命"。學者誠能因其言而精察於視聽言動之間，卓然知夫心之所以爲妙，則性命之理蓋可默識，而先生之意所以不异於古人者，亦可得而言矣。若乃不得其意而徒誦其言，不知求仁而坐談性命，則幾何其不流於异端之歸乎！某頃獲登門，道義之誨，浹洽於中，自惟不敏，有負夙知，輒序遺書，貽於同志。不韙之罪，所不得而辭焉。

《答彪德美書》云：《知言序》可謂犯不韙，見教處極幸，但亦恐有未解區區之意處，故不得不白。如云"夫子未嘗指言性，子思《中庸》首章獨一言之"，此是設或問之辭，故以"或曰"起之。然云"指言"，則謂如"天命之謂性"是指言也。其他説話，無非性命之奧，非若此語指而言之也，故於"答之"之辭中，引子貢之語，以爲夫子之言無非天命之流行發見也，意則可見矣。

　　按：此序篇末稱"輒序遺書，貽於同志"，似乾道初間作，姑綴於此。①

·乾道二年丙戌　三十四歲。

正月，《二程粹言》成。

《粹言序》云：河南夫子書變語録，而文之者也。余得諸子高子其家傳，以爲是書成於龜山先生。龜山，河南之門高弟也，必得夫心傳之妙，苟非其人，差毫釐而千里謬矣。余始見之，卷次不分，編類不別，因離爲十篇。篇編以目，欲其統而要非求效。夫《語》《孟》之書也，昔文中子所得粹矣。《中説》類多格言，乃門弟子所録。後之病《中説》者，謂其擬《論語》爲僭，是豈文中子意哉？余於是書，亦慮後世有以議夫子也，故輒記其始末。若夫子之道，日月其明，泰山其高，江海其大也，豈後學所能形容？夫子姓程，諱某，字正叔。夫子之兄，諱某，謚明道先生，亦時有言行録於其間。乾道丙戌正月十有八日，南軒張栻序。

按：此《序》不載本集，《神道碑》亦未載有《粹言》。近刻《二程全書》後有此書。

公與朱公元晦論校正二先生集誤字。

按：本集卷二十一《答朱元晦》第二書，與《朱集》卷三十《與張欽夫》第五、第六、第七、第八四書，皆論程集改字，篇長不備録。以二先生集坿録考之，内有《南軒書明道先生遺文後》云：右明道先生遺文九篇。長沙學宫既刻二先生文集，後三年，新安朱熹復以此寄栻云：得之玉山汪應辰，敬以授教授何蘊，俾嗣刻之。乾道乙丑四月朔，廣漢張栻謹書。據此則刊二先生集在二年，即校正亦在是年可知。又按：此書，後未入本集。

---

① 洪波按：《四庫全書》本《南軒文集》將此序繫於乾道四年。

十月，陳伯雄弔公於長沙，取魏公手澤與之。

本集《書相公親翰》云：十月甲戌，陳伯雄來，弔於湘水之上，欲求字畫而歸，爲子孫藏。予慟哭開篋，取此紙授之。

十一月，潭州重修嶽麓書院成，公時往講學，示學者以公私義利之辨。

本集《潭州重修嶽麓書院記》云：惟民之生，厥有常性，而不能以自達，故有賴於聖賢者出而開之。是以二帝三王之政，莫不以教學爲先務。至於孔子，述作大備，遂啓萬世無窮之傳。其傳果何與？曰仁也。仁，人心也，率性立命，知天下而宰萬物者也。今夫目視而耳聽，口言而足行，以至於食飲起居之際，謂道而有外夫是，烏可乎？雖然，天理人欲，同行異情，毫釐之差，霄壤之繆，此所以求仁之難，必貴於學以明之與？善乎，孟子之得傳於孔氏，而發人深切也！齊宣王見一牛之觳觫而不忍，則告之曰“是心足以王矣”。古之人所以大過人者，善推其所爲而已。論堯舜之道本於孝弟，則欲其體夫徐行疾行之間；指乍見孺子匍匐將入井之時，則曰惻隱之心，仁之端也，於此焉求之，則不差矣。嘗試察吾終日事親從兄、應物處事，是端也，其或發見，亦知其所以然乎？誠能默識而存之，擴充而達之，生生之妙，油然於中，則仁之大體豈不可得乎？及其至也，與天地合德，鬼神同用，悠久無疆，變化莫測，而其則初不遠也。是乃聖賢所傳之要，從事焉終吾身而後已，雖約居屏處，庸何損？得時行道，事業滿天下，而亦何加於我哉？

朱集《觀文殿學士劉公行狀》（後稱《劉公行狀》）云：潭州故有嶽麓書院，公一新之，養士數十人，屬張侯栻時往游焉。與論《大學》次第，以開其學者於公私義利之辨，聞者風動。

按：《記》末署“二年冬十有一月”。

冬，楊廷秀訪公於長沙，居之南軒。

《誠齋集·怡齋記》云：乾道丙戌冬，予自廬陵抵長沙，謁樂齋先生侍講張公，公館予於其居之南軒。

按：《誠齋集》有《見張欽夫》詩二首，有句云"祥琴聲尚苦"，知公此時尚在禮廬。又有句云"千里爲渠來"，知即是年訪公時作。

《諸葛忠武侯傳》成。

本集《答李季修書》云：《諸葛忠武傳》録呈，有當删正及增益者，不惜示及。家亦有集，殊不類諸葛公語，當非本書。王子思所編似太草草，某中間所載公之語云"吾心如秤，不能爲人作輕重"，乃得之《貞觀政要》中，不知前別有處載此否？

朱集《答何叔京書》云：欽夫傳論並熹所疑數條，請求指誨，幸以一言決之。

又書云：《武侯傳》讀之如何，更有可議處否？問疑數條例小差以書問之，欽夫皆以爲然。但熹欲傳末載諸葛瞻及子尚死節事，以見善善及子孫之義，欽夫却以爲不然。以爲瞻任兼將相，而不能早去，黄皓又不能奉身而去，以冀其君之悟，可謂不克肖矣。此法甚嚴，非慮所及也。

又書云：欽夫論瞻，兵敗身死，雖能不降，僅勝於賣國者耳。以其猶能如此，故書子瞻嗣爵以微見善善之長，以其智不足稱，故不詳其事，不足法也。此論甚精，愚所不及。

按：《神道碑》以《諸葛忠武侯傳》爲成書，此《傳》不載本集，未署年月。以公書傳後考之，首稱：予既作《侯傳》，以示新安朱元晦。今按朱集《答何叔京書》有云：《孔明傳》近爲元履借去。王白田《朱子年譜》(後稱《朱譜》)於此書注明丙戌，疑此傳亦成於乾道二年，姑綴於此。

張仲欽遷静江府學，公爲之記。

本集《静江府學記》云：某惟古人所以從事於學者，其果何所爲而然哉？天之生斯人也，則有常性；人之立於天地之間也，則有常事。在身有一身之事，在家有一家之事，在國有一國之事。其事也非人之所能爲也，性之所有也。弗勝其事則爲弗有其性，弗有其性則爲弗克若天矣。克保其性而不悖其事，所以順乎天也。然則舍講學其能之哉！凡天下之事皆人之所當爲，君臣、父子、兄弟、夫婦、朋友之際，人事之大者也，以至於視聽言動、周旋食息，至纖至悉，何莫非事者？一事之不貫，則天性以之陷溺也。然則講學其可不汲汲乎！學所以明萬事而奉天職也。雖然，事有其理而著於吾心。心也者，萬事之宗也。惟人放其良心，故事失其統紀。學也者，所以收其放而存其良也。夏葛而冬裘，饑食而渴飲，理之所固存，而事之所當然者，凡吾於萬事皆見其若是也，而後爲當其可。學者求乎此而已。嘗竊怪今世之學者，其所從事往往异乎是。鼓篋入學，抑亦思吾所謂學者果何事乎？聖人之立教者果何在乎？而朝廷建學群聚而教養者又果何爲乎？嗟夫！此獨未之思而已矣。使其知所思，則必竦然動於中，而其朝夕所接，君臣、父子、兄弟、夫婦、朋友之際，視聽言動之間，必有不得而遁者，庶乎可以知入德之門矣。

按：此記首稱"乾道二年，張侯維以書來，願有以告桂之士"。

·乾道三年丁亥　三十五歲。

正月，《經世紀年》脱稿。

《神道碑》云：此書欲稍更定焉，未之及也。

朱集《答廖子晦書》云：《經世紀年》，其論甚正。然古人已嘗言之，如漢高后之年，則唐人已於武后中宗紀發之。蜀漢之統，則習鑿齒《晉春秋》已有此論矣。堯以甲辰年即位，乃邵康節《皇極經世》説，諸家之説，亦有同者，此則荒忽不可究。知敬夫所説牴牾處，必是謂武王克商之年。《泰誓序》作十一年，經作十三年，而《編年》之書乃定從序説。柯國材以《洪範》考之，訪箕子是十三年事。必是初克商便釋囚而問之，不應十一年已克商至兩年後乃問之。嘗告敬夫，以爲然，其書已嘗刊行，至是遂止。敬夫服善如此，亦難及也。

按：本集《經世紀年序》末，署"乾道三年正月"。

九月八日，朱公元晦訪公於長沙。

朱集《與曹晉叔書》云：九月八日抵長沙，今半月矣，相與講明其所未聞，日有問學之益。敬夫學問愈高，所見卓然，議論出人意表。近讀其《語説》，不覺胸中灑然，誠可嘆服。

李本《朱譜》云：是時，范念德侍行，嘗言先生論中庸之義，三日夜而不能合。留長沙再閱月。

朱集《中和舊説序》云：欽夫得衡山胡氏學，往問喜怒哀樂未發之旨。欽夫告余以所聞，亦未之省也。

十一月，偕朱公元晦登衡山，林擇之從行，彪德美、范伯崇、胡廣仲皆來會。

本集《南嶽唱酬集序》云：乾道丁亥秋，朱元晦來，留再閱月，將道南山以歸，乃始偕爲此游，林擇之亦與焉。十一月庚午，自潭城渡湘水。甲戌，過石灘，始望嶽頂。乙亥抵嶽。丙子小憩，彪德美來會。丁丑渡興樂江，由馬迹橋登山。戊寅，入高臺寺。己卯，胡廣仲、范伯崇來會，同游僊人橋。庚辰下山。

《詩送元晦尊兄》云：君侯起南服，豪氣蓋九州。頃登文石陛，忠言動宸旒。坐令聲利場，縮頸仍包羞。揭來卧衡門，無愧自日休。盡收湖海氣，仰希洙泗游。不遠關山阻，爲我再月留。遺經得紬繹，心事兩綢繆。超然會太極，眼底無全牛。惟兹斷金友，出處寧殊謀。南山對牀語，匪爲林壑幽。白雲政在望，歸袂風颼颼。朝來出別語，已抱離索憂。妙質貴强矯，精微更窮搜。毫釐有弗察，體用豈周流。驅車萬里道，中途可停輈。勉哉共無數，邈矣追前修。

《朱集》答詩云：我行二千里，訪子南山陰。不憂天風寒，況憚

湘水深。辭家仲秋旦，稅駕九月初。問此爲何時？嚴冬歲云徂。勞
君步玉趾，送我登南山。南山高不極，雪深路漫漫。泥行復幾程，
今夕宿樀洲。明當分背去，惆悵不得留。誦君贈我詩，三嘆增綢繆。
厚意不敢忘，爲君商聲謳。昔我抱冰炭，從君識乾坤。始知太極蘊，
要渺難名論。謂有窩有迹，謂無復何存？惟應酬酢處，特達見本根。
萬化自此流，千聖同兹源。曠然遠莫禦，惕若初不煩。云何學力微，
未勝物欲昏。涓涓始欲達，已被橫流吞。豈知一寸膠，救此千丈渾。
勉哉共無斁，此語期相敦。

過胡文定公碧泉書堂，有詩。

按：本集詩稱：念我昔此來，及今七寒暄。自紹興三十
一年拜五峰先生於文定書堂，至乾道三年爲七寒暄。

是月，劉共甫奏公學行材能及破賊功，請亟召用。報可。
《劉公行狀》云：十一月，拜中大夫，辭不獲，乃進言曰：汪應
辰、陳良翰、張栻，學行材能，皆臣所不逮。而栻窮探聖微，曉暢
軍務，曩幸破賊，栻謀爲多，願亟召用之。上可其奏。

·乾道四年戊子　三十六歲。

夏，偕張安國過陳仲思溪亭。

本集有《陪舍人兄過陳仲思溪亭，深有買山卜鄰之意，舍人兄
預以顓壑見名[①]，因成古詩贈仲思》詩。

按：詩有"荷氣熏户牖"句，知在夏間。

八月，張安國作牧荆州，序以送之。

按：本集有《送張荆州序》。《于湖文集·坿録》，陸世良
撰《張安國傳》，以此序乃乾道五年安國致仕時，公餞行所作。
今考序有"上流重地，暫兹往牧"語，"上流"，自指荆州而

---

① 舍人兄預以顓壑見名，底本無，據《南軒集》補。

言。"往牧",即指送之作牧。又按《于湖文集·金隄記》云:乾道四年八月,自長沙來。故列此事於四年八月。

作《艮齋銘》。

本集《艮齋銘》云:艮齋,建安魏元履燕居之室也。在《易》,艮爲止,止其所也。某嘗考《大學》始終之序,以知止爲始,得其所止爲終,而知止則有道矣。《易》與《大學》,其義一也。敬爲之銘:

物之感人,其端無窮。人爲物誘,欲動乎中。不能反躬,殆滅天理。聖昭厥猷,在知所止。天心粹然,道義俱全。易曰至善,萬化之源。人所固存,曷自違之。求之有道,夫何遠而。四端之著,我則察之。豈惟慮思,躬以達之。工深力到,大體可明。匪由外鑠,如春發生。知既至矣,必由其知。造次克念,戰兢自持。事物雖衆,各循其則。其則匪它,吾性之德。動靜以時,光明篤實。艮止之妙,於斯爲得。任重道遠,時不我留。嗟我同志,勉哉勿休。緊我小子,懼弗克力。咨爾同志,以起以披。

朱集《答陳允夫書》云:去冬走湖湘,講論之益不少。又云:如《艮齋銘》,便是做工夫底節次。近日相與考證古聖所傳門庭,建立此個宗旨,相與守之。

四月,記郴州學。

本集《郴州學記》云:某惟先王之於學,所以勤勤懇懇,若飲食起居之不可須臾離者,誠以正心、修身、齊家、治國以至於平天下,未有不須學而成者,實生民之大命,而王道之本原也。然而學以何爲要乎?孟子論三代之學,一言以蔽之曰"皆所以明人倫"也。大哉言乎!人之大倫,天所叙也。降衷於民,誰獨無是性哉!孩提之童,莫不知愛其親,及其長也,莫不知敬其兄,而夫婦、朋友之間,君臣之際,禮儀三百,威儀三千,無適而非性之所有者。惟夫局於氣稟,遷於物欲,而天理不明,是以處之不盡其道,以至於傷恩害義者有之。此先王之所以爲憂,而爲之學以教之也。然則學之所務，果何以外於人倫哉！雖至於聖人，亦曰盡其性而爲人倫之至耳。嗚呼！今之學者苟能立志尚友，講論問辯，而於人倫之際審加察焉，敬守力行，勿舍勿奪，則良心可識，而天理自著。馴是而進，益高益深，在家則孝弟雍睦之行興，居鄉則禮遜廉恥之俗成，一旦出而立朝，致君澤民，事業可大，則三代之風何遠之有，豈不盛歟！又豈可不勉歟！學之成，實乾道四年春二月。

朱公元晦來書，論未發之中。

朱集《與張欽夫書》云：人自有生即有知識，事物交來，應接不暇，念念遷革，以至於死，其間初無頃刻停息，舉世皆然也。然聖賢之言，則有所謂未發之中、寂然不動者，夫豈以日用流行者爲已發，而指夫暫而休息、不與事物之際爲未發時耶？嘗試以此求之，則泯然無覺之中，邪暗鬱塞，似非虛明應物之體；而幾微之際，一有覺焉，則又便爲已發，而非寂然之謂。蓋愈求而愈不可見，於是退而驗之於日用之間，則凡感之而通、觸之而覺，蓋有渾然全體，應物而不窮者。是乃天命流行、生生不已之機，雖一日之間，萬起萬滅，而其寂然之本體，則未嘗不寂然也。所謂未發，如是而已。夫豈別有一物，限於一時、拘於一處，而可以謂之中哉？然則天理本真，隨處發見，不少停息者，其體用固如是，而豈物欲之私所能壅遏而梏亡之哉！故雖汨於物欲流蕩之中，而其良心萌蘖，亦未嘗不因事而發見。學者於是致察而操存之，則庶乎可以貫乎大本達道之全體而復其初矣。不能致察，使梏之反覆，至於夜氣不足以存，而陷於禽獸，則誰之罪哉？周子曰："五行，一陰陽也；陰陽，一太極也；太極，本無極也。"其論至誠，則曰："靜無而動有。"程子曰："未發之前更如何求？只平日涵養便是。"又曰："善觀者，卻於已發之際觀之。"二先生之說如此，亦足以驗大本之無所不在、良心之未嘗不發矣。

又書云：前書所扣，正恐未得端的，所以求正。茲辱誨喻，乃知尚有認爲兩物之蔽，深所欲聞，幸甚幸甚。當時乍見此理，言之惟恐不親切分明，故有指東畫西、張皇走作之態。自今觀之，只一念間已具此體用，發者方往，而未發者方來，了無間斷隔截處，夫豈別有物可指而名之哉？然天理無窮，而人之所見有遠近深淺之不一，不審如此見得又果無差否？更望一言垂教，幸幸。所論龜山《中庸》可疑處，鄙意近亦謂然。又如所謂"學者於喜怒哀樂未發之際以心驗之，則中之體自見"，亦未爲盡善。大抵此事渾然，無分段時節先後之可言。今著一"時"字、一"際"字，便是病痛。當時只云寂然不動之體，又不知如何。《語録》亦嘗疑一處說存養於未發之時一句，及問者謂當中之時，耳目無所見聞，而答語殊不痛快，不知左右所疑是此處否？更望指誨也。向見所著《中論》有云："未發之前，心妙乎性；既發，則性行乎心之用矣。"於此竊亦有疑。蓋性無時不行乎心之用，但不妨常有未行乎用之性耳。今下一"前"字，亦未有前後隔截氣象，如何如何？熟玩《中庸》，只消著一"未"字，便是活處。此豈有一息停住時耶？只是來得無窮，便常有個未發底耳。若無此物，則天命有已時，生物有盡處，氣化斷絶，有古無今久矣。此所謂天下之大本，若不真的見得，亦無揣摸處也。

又書云：誨諭曲折數條，始皆不能無疑，既而思之，則或疑或信而不能相通。近深思之，乃知只是一處不透，所以觸處窒礙。雖或考索彊通，終是不該貫。偶却見得所以然者，輒俱陳之，以卜是否。大抵日前所見、累書所陳者，只是儱侗地見得個大本達道底影像，便執認以爲是了，却於"致中和"一句全不曾入思議，所以累蒙教告以求仁之爲急，而自覺殊無立脚下工夫處。蓋只見得個直截根源傾湫倒海底氣象，日間但覺爲大化所驅，如在洪濤巨浪之中，不容少頃停泊。蓋其所見一向如是，以故應事接物處但覺粗厲勇果增倍於前，而寬裕雍容之氣略無毫髮。雖竊病之，而不知其所自來也。而今而後，乃知浩浩大化之中，一家自有一個安宅，正是自家安身立命、主宰知覺處，所以立大本、行達道之樞要。所謂"體用一源，顯微無間"者，乃在於此。而前此方往方來之說，正是手忙足亂，無著身處。道邇求遠，乃至於是，亦可笑矣。

又書云：前書所稟寂然未發之旨、良心發見之端，自以爲有小異於疇昔偏滯之見，但其間語病尚多，未爲精切。比遣書後，累日潛玩，其於實體似益精明。因復取凡聖賢之書以及近世諸老先生之遺語，讀而驗之，則又無一不合。蓋平日所疑而未白者，今皆不待安排，往往自見灑落處。始竊自信，以爲天下之理其果在是，而致知格物、居敬精義之功，自是其有所施之矣。聖賢方策，豈欺我哉！蓋通天下只是一個天機活物，流行發用，無間容息。據其已發者而指其未發者，則已發者人心，而凡未發者皆其性也，亦無一物而不備矣。夫豈別有一物，拘於一時、限於一處而名之哉？即夫日用之間，渾然全體，如川流之不息、天運之不窮耳。此所以體用、精粗、動靜、本末洞然無一毫之間，而鳶飛魚躍，觸處朗然也。存者存此而已，養者養此而已。"必有事焉而勿正，心勿忘，勿助長也"。從前是做多少安排，沒頓著處。今覺得如水到船浮，解維正柂而沿洄上下，惟意所適矣，豈不易哉！始信明道所謂"未嘗致纖毫之力"者，真不浪語。而此一段事，程門先達惟上蔡謝公所見透徹，無隔礙處。自餘雖不敢妄有指議，然味其言亦可見矣。近范伯崇來自邵武，相與講此甚詳，亦嘆以爲得未曾有，而悟前此用心之左。且以爲雖先覺發明指示不爲不切，而私意汨漂，不見頭緒。向非老兄抽關啓鍵，直發其私，誨諭諄諄，不以愚昧而捨弃之，何以得此？其何感幸如之！

按：前二書《朱譜》注云：丙戌。童能靈《朱子爲學考》以依朱子《中和舊說序》，聞欽夫得衡山胡氏學，則往從而問焉。語當在丁亥後、己丑前。

又按：後二書，《朱譜》亦云：丙戌，童能靈《朱子爲學考》以爲或即作於戊子。今概從童說。

·乾道五年己丑　三十七歲。

二月，魏公加贈太師，謚忠獻，公上表謝。

《宋史·孝宗本紀》：乾道五年二月戊戌，贈張浚謚忠獻。

　　按：本集有《謝太師加贈表》，《誠齋集》有《讀張忠獻公謚册感嘆詩》。

春，朱公元晦悟以性爲未發之非，以書報公，公深以爲然。

朱集《中和舊説序》云：乾道己丑之春，爲友人蔡季通言之，問辨之際，予忽自疑。斯理也，雖吾之所默識，然亦未有不可以告人者。今析之如此其紛紛而難明也，聽之如此其冥迷而難喻也，意者乾坤易簡之理，人心所同然者，殆不如是；而程子之言出其門人高弟之手，亦不應一切謬誤，以至於此。然則予之所自信者，其無乃反自誤乎？則復取程氏書，虛心平氣而徐讀之，未及數行，凍解冰釋，然後知情性之本然、聖賢之微旨，其平正明白乃如此。而前日讀之不詳，妄生穿穴，凡所辛苦而僅得之者，適足以自誤而已。至於推類究極，反求諸身，則又見其爲害之大，蓋不但名言之失而已也。於是又竊自懼，亟以書報欽夫及嘗同爲此論者。惟欽夫復書深以爲然。

《與湖南諸公論中和第一書》云：《中庸》未發已發之義，前此認得此心流行之體，又用程子凡言心者皆指已發而言，遂目心爲已發，性爲未發。然觀程子之書，多所不合，因復思之，乃知前日之説非。惟心性之名，命之不當，而日用功夫全無本領，蓋所失者不但文義之間而已。按文集、遺書諸説，似皆以思慮未萌、事物未至之時，爲喜怒哀樂之未發。當此之時，即是此心寂然不動之體，而天命之性常體具焉。以其無過不及，不偏不倚，故謂之中。及其感而遂通天下之故，則喜怒哀樂之性發焉，而心之用可見。以其無不中節，無所乖戾，故謂之和，此則人心之正而性情之德然也。然未發之前不可尋覓，已覺之後不容安排。但平日莊敬涵養之功至，而無人欲之私以亂之。則其未發也，鏡明水止，而其發也，無不中節矣。此是日用本領工夫。至於隨事省察，即物推明，亦必以是爲本。而於已發之際，觀之則其具於未發之前者，固可默識。故程子之答蘇季明反復論辨，極於詳密，而卒之不過以敬爲言。又曰敬而無失即所以中。又曰人道莫如敬，未有致知而不在敬者。又曰涵養須是敬，進學則在致知。蓋爲此也，向來講論思索，直以心爲已發，而日用工夫亦止以察識端倪爲最初下手處。以故闕却平日涵養一段工夫，使人胸中擾擾，無深潜純一之味，而其發之言語事爲之間，亦常急迫浮露，無復雍容深厚之風。蓋所見一差，其害乃至於此，不可以不審也。程子所謂凡言心者皆指已發而言，此乃指赤子之心而言。而謂凡言心者則其爲説之誤，故又自以爲未當而復正之，固不可以執其已改之言而盡疑諸説之誤，又不可遂以未當而不究其所指之殊也。不審諸君子以爲何如。

按：此序末署壬辰八月，序中所云"以書報欽夫"，則在己丑春。《朱譜考異》以《報欽夫書》不見於與欽夫答問中，疑即《與湖南諸公論中和第一書》，是將此書屬之己丑。然此書有"涵養須用敬""進學則在致知"二語，與《朱譜考異》程氏遺書成下云：程子"涵養須用敬"二語，庚寅始特拈出，兩相牴牾矣。録此以待詳考。

朱公元晦來書，復論未發之旨。

朱集《答張欽夫書》云：諸説例蒙印可，而未發之旨，又其樞要，既無異論，何慰如之。然比觀舊説，却覺無甚綱領。因復體察，得見此理須以心爲主而論之，則性情之德、中和之妙，皆有條而不紊矣。然人之一身，知覺運用，莫非心之所爲，則心者，固所以主於身，而無動静語默之間者也。然方其静也，事物未至，思慮未萌，而一性渾然，道義全具，其所謂中，是乃心之所以爲體而寂然不動者也。及其動也，事物交至，思慮萌焉，則七情迭用，各有攸主。

其所謂和，是乃心之所以爲用，感而遂通者也。然性之静也而不能不動，情之動也而必有節焉，是則心之所以寂然感通、周流貫徹而體用未始相離者也。然人有是心而或不仁，則無以著此心之妙；人雖欲仁而或不敬，則無以致求仁之功。蓋心主乎一身而無動静語默之間，是以君子之於敬，亦無動静語默而不用其力焉。未發之前，是敬也固已主乎存養之實；已發之際，是敬也又常行於省察之間。方其存也，思慮未萌而知覺不昧，是則静中之動，復之所以"見天地之心"也；及其察也，事物紛糾而品節不差，是則動中之静，艮之所以"不獲其身，不見其人"也。有以主乎静中之動，是以寂而未嘗不感；有以察乎動中之静，是以感而未嘗不寂。寂而常感，感而常寂，此心之所以周流貫徹而無一息之不仁也。然則君子之所以"致中和而天地位、萬物育"者，在此而已。蓋主於身而無動静語默之間者，心也；仁則心之道，而敬則心之貞也。此徹上徹下之道，聖學之本統。明乎此，則性情之德、中和之妙，可一言而盡矣。熹向來之説固未及此，而來諭曲折雖多所發明，然於提綱振領處似亦有未盡。又如所謂"學者先須察識端倪之發，然後可加存養之功"，則熹於此不能無疑。蓋發處固當察識，但人自有未發時，此處便合存養，豈可必待發而後察、察而後存耶？且從初不曾存養，便欲隨事察識，竊恐浩浩茫茫無下手處，而毫釐之差、千里之繆，將有不可勝言者。此程子所以每言孟子才高，學之無可依據；人須是學顏子之學，則入聖人爲近，有用力處，其微意亦可見矣。且如灑掃應對進退，此存養之事也，不知學者將先於此而後察之耶？抑將先察識而後存養也。以此觀之，則用力之先後判然可觀矣。

《答林擇之書》云：近得南軒書，諸説皆相然諾。但"先察識，後涵養"之論，執之尚堅；未發條理，亦未甚明。蓋乍易舊説，猶待就所安耳。

公弟定叟之官桂林，餞之於湘中館。

按：《于湖文集》，乾道五年，有《與朱編修書》，言定叟
將有遠役，兄弟不能相舍。即指之桂林事。

除知撫州，未上，改嚴州。

《神道碑》云：除知撫州，未上，改嚴州。

十二月，陛辭，公連論奏。

《神道碑》云：後六年始以補郡。臨遣，得復見上，首言先王之
治，所以建事立功，無不如志，以其胸中之誠，足以感格天人之心，
而與之無間也。今規畫雖勞，而事功不立，陛下誠深察之日用之間，
念慮云爲之際，亦有私意之發以害吾之誠者乎？有則克而去之，使
吾中扃洞然，無所間雜，則見義必精，守義必固，而天人之應將不
待求而得矣。夫欲復中原之土，必先收中原百姓之心，欲得中原百
姓之心，必先有以得吾境内百姓之心。求所以得吾境内百姓之心者
無他，不盡其力，不傷其財而已。今日當以明大義、正人心爲本。
然所施有先後，則緩急不可不詳；所務有名實，則取舍不可不審。

《續資治通鑑》云：十二月丙午，入見，公奏稱今日誕謾之風不
可長。至如邊事，須委忠實不欺之臣。又言先聽其言，却考其實，
此所謂“敷奏以言，明試以功”。

按：本集《答柳嚴州啓》有云：“蒙恩易郡，更叨桐水之
除。”又云：“秋律既深，霜飇愈屬。”

又按：《嚴州圖經·賢牧題名》張栻下稱：乾道五年十二
月二十九日，以右承務郎直秘閣權發遣。是除命在九月，陛
辭則在十二月也。

虞丞相彬甫遣人於公致慇懃，公不答。

《神道碑》云：時宰相雖以恢復之説自任，然所以求者類非其道，
且妄意公素論當與己合，數遣人致慇懃，公不答。

公涖任，改學門南向。

景定《嚴州續志·學校》云：州學在城西北隅。始，學門屈折

東出，乾道五年，張宣公知州，始闢南向。

·乾道六年庚寅　三十八歲。

春，奏免丁鹽錢絹，詔蠲其半。

本集《與朱元晦書》云：朝廷蠲末等無常産之輸七萬餘緡，稍寬目前。但弊根不除，少須更力論之。

《神道碑》云：到任，問民疾苦，首以丁鹽錢絹太重爲請，得蠲，是歲半輸。

《答張欽夫書》云：欲再奏，不若令白丁丁户每歲人納一二百錢，四等而上，每等遞增一二百，使至於極等則略如今日之數。聞浙中諸郡有全輸算者，有取之無藝者，朝廷自合因此總會所入之大數，斟酌裁損而均平之，乃爲盡善。

立孤高亭。

本集《送定叟弟之官嚴陵》詩注云：某在嚴陵，嘗爲宋廣平立孤高亭。

景定《嚴州續志》云：西山在城内西北，舊有孤高亭，今廢。

公與呂公伯恭、朱公元晦共論胡氏《知言》。

呂集《與朱元晦書》云：《知言》往在嚴陵時，與張丈講論，亦嘗疏出可疑者數十條，今觀來示，其半亦相類見，與張丈參閲，續當咨請也。

《答潘叔度書》云：張守論胡子《知言》，見處極高。

本集《與朱元晦書》云：《知言》自去年來看，多有所疑，來示亦多所同者，亦有來示未及者，俟便上呈。更煩一往復，庶幾粗定。甚恨當時刊得太早。

又書云：《知言》之説，每段書鄙見於後，有未是處，就此簿上批來，庶往復有益也。近又看數段，及昨日讀寄來者，皆未及添入，俟更詳之。

又書云：《知言》疑義，前已納呈，今所寄尤密。

《答舒秀才書》云：某向者受五峰先生之教，浹於心腑，佩之終身，而先生所造精微，立言深切，亦豈能盡窺其藩？向者元晦有所講論，其間亦有與鄙見合者，因而反復議論，以體當在己者耳，固吾先生所望於後人之意也。如晦叔、廣仲、伯逢皆同志者，故以示晦叔，而晦叔復以示二公，庶幾往返之有益耳。蓋嘗丁寧，不可示之非其人。其間所論有前後之不同者，蓋旋據窺測所到而言，何敢執一而不惟其是之從也？若世俗之人以私意淺量觀者，亦無如之何。但此議論只當同志者共紬繹所疑，不當遽泛示，以啓見聞者輕妄心也。若左右謂以爲成書而傳之，則大誤矣。

朱集《答劉子澄書》云：《知言》之書，用意精切，但其氣象終少和平。又數大節目皆誤，如性無善惡，心爲已發，先知後敬之類，皆失聖賢本指。頃與欽夫、伯恭論之甚詳，亦皆有往復，雖有小未合，然其大概亦略同矣。（壬辰）

《洙泗言仁錄》成。

《神道碑》云：《洙泗言仁錄》《諸葛忠武侯傳》爲成書。

本集《答朱元晦書》云：《論語》仁説，見學者多將仁字做活絡揣度，了無干涉，如未嘗下博學篤志、切問近思工夫，便做仁在其中矣。想像此等極害事，故編程子之説，與同志講之。

朱集《答范伯崇書》云：欽夫近爲學者類集《論語》"仁"字，各爲之説。熹不欲做此工夫，欽夫又説"當仁不讓於師"，要當識此。所以不讓者何物，則知此仁矣。此説是否？

《答張敬夫書》云：類聚孔孟言仁處，以求夫仁之説專一。如此用功，不免長欲速好徑之心。蓋專務説仁，而於操存涵泳之功不免有所忽略。故無復優柔厭飫之味、克己復禮之實。又云：今此錄所以釋《論語》之言，而首章曰仁其可知，次章曰仁之義可得而求其後，又多所以明仁之義云者，恐其非聖賢發言之本意也。又如首章雖列二先生之説，而所解實用上蔡之意，正伊川説中間者，所謂由孝弟可以至仁，而先生非之者，恐當更詳究也。

張·栻·年·譜

又書云：近看《論語》舊說，其間多此類者。比來尊兄固已自覺其非矣。然近聞發明當仁不讓於師之說，云當於此時識其所以不讓者爲何物，則可以知仁之義。此等議論，又只似舊來氣象。

《答吳晦叔書》云：近因南軒寄示《言仁錄》，亦嘗再以書論所疑大概如此，而後書所論仁、智兩字，尤爲明白。

《朱子語類》云：南軒《洙泗言仁》，編得亦未是。聖人說仁處固是仁，然不說處不成非仁？天下只有這個道理，聖人說許多說話，都要理會，豈可只去理會說仁處，不說仁處便掉了不管？

　　按：朱集卷二十五《答張敬夫第四書》稱：近聞發明當仁不讓於師之說。又稱筵中見講何書。知屬乾道六年。

五月，召爲尚書吏部員外郎。閏五月十七日，赴召。

東萊《呂太史文集·坿録年譜》（後稱《呂譜》）云：五月，除太學博士，公之召也，張公亦自嚴陵召歸爲郎。

《嚴州圖經·賢牧題名》張栻下云：乾道六年閏五月十七日，赴召。

刊《太極通書》於嚴州學宮，又刊《二程先生遺書》。

本集《通書後跋》云：《太極通書》，某刻於嚴陵學宮。末署“乾道庚寅閏月”。

朱集《答呂伯恭書》云：嚴州《遺書》本初校未精，而欽夫去郡。

本集《答胡季隨書》云：所諭《二先生遺書》，元晦所集皆存元本，在學者亦好玩味，其間真偽，在我玩味之久，自識別之耳。（辛卯）

又書云：諭及日讀《二程先生遺書》，當平心易氣，優游涵泳。所讀其間談性命處，讀之愈勤，探義愈晦。若只靠言語上求解，則未是。須玩味其旨，於吾動靜中體之，久久自別也。（辛卯）

又書云：元晦所編《遺書》，只是裒聚逐家所編全入之，都無所

· 58 ·

删也。其間傳録失指者固有之，正要學者玩味。(辛卯)

是月廷對。

吕集《與潘叔度書》云：五月，對劄録去，張丈所對亦甚款。

六月，入見，連次論奏。

《神道碑》云：宰相又方謂虜勢衰弱可圖，建遣泛使，往責陵寢之故。公見上，上曰："卿知虜中事乎？"公對曰："不知也。"上曰："虜中饑饉連年，盗賊四起。"公曰："虜中之事，臣雖不知，然境中之事則知之詳矣。"上曰："何事？"公遂言曰："臣竊見比年諸道亦多水旱，民貧日甚，而國家兵弱財匱，官吏誕謾，不足倚賴，正使彼實可圖，臣懼我之未足以圖彼也！"上爲默然久之。公因出所奏書，讀之曰："臣竊謂陵寢隔絶，誠臣子不忍言之至痛。今未能奉辭以討之，又不能正名以絶之，乃欲卑辭厚禮以求於彼，其於大義已爲未盡，而異論者猶以爲憂，則其昧陋畏怯，又益甚矣！然臣竊揆其心意，或亦有以見我未有必勝之形而不能不憂也歟！蓋必勝之形當在於早正素定之時，而不在兩陣決機之日。"上爲竦聽改容。公復讀曰："今但下哀痛之詔，明復讐之義，顯絶虜人，不與通使，然後修德立政，用賢養民，選將帥，練甲兵，通内修外攘、進戰退守爲一事。且必治其實而不爲虛文，則必勝之形，隱然可見。雖有淺陋畏怯之人，亦且奮躍而爭先矣。"上嘆息褒諭，以爲前始未聞此論。

公自省中歸，讀《西銘》，寓舍與吕公伯恭所居相望。八月，約共爲夜課。

本集《與朱元晦書》云：《西銘》近日常讀，理一分殊之旨，龜山後書終未之得。蓋斯《銘》之作，政爲學者私勝之流，昧夫天理之本然，故推明理一以極其用，而其分之殊自不可亂。如以民爲同胞，謂尊高年爲老其老，慈孤弱爲幼其幼，是推其理而其分固自在也。故曰分立而推理一，以止私勝之流，仁之方也。龜山以無事乎推爲理一，引聖人"老者安之、少者懷之"爲説，恐未知《西銘》推理一之指也。

又書云:《西銘》所謂理一而分殊,無一句不具此意。亦謂鄙意然,來示亦盡之矣。但其間論分立而推理一,與推理以存義之說,頗未相同。某意以爲分立者,天地位而萬物散殊,其親疏皆有一定之勢。然不知理一,則私意將勝,而其流弊將至於不相管攝而害夫仁。故《西銘》因其分之立,而明其理之本一,所謂以止私勝之流,仁之方也。雖推其理之一,而其分森然者,自不可亂,義蓋所以存也。大抵儒者之道,爲仁之至、義之盡者,仁立則義存,義精而後仁之體爲無蔽也,似不必於事親、事天上分理與義。亦未知是否?

又書論:《西銘》之論甚精。"乾稱父、坤稱母"之說,某亦如此看。蓋一篇渾是此意也。但所論其間有一二語,鄙意未安,俟更爲精讀深思,方報去。

呂集《與戴在伯書》云:某所居乃在舊王承宣園,今號東百官宅,政與張丈寓舍相望,於講論甚便。

《與潘叔度書》云:八月稍涼,已與張丈約共爲夜課。

公與陳君舉論學。

《止齋文集》蔡幼學撰《陳公行狀》云:陳君舉還過都城,始識公,與呂伯恭數請問,扣以爲學大指,互相發明。二公亦喜得友,恨相見之晚。

十一月,郊祀,禮成,公論奏。

《續資治通鑑》云:張栻言:"今日君子小人之消長,治亂之勢有所未定,皆在陛下之如何耳。若陛下之心嚴恭競畏,常如祠之際,則君子小人終可分,治道終可成,強敵終可滅。"當如祀事,終得成禮。

十二月,兼權左右司侍立官,奏罷發運使職。

《神道碑》云:兼權左右司侍立官,時廟堂方用史正志爲發運使。公上言曰:"今日州郡財賦大抵無餘,若取之不已,經用有闕,不過巧爲名色,取之於民耳。"詔罷之。

《宋史·孝宗本紀》:乾道六年十二月癸酉,罷發運司。

是月，兼侍講，除左司員外郎。

本集《答朱元晦書》云：仲冬以後，凡三得對，講筵開在後月。

朱集《答張敬夫書》云：筵中見講何書？愚意《孟子》一書，最切今日之用。輪日講解，未必有益。不若勸上萬幾之暇，日誦一二章，反復玩味，究觀聖賢作用本末，然後夜直之際，請問業之所至而推明之。以上之聰明英睿，若於此見得洞然無疑，則功利之說無所投，而僥倖之門無自啓矣。異時開講如伊川先生所論坐講之禮，恐亦當理會也。

> 按：《誠齋集·虞公神道碑》云：用呂原明司馬康故事，薦張栻入經筵。與《宋史·張雄傳》稱：栻再被召，論恢復固當，第其計非是，即奏疏。孝宗大喜，翌日以疏宣示，且手詔云：恢復當如栻所陳方是。即除侍講，且得直宿，時與卿論事。虞允文與雄之徒不樂，遂沮抑之云云，語意各異。

·乾道七年辛卯　三十九歲。

二月，開經筵，公講《葛覃》篇，推廣其事以進陳。

《神道碑》云：經筵開，以《詩》入侍，因《葛覃》之篇以進說曰："治常生於敬畏，亂常起於驕淫。使爲國者每念稼穡之勞，而其后妃不忘織紝之事，則心之不存者寡矣。周之先后勤儉如此，而其後世猶有以休蠶織而爲厲階者，興亡之效於此見矣。"既又推廣其言，上陳祖宗自家刑國之懿，下斥當時興利擾民之害詳焉。

> 按：《續資治通鑑》列開講於二月。

三月，張說除簽書樞密院事，公連上疏諫，面責虞丞相於朝堂。

《宋史·孝宗本紀》云：乾道七年三月，張說簽書樞密院事，張栻言說不宜執政。

《張栻傳》云：張說除簽書樞密院事。栻夜草疏，極諫其不可。旦詣朝堂，質責宰相虞允文曰："宦官執政自京黼始，近習執政自相公始。"允文慙憤不堪。栻奏文武誠不可偏，然今欲右武以均二柄，而所用乃得如此之人，非惟不足以服文吏之心，正恐反激武臣之怒。

《鶴林玉露·南軒諫虞丞相》云：南軒質責虞丞相彬甫，不當用張説，至以京黼面斥之。允文曰："先丞相平生亦有隱忍就功名處，何相非之深也？"公曰："先公固有隱忍處，何嘗用此等狎邪小人？"允文拱手曰："某服矣！"

是月，詹事王龜齡舉公自代。

《梅溪文集·舉張栻自代狀》云：伏覩兼侍講張栻，學術精深，氣稟剛正，久居經幄，宜贊青宮，舉以代臣，實允公議。

六月十三日，出公知袁州；十四日，出都過吴興。

七月，寓蘇。

八月，適毘陵。

十二月，游鄂渚，歸抵長沙。

《神道碑》云：明年乃出公知袁州。

本集《答朱元晦書》云：某十三日被命出守，次日出北關，來吴興，省廣德家兄。

吕集《與朱元晦書》云：某以六月八日離輦下，既去五日，而張丈去國。

本集《跋西銘》云：辛卯孟秋，寓姑蘇。

《江漢樓説》云：十二月朔日，游鄂渚。

《答李叔文書》云：某歲前，抵舊廬。

作《洙泗言仁序》《主一箴》。

本集《洙泗言仁序》云：昔者夫子講道洙泗，示人以求仁之方。蓋仁者天地之心，天地之心而存乎人，所謂仁也。人惟蔽於有己，而不能以推，失其所以爲人之道，故學必貴於求仁也。自孟子没，寥寥千有餘載間，《論語》一書，家藏人誦，而真知其指歸者何人哉？至本朝伊洛二程子始得其傳，其論仁亦異乎秦漢以下諸儒之説矣，學者所當盡心也。某讀程子之書，其間教門人取聖賢言仁處，類聚以觀而體認之，因裒《魯論》所載，疏程子之説於下，而推以己見，題曰《洙泗言仁》，與同志者共講焉。嗟乎！仁雖難言，然聖人教人求仁，具有本末。譬如飲食，乃能知味，故先其難而後其獲，所以爲仁。而難莫難於克己也，學者要當立志尚友，講論問辯於其所謂難者，勉而勿舍。及其久也，私欲浸消，天理益明，則其所造將有不可勝窮者。若不惟躬行實踐之務，而懷蘄獲之心，起速成之意，徒欲以聰明揣度於言語求解，則失其傳爲愈甚矣。故愚願與同志者共講之，庶幾不迷其大方焉。

本集《主一箴》云：伊川先生曰："主一之謂敬。"又曰："無適之謂一。"嗟乎，求仁之方，孰要乎此！因爲箴書於坐右，且以諗同志。人稟天性，其生也直。克順厥彝，則靡有忒。事物之感，紛綸朝夕。動而無節，生道或息。惟學有要，持敬勿失。驗厥操舍，乃知出入。曷爲其敬，妙在主一。曷爲其一，惟以無適。居無越思，事靡它及。涵泳於中，匪忘匪丞。斯須造次，是保是積。既久而精，乃會於極。勉哉勿倦，聖賢可則。

《答胡廣仲書》云：《主一箴》之論甚荷，但某之意，正患近來學者多只是想像，不肯著意下工。伊洛老先生所謂主一無適，真是學者指南，深切著明者也。故某欲其於操舍之間體察，而居毋越思，事靡它及，乃是實下手處，此正爲有捉摸也。若於此用力，自然漸覺近裏趨約，意味日別。見則爲實見，得則爲實得。不然，徒自談高拽妙，元只在膠膠擾擾域中，三二十年，恐只是空過了，至善之則烏能實了了乎？《箴》之作，亦以自警云爾。

按：本集《答胡季隨書》云："歸來所作《洙泗言仁序》《主一箴》録去。""歸來"，似指乾道七年冬歸長沙也。

又按：朱集《答張敬夫書》云：至謂類聚言仁，只恐有病。卻不思所類諸說，其中下學上達之功，蓋已無所不具，苟能深玩而力行之，又安有此弊？蒙來喻，始悟前說之非，不知可更作後序，略采此意，以警後之學者否？似此序即後序，觀篇中末段數語可知。

—— 張宣公年譜卷下 ——

永康胡宗楙季樵

·乾道八年壬辰　四十歲。

公與呂公伯恭論存養省察之功。

本集《寄呂伯恭書》云：某讀書先廬，粗安晨夕。顧存養省察之功固當並進，然存養是本，覺向來工夫不進，蓋爲存養處不深厚，方於閑暇，不敢不勉。又云：來教有云"平時徒恃資質，工夫悠悠，殊不精切"，可見體察之功。又言：惟析夫義理之微，而致察於物情之細，每存正大之體，尤防己意之偏。好事上一毫才過，便是私意，如要救正此人，盡吾誠意以告之，從與不從，固不可必也。若必欲救正得，便有偏。推此類可見。

《答喬瞻書》云：存養體察，固當並進。存養是本，工夫固不越於敬，敬固在主一。此事惟用力者方知其難。來論謂舊雖知有主一無適之言，至臨時又難下手。夫主一無適，正爲平日涵養，遇事接物方不走作，非可臨時下手也。

又書云：所謂靜思與臨事有異，要當深於靜處下涵養之功，本立則臨事有力也。

《答潘叔昌書》云：所論收斂則失於拘迫，從容則失於悠緩，此學者之通患。於是二者之間，必有事焉，其惟敬乎！拘迫則非敬也，悠緩則非敬也。但當常存乎此，本原深厚，則發見必多，而發見之際，察之亦必精矣。若謂先識所謂一者而後可以用力，則用力未篤，所謂一者只是想像，何由意味深長乎？

《答潘端叔》云：若專一，工夫積累多，自然體察有力，只靠言語上苦思，未是也。

《答吴晦叔書》云：元晦謂略於省察，向來某與渠書亦嘗論此矣，後便錄呈。如三省四勿，皆持養省察之功兼焉。大要持養是本，省察所以成其持養之功者也。

《答胡季隨書》云：承論誇勝之爲害，可見省察之功，正當用力自克也。克之之道，要須深思誇勝之意何自而生，於根源上用工銷磨乃善。若只待其發見而後遏止，將見滅於東而生於西也。

公與朱公元晦論在中之義。

本集《答朱元晦書》云：中字之説甚密，但在中之義，作中外之中未安，詳蘇季明再問伊川答之之語自可見。蓋喜怒哀樂未發，此時蓋在乎中也。若只説作在裏面的道理，然則已發之後，中何嘗不在裏面乎？幸更詳之。又《中庸》之云中，是以中形道也；喜怒哀樂未發之謂中，是以中狀性之體段也。然而性之體段不偏不倚，亭亭當當者，是固道之所存也。道之流行，即事物無不有恰好的道理，是性之體段亦無適而不具焉。如此看，尤見體用分明。

又書云：在中之説，前書嘗及之，未知如何。中者性之體，和者性之用，恐未安。中也者，所以狀性之體段，而不可便曰中者性之體；若曰性之體中，而其用則和，斯可矣。

又書云：在中之意，程子曰：喜怒哀樂未發，只是中也。蓋未發之時，此理亭亭當當，渾然在中，發而中節，即其在中之理，形乎事事物物之間而無不完也，非是方其發時，別爲一物以主張之於內也。情即性之發見也，雖有發與未發之殊，而性則無內外耳。若夫發而不中節，則是失其情之正，而淪其情之理。然能反之，則亦無不在此者，以性未嘗離得故也。不識如何？

朱集《答張敬夫書》云：中字之説甚善。所論狀性形道之不同，尤爲精密，開發多矣。然愚意竊恐程子所云只一個中字，但用不同。此語更可玩味。夫所謂只一個中字者，中字之義未嘗不同，亦曰不偏不倚、無過不及而已矣。然用不同者，則有所謂在中之義者、有所謂中之道者是也。蓋所謂在中之義者，言喜怒哀樂之未發，渾然在中，亭亭當當，未有個偏倚過不及處。其謂之中者，蓋所以狀性之體段也。有所謂中之道者，乃即事即物，自有個恰好底道理，不偏不倚、無過不及，其謂之中者，則所以形道之實也。只此亦便可見，來教所謂狀性形道之不同者，但又見得中字只是一般道理。以此狀性之體段，則爲未發之中；以此形道，則爲無過不及之中耳。且所謂在中之義，猶曰在裏面底道理云爾。非以在中之中字，解未發之中字也。

又書云：在中之義之説，來論説得性道未嘗相離，此意極善。但所謂此時蓋在乎中者，文意簡略，熹所未曉，更乞詳諭。又謂"已發之後，中何嘗不在裏面"，此恐亦非文意。蓋既言未發時在中，則是對已發時在外矣。但發而中節，即此在中之理發形於外，如所謂即事即物，無不有個恰好底道理是也。一不中節，則在中之理雖曰天命之秉彝，而當此之時，亦且漂蕩淪胥而不知其所存矣。但能反之，則又未嘗不在於此。此程子所以謂"以道言之，則無時而不中；以事言之，則有時而中也"，所以又謂"善觀者，却於已發之際觀之"也。若謂已發之後，中又只在裏面，則又似向來所説以未發之中自爲一物，與已發者不相涉入，而已發之際常挾此物以自隨也。然此義又有更要子細處。夫此心廓然，初豈有中外之限，但以未發已發分之，則須如此，亦若操舍、存亡、出入之云耳。

　　按：朱集"在中之義之説"，書原注"壬辰冬"，故知以上諸書咸在壬辰。陸龍其曰：此書注壬辰冬，而《中和舊説序》在壬辰八月，則此處固朱子定論也。

公與學者論居敬之旨。

本集《與陳平甫書》云：二先生所以教學者，不越於居敬、窮理。居敬有力，則所窮者益精；窮理寖明，則所居者益有地。二者蓋互相發也。升高自下，陟遐自邇，務本循序而進，久自有所至，不可先起求成之心。起求成之心，則有害於天理。孔子之所謂獲，孟子之所謂正者，政此病也。

《答潘叔昌書》云：來書所謂思慮時擾之患，此最是合理會處，其要莫若主一。《遺書》中論此處甚多，須反復玩味。據目下看底意思，用工譬如汲井，漸汲漸清。如所謂未應事前，此事先在，既應之後，此事尚存，正緣主一工夫未到之故。須是思此事時只思此事，做此事時只做此事，莫教別底交互出來，久久自別。看時似乎淺近，做時極難。

《答曾致虛書》云：所謂持敬，乃是切要工夫，然要將個敬來治心則不可。蓋主一之謂敬，敬是敬此者也。只敬便在此。若謂敬爲一物，將一物治一物，非惟無益，而反有害，乃孟子所謂必有事焉而正之，卒爲助長之病。如左右所言，窘於應事，無舒緩意，無怪其然也。故欲從事於敬，惟當常存主一之意，此難以言語盡，實下工夫，涵泳勿舍，久久自覺深長而無窮也。某去歲作《主一箴》，謾納呈。

按：本集《答朱元晦書》云："一二年來，頗專於敬字上勉力，愈覺周子主靜之意爲有味。程子謂於喜怒哀樂未發之前更怎生求，只平日涵養便是。"其書開首言積寒成疾，當屬淳熙元年。但書中言"一二年來"，則爲乾道八年可知。又書云："某數年來，務欲收斂，於本原處下工，覺得應事接物時差帖帖地，但氣習露見處未免有之，一向鞭辟，不敢少放過，久久庶幾得力耳。"其書開首云諭及大學中人之其所親愛而辟焉處，屬於淳熙二年。其書又言"數年來"，是亦指乾道八年。此爲"公自壬辰以還，德業日進"之證。

是秋，定叟歸自桂林，喜而賦詩。

按：本集《喜聞定叟弟歸》詩云："吾弟三年別，归舟半月程。"自乾道五年夏至是年秋，爲三年別。

又按：本集丁酉《與朱元晦書》云："此間歸長沙，一水甚便，只數日陸行，到清湘登舟，春夏間不十日可泊城南書院堤下。"所謂半月程也，頸聯云"秋目聯鴻影，涼窗聽雨聲"，則歸時及秋也。

·乾道九年癸巳　四十一歲。

正月十日，偕許深甫登卷雲亭，望嶽麓積雪，分韻賦詩。

按：《涉齋集》有《登卷雲亭》詩，首聯云：新元既涉九，臘尾春未初。

是年，裒集《繫辭説》。

本集《答陳平甫別紙》云：某近裒集伊川、橫渠、楊龜山《繫辭説》未畢，只欲年歲間記鄙見於下。

《與朱元晦書》云：讀《繫辭》，覺向者用意過當，失却聖人意脈。

按：本集卷二十八《答吳晦叔》第十二書云：《繫辭説》已裒集，並有近爲曾幹作一記語，以本集卷二十《答朱元晦》第十三書考之，其書有云"某近作一《拙齋記》"，並言共甫之勢，想必此來，當屬乾道九年，此爲九年作可知。

又按：《四庫全書總目》列此書，言託始於天一地二一章，凡三卷，非完本。

公闢嶽麓書院，教授後學，鈔有《南軒書説》。

朱集《潭州委教授措置嶽麓書院牒》云：本州州學之外，復置嶽麓書院。故前帥樞密忠肅劉公特因舊基，復創新館，延請故侍講張公先生往來其間，使四方來學之士，得以傳道授業解惑焉。

《鶴山文集·張晞顏墓誌銘》云：忠獻薨，公侍宣公護輯，歸長沙，留九年。宣公闢嶽麓書院，教授後學，嘗讀《書》，遇解釋屬君筆之，題曰《南軒書説》，君亦記南軒語，題曰《誠敬心法》。

按：本集《答朱元晦書》云："嶽麓書院邇來却漸成次第。向來邵懷英作事不著實，大抵皆向傾壞，幸得共父再來，今下手葺也。"此即新闢之證。

朱公元晦作《仁說》，公連與書詰難釋疑。

本集《與朱元晦書》云：仁之說，前日之意蓋以爲推原其本，人與天地萬物一體也，是以其愛無所不至，猶人之身無尺寸之膚而不貫通，則無尺寸之膚不愛也。故以"惟公近之"之語形容仁體，最爲親切。欲人體夫所以愛者，《言仁》中蓋言之矣，而以所言愛字只是明得其用耳。後來詳所謂愛之理之語，方見其親切。夫其所以與天地一體者，以夫天地之心之所存，是乃生生之蘊，人與物所公共，所謂愛之理者也。故探其本則未發之前，愛之理存乎性，是乃仁之體者也；察其動則已發之際，愛之施被乎物，是乃仁之用者也。體用一源，內外一致，此仁之所以爲妙也。

又書云：《仁說》如"天地以生物爲心"之語，平看雖不妨，然恐不若只云"天地生物之心，人得之爲人之心"似完全。如何？仁道難名，惟公近之，然不可便以公爲仁。又曰"公而以人體之故爲仁"，此意指仁之體極爲深切，愛終恐只是情。蓋公天下而無物我之私焉，則其愛無不溥矣。如此看乃可。由漢以來，言仁者蓋未嘗不以愛爲言也，固與元晦推本其理者異。然元晦之言，傳之亦恐未免有流弊耳。

《寄呂伯恭書》云：元晦《仁說》後來看得渠說愛之理之意却好，繼而再得渠書，只拈此三字，却有精神，但前來所寄言語間終多病。兼渠看得某意思亦潦草。後所答，今錄呈，但渠議論商確間，終是有意思過處，早晚亦欲更力言之。（壬辰）

朱集《答呂伯恭書》云：仁字之說，欽夫得書云已無疑矣。

《答胡廣仲書》云：仁之爲說，昨兩得欽夫書，詰難甚密，皆已報之。近得報云，却已無疑矣。

呂集《與朱元晦書》云：長沙近得書，寄往復論仁來。

又書云：《仁説》《克齋記》及長沙之往來論議，皆嘗詳閲，長沙之論固疑其寬。

按：《仁説》有二，一爲張宣公《仁説》，一爲朱公元晦《仁説》。此條所論，皆朱公元晦《仁説》。童能靈《朱子爲學考》以《仁説》屬壬辰，而宣公與之詰難則在癸巳，故列乾道九年。

又按：朱集卷三十二《答張欽夫書》有四，咸論《仁説》，篇長不備録。

改定自撰《仁説》。

本集《仁説》云：人之性，仁、義、禮、智四德具焉。其愛之理則仁也，宜之理則義也，讓之理則禮也，知之理則智也。是四者雖未形見，而其理固根於此，則體實具於此矣。性之中只有是四者，萬善皆管乎是焉。而所謂愛之理者，是乃天地生物之心，而其所由生者也。故仁爲四德之長，而又可以兼能焉。惟性之中有是四者，故其發見於情，則爲惻隱、羞惡、是非、辭讓之端，而所謂惻隱者亦未嘗不貫通焉，此性情之所以爲體用，而心之道則主乎性情者也。人惟己私蔽之，以失其性之理而爲不仁，甚至於爲忮爲忍，豈人之情也哉？其陷溺者深矣。是以爲仁莫要乎克己，己私既克，則廓然大公，而其愛之理素具於性者無所蔽矣。愛之理無所蔽，則與天地萬物血脉貫通，而其用亦無不周矣。故指愛以名仁則迷其體，（程子所謂愛是情，仁是性謂此。）而愛之理則仁也；指公以爲仁則失其真，（程子所謂仁道難名，惟公近之，不可便指公爲仁謂此。）而公者人之所以能仁也。夫静而仁、義、禮、智之體具，動而惻隱、羞惡、辭讓、是非之端達，其名義位置固不容相奪倫。然而，惟仁者爲能推之而得其宜，是義之所存者也；惟仁者爲能恭讓而有節，是禮之所存者也；惟仁者爲能知覺而不昧，是智之所存者也。此可見其兼能而貫通者矣。是以孟子於仁，統言之曰"仁，人心也"，亦猶在《易》乾坤四德而統言乾元、坤元也。然則學者其可不以求仁爲要，而爲仁其可不以克己爲道乎！

《寄呂伯恭書》云：《仁説》所題數段，極有開警，別紙奉報，並後來改正處亦録去。（壬辰）

朱集《答欽夫〈仁説〉》云：《仁説》明白簡當，非淺陋所及。但言性而不及情，又不言心貫性情之意，似只以性對心。若只以性對心，即下文所引《孟子》："仁，人心"，與上文許多説話似若相戾，更乞詳之。又曰："己私既克，則廓然大公，與天地萬物血脉貫通。愛之理得於内，而其用形於外，天地之間無一物之非吾仁矣。此亦其理之本具於吾性者，而非彊爲之也。"（此數句亦未安。）蓋己私既克，則廓然大公，皇皇四達，而仁之體無所蔽矣。夫理無蔽，則天地萬物血脉貫通，而仁之用無不周矣。然則所謂愛之理者，乃吾本性之所有，特以廓然大公而後在，非因廓然大公而後有也。以血脉貫通而後達，非以血脉貫通而後存也。今此數句有少差紊，更乞詳之。愛之之理便是仁，若無天地萬物，此理亦有虧欠。於此識得仁體，然後天地萬物血脉貫通而用無不周者，可得而言矣。蓋此理本甚約，今便將天地萬物夾雜説，却鶻突了。夫子答子貢"博施濟衆"之問，正如此也。又云："視天下無一物之非吾仁。"此亦可疑。蓋謂視天下無一物不在吾仁中則可；謂物皆吾仁則不可。蓋物自是物，仁自是心，如何視物爲心耶？又云"此亦其理之本具於吾性者，而非彊爲之也。"詳此蓋欲發明"仁不待公而後有"之意，而語脉中失之，要之"視天下無一物非仁"與此句似皆剩語，並乞詳之。

《答呂伯恭書》云：渠別寄《仁説》來，皆亦答之。（癸巳）

又書云：《仁説》亦用中間反覆之意改定矣。（癸巳）

按：此乃宣公自撰《仁説》。據本集《寄呂伯恭書》"《仁説》所題數段"云云，其書屬於壬辰，則八年已往復論仁，

至九年始用中間反覆之意改定，有朱集《答吕伯恭》二書可
證，蓋此二書咸屬癸巳也。

公撰《書説》，以《酒誥》寄示朱公元晦。

《四朝聞見録·南軒書説》云："南軒《酒誥》一段，解天降命、
天降威處，誠千百年儒者所不及。"今備載南軒之説："酒之爲物，
本以奉祭祀、供賓客，此即天之降命也。而人以酒之故，至於失德
喪身，即天之降威也。釋氏本惡天降威者，乃並與天之降命者去之。
吾儒則不然，去其降威者而已。降威者天，而天之降命者自在。如
飲食而至於暴殄天物，釋氏惡之，而必欲食蔬茹，吾儒則不至於暴
殄而已；衣服而至於窮極奢侈，釋氏惡之，必欲衣壞色之衣，吾儒
則去其奢侈而已；至於惡淫懣而絶夫婦，吾儒則去其淫懣而已。釋
氏本惡人欲，並與天理之公者而去之，吾儒去人欲，所謂天理者昭
然矣。譬如水焉，釋氏惡其泥沙之濁而室之以土，不知土既室則無
水可飲矣；吾儒不然，澄其沙泥而水之澄清者可酌。此儒釋之分也。"

按：《酒誥》説不載本集。

又按：本集《答范主簿書》云：《書説》比寄，《酒誥》
到元晦處，曾見否。某近讀諸誥，反復其温厚和平之氣，深
足以感發人。此書並論仁之説，疑屬乾道九年，姑綴於此。

改易《言仁》諸説。

本集《寄吕伯恭書》云：巧言令色章，前已曾改，今送《言仁》
一册去。

《答朱元晦書》云：《洙泗言仁》中"當仁不讓於師"之義，舊
已改，"孝悌爲仁之本""巧言令色鮮仁"之義，今亦已正，並序中
後來亦多換，却納一册去上呈。

朱集《答吕伯恭書》云：若《洙泗言仁》，固多未合，當時不
當便令盡版行也。

又書云：《言仁》諸説，欽夫近亦答來，於舊文頗有改易，然
於鄙意亦尚有未安處。

又書云：欽夫近得書，別寄《言仁錄》來，修改得稍勝前本。

　　按：本集《答朱元晦書》有"共甫想必此來"語，當爲乾道九年。

公撰《詩說》。

本集《與吳晦叔書》云：日與諸人理會《詩》，方到《唐風》。向來元晦所編，多去諸先生之說，某意以爲諸先生之說雖有不同，然自各有意思，在學者玩味如何，故盡載程子、張子、呂氏、楊氏之說，其他諸家有可取則存之，如元晦之說多在所取也。此外尚或有鄙意，即亦附之於末。

《與朱元晦書》云：詩解，諸先生之說盡編入。雖覺泛，學者須是先教如此考究。

　　按：本集《與吳晦叔書》有"近爲曾幹作一記"語，即指《拙齋記》，知爲乾道九年。

　　又按：《神道碑記》云：它如《書》《詩》《孟子》《太極圖說》《經世編年》之屬，猶欲稍定焉而未及也。又朱集《張南軒文集序》云：敬夫所爲諸經訓義，唯《論語》晚嘗更定，其它往往未脫藁。今《詩說》祇載入《呂氏讀詩記》，凡十二條，至鳲鳩止，蓋即未脫藁之書也。

八月，重訂《希顏錄》。

本集《跋希顏錄》云：蓋顏子之事，獨載於《論語》《易》《中庸》《孟子》之書，其間顏子之所自言，與夫見於問答者抑鮮矣。特聖人之所稱及，曾子、孟子之所推述者，其詳蓋可以究知也。自孟子之後，儒者亦知所尊仰矣，而識其然者則或寡焉。逮夫本朝，濂溪周先生、橫渠張先生出，始能明其心，而二程先生則又盡發其大全。於是孔子之所以授於顏子，顏子之所以學乎孔子，與學者之所當從事乎顏子者，深切著明，而無隱於來世矣。故今所錄，本諸《論語》《易》《中庸》《孟子》所載，而參之以二程先生之論，以及於濂溪、橫渠與夫二先生門人高弟之說，列爲一卷。又采《家語》所載顏子之言有近是者，與夫揚子雲《法言》之可取者，並史之所紀者，存之於後，蓋亦曰學者之所當知而已。既已繕寫，則撫而歎曰：嗟乎！顏子之所至亞於聖人，孔門高弟莫得而班焉。及考《魯論》，師友之所稱，有曰："不遷怒、不貳過"而已，有曰："以能問於不能，以多問於寡，有若無，實若虛，犯而不校"而已。自學者觀之，疑若近而易識。然而顏子之所以爲善學聖人者實在乎此，則聖門之學，其大略亦可見矣。必實用其力而後知其難，知其難而後有可進之地也。然則，後之學者貪高慕遠，不循其本者，終何所得乎？故予願與同志之士以顏子爲准的，致知力行，趨實務本，不忽於卑近，不遺於細微，持以縝密，而養以悠久，庶乎有以自進於聖人之門墙，是録之所爲作也。

《論語説》《孟子説》藁成。

本集《論語説序》云：學者，學乎孔子者也。《論語》之書，孔子之言行莫詳焉，所當終身盡心者，宜莫先乎此也。聖人之道至矣，而其所以教人者大略則亦可睹焉。蓋自始學，則教之以爲弟爲子之職，其品章條貫，不過於聲氣容色之間，灑掃應對進退之事。此雖爲人事之始，然所謂天道之至賾者，初不外乎是，聖人無隱乎爾也。故自始學則有致知力行之地，而極其終則有非思勉之所能及者，亦貴於行著習察，盡其道而已矣。孔子曰："道之不行也，我知之矣，知者過之，愚者不及也。道之不明也，我知之矣，賢者過之，不肖者不及也。"秦漢以來，學者失其傳，其間雖或有志於力行，而其知不明，擿埴索塗，莫適所依，以卒背於中庸。本朝河南君子始以窮理居敬之方開示學者，使之有所循求，以入堯舜之道。於是道學之傳，復明於千載之下。然近歲以來，學者又失其旨，曰：吾惟求所謂知而已，而於躬行則忽焉。故其所知特出於臆度之見，而無以有諸其躬，識者蓋憂之。此特未知致知力行互相發之故也。孔子曰："學而不思則罔，思而不學則殆。"歷考聖賢之意，蓋欲使學者於此二端兼致其力，始則據其所知而行之，行之力則知愈進，知之深則行愈達。是知常在先，而行未嘗不隨之也。知有精粗，必由粗以及精；行有始終，必自始以及終。内外交正，本末不遺，條理如此，而後可以言無弊。然則聲氣容色之間，灑掃應對進退之事，乃致知力行之原也，其可舍是而他求乎！顧某何足以與明斯道，輒因河南餘論，推以己見，輯《論語説》，爲同志者切磋之資，而又以此序冠於篇首焉。

《孟子講義序》云：學者潛心孔孟，必得其門而入，愚以爲莫先於義利之辯。蓋聖學無所爲而然也。無所爲而然者，命之所以不已，性之所以不偏，而教之所以無窮也。自非卓然先審夫義利霄壤之判，審思力行，不舍晝夜，其能真有得乎？蓋自未嘗省察者言之，終日之間鮮不爲利矣，非特名位貨殖之慕而後爲利也，此其流之甚著者也。凡處君臣、父子、夫婦，以至朋友、鄉黨之間，起居話言之際，意之所向，一涉於狥己自私，是皆利也。其事雖善，而内交要譽，惡其聲之念或萌於中，是亦利而已矣。方胸次營營膠擾，不暇善端遏塞，人僞日滋，而欲遄聖賢之門墙以求自得，豈非却行以望及前人乎？縱使談高説妙，不過渺茫臆度，譬猶無根之木，無本之水，其何益乎？諸君果有意乎？則請朝夕起居，事事而察之。覺吾有利之之意，則願深思所以消弭之方，學然後知不足。平時未覺吾利欲之多也，慨然有志於義利之辨，將自求過之不暇矣。由是而體認，則良心發現，豈不可識乎？涵濡之久，其趣將益深，而所進不可量矣。孔子曰："古之學者爲己，今之學者爲人。"爲人者，無適而非利；爲己者，無適而非義。曰利，雖在己之事，亦爲人也；曰義，則施諸人者，亦莫非爲己也。爲己者，無所爲而然者也。嗟乎！義利之説大矣，豈特學者之所當務，爲國家者而不明乎是，則足以召亂釁而起禍源。王者所以建立邦本，垂裕無疆，以義故也。而伯者所以陷溺人心，流毒後世，以利故也。孟子生於變亂之世，發揮天理，遏止人欲，深切著明，撥亂反正之大綱也。其微辭奧義，備載七篇之書。如某者雖曰服膺，而學力未充，何足以窺究萬一。試以所見與諸君共講之，願深思焉。

按:《論語説》成於乾道九年,是年歲在癸巳,故名《癸巳論語解》。朱公元晦撰公《文集序》稱:"《論語説》晚嘗更定,今已別行。"又以朱公元晦辛丑《答吕恭書》考之,稱詹體仁寄得新刻欽夫《論語》來,比舊本甚不干事。吕公伯恭辛丑《與朱公元晦書》云:詹體仁近亦送《葵軒論語》①來,比癸巳本益復穩密。以此尤欲見晚年論述刊定畢,並與原稿送示爲幸。蓋即別行之本也。《孟子説》亦寫於乾道癸巳,公自序稱"歲在戊子,綴所見爲《孟子説》。明年冬,有嚴陵之命,未及終篇。辛卯歲,從而刪正之。還抵故廬又二載,始克繕寫。"《神道碑》稱:《書》《詩》《孟子》《太極圖説》《經世編年》之屬,猶欲稍更定焉而未及也。蓋《孟子説》乃公未成之書。

又按:宋本《南軒集·序文》與今刻本異,此序即據宋本迻録。又卷三十有《葵軒語解》《葵軒孟解》二條,今刻本所無。《孟解》有此等文字,豈敢云成書云?

十二月,定叟之官嚴陵,詩以贈之。

《嚴州圖經·正倅題名》張杓下云:乾道九年十二月二十二日,以宣教郎到。

按:本集有《送定叟弟之官嚴陵》詩。

·淳熙元年甲午 四十二歲。

春,公疾病。病後,往城南結茆讀書。

本集《寄吕伯恭書》云:某前月半間積寒成疾,勢極危。一夕氣復,蓋服熱劑灼艾之力,今幸已復常。病中念平日頗恃差壯,嗜欲少,故飲食起居多不戒生冷,不避風寒,此亦是自輕。觀鄉党中聖人衛生之嚴,豈是自私?蓋理合如是耳。尋常忽略,亦是豪氣中

---

① 洪波按:葵軒論語,疑爲"南軒論語"之誤。下文"葵軒語解""葵軒孟解",同此。

病痛也。

《與朱元晦書》云：某食飲起居復舊。城南亦五十餘日不到，昨一往焉，綠陰已滿，湖水平漫。方於竹間結小茆齋，爲夏日計，雨潦稍定，即挾策其間。

夏，改正《論語説》。

本集《與吳晦叔書》云：今夏以來，時時再看《語》《孟説》，又多欲改處。緣醫者見戒，未欲多作文字，近日方下筆改正《語説》，次當及《孟子》。

建風雩亭於嶽麓書院對山。

本集《與朱元晦書》云：嶽麓書院幸得共父再來，今下手葺。以書院相對案山，頗有形勢，屢爲有力者睥睨作陰宅。披棘往看，四山環繞，大江橫前，景趣在道鄉、碧虛之間，方建亭其上，以“風雩”名之。

九月，書樓成，朱公元晦書額，寄《城南圖》，録以小詩。

本集《答朱元晦書》云：九月間曾拜書，送《城南圖》並録小詩去，且求書樓大字。書樓已成，只是三間。

又書云：書樓欲藏書數百卷，及列諸先生像。

是年，詔除舊職，知静江府，經略安撫廣南西路。

《神道碑》云：淳熙改元，公家居累年矣。上復念公，詔除舊職，知静江府，經略安撫廣南西路。

邵州復舊學，公爲之記。

本集《邵州復舊學記》云：嘗考先王所以建學造士之本意，蓋將使士者講夫仁、義、禮、智之彝，以明夫君臣、父子、兄弟、夫婦、朋友之倫，以之修身、齊家、治國、平天下，其事蓋甚大矣，而爲之則有其序，教之則有其方。故必先使之從事於小學，習乎六藝之節，講乎爲弟、爲子之職，而躬乎灑掃、應對、進退之事，周旋乎俎豆、羽籥之間，優游乎弦歌誦讀之際，有以固其肌膚之會、筋骸之束，齊其耳目，一其心志，所謂大學之道格物致知者，由是可以進焉。至於物格知至，而仁、義、禮、智之彝得於其性，君臣、父子、兄弟、夫婦、朋友之倫皆以不亂，而修身、齊家、治國、平天下無不宜者。此先王之所以教，而三代之所以治，後世不可以跂及者也。後世之學校，朝夕所講，不過綴緝文辭，以爲規取利祿之計，亦與古之道大戾矣。上之人所以教養成就之者，夫豈端爲是哉！今邵幸蒙詔旨，得立學官，而周先生實經理其始，又幸而得復其舊於已廢之後。士者游於其間，盍試思夫當時先生所以望於後人者，其亦如後之學校之所爲乎？抑將以古之道而望之也。往取其遺書而讀之，則亦可以見矣。於是而相與講明，以析夫義利之分，循古人小學、大學之序如前所云者，勉之而勿舍，則庶幾爲不負先生經始期望之意，而有以仰稱上之人教養成就之澤，今日之復是學，斯不爲虛設矣。

·淳熙二年乙未　四十三歲。

二月二十四日，公涖桂林，改齋名曰"無倦"，作記書之座右。

本集《與曾節夫書》云：某二十四日到郡，自昧爽到日夕，未嘗少暇，有齋名緩帶，惡其名弛惰，易曰"無倦"。

《無倦齋記》云：予於此懼，書於坐右以自警。

是月，祭舜廟，舉庫亭神及唐武瞾像投之江。

本集《與曾節夫書》云：春祭，親往舜廟。廟負奇峰，唐人磨厓在石壁中。環視堂廡，有庫之神在焉，唐武后亦黜入廡下，即日盡投畀廟前江中。

> 按：朱元晦《虞帝廟碑》有"淳熙二年春二月，張侯栻始行府事，奉奠進謁"云云。祭廟固在二月也。

三月，作《諭俗文》。

本集《諭俗文》云：到任，訪聞管下舊來風俗不美事件，先行告諭。

按：宋本此文末行有"淳熙二年三月日榜"八字。

六月，静江府學三先生祠成。

本集《三先生祠記》云：淳熙二年①，即學官明倫堂之旁立三先生祠。六月壬子，率學之士俯伏而告成。

七月，不雨，公齋戒望禜。

本集《堯山灘江二壇記》云：七月，彌旬不雨。先一日齋戒，夜漏未盡，望禜於城觀之上。曾未旋踵，雷電交集，一雨三日，浹洽四境。

是月，奏請與憲漕共究一路財賦，通融均濟，爲久遠計，從之。

本集《答朱元晦書》云：某守藩倏八閱朔矣，比有請願，與憲漕共考究一路財賦底裏通融均濟之計，幸蒙賜可。

奏改諸州息錢，並減陽朔、荔浦、修仁三縣稅米。

王象之《輿地紀勝》静江府官吏張栻注云：奏舊官般賣鹽，從來漕司例收息六分，將四分息錢與諸州充歲計。自乾道四年再行官般之時，鹽息以十分爲率，以八分充漕計，諸郡止得息二分。乞更與諸州增息一分，漕司只收七分，以寬諸郡之力。

王象之《輿地紀勝》静江府官吏張栻注云：奏静江所管十縣內陽朔、荔浦、修仁三縣，減稅米四分，以寬民力，計錢一千七百貫，米三千五百石。

按：此奏不載本集。

是月，虞帝廟成，奏聞並率僚屬祭之。

朱集《虞帝廟碑》云：淳熙二年二月，張侯栻始行府事，奉奠進謁。已事，命撤而新之。逾時訖事。七月癸未，率其僚吏，奉承牢醴，俯伏灌薦。

按：《輿地紀勝》静江府古迹虞帝祠注云：《南軒奏狀》云：

———
① 二年，底本作"三年"，據《南軒集》改。

去城五里而近山，有大歷磨厓刻，載刺史李昌夔修祠事。今
此奏不載本集。

秋，奉命作書諭占城國王。

《建炎以來朝野雜記·廣馬》云：淳熙二年秋，占城國王遺瓊
州守臣書，遣六百人、海舟三十，至海南買馬。上命帥臣張敬夫作
書，諭以中國馬未嘗出外夷，乃去。

八月，曾節夫罷官，歸旴江，公貽之詩以勸學。

本集《與曾節夫書》：某方奉書，遞中辱示，忽聞有罷命，深
所歎息。詳其當時差出，便非好意，正欲尋事相中耳。它日必有能
與君辯之者。但辯與不辯，亦不足問，歸家閉戶勉學，此有餘地也。

《四朝見聞錄》述樂昌記事云：節夫亦嘗登葵軒①之門，既而與
王宣子辯其事，連上三書，言頗峻急，王帥以爲悖而按去之。其去
也，先生遺之詩，有曰："如何幕中辯，翻作暗投疑。"又曰："反
躬端復味，當復有餘師。"

> 按：本集《曾節夫罷官寄別》詩有"行李秋將半"之句，
> 故列之八月。又按：公《與曾節夫書》中所云"尋事相中"，
> 固別有所指，樂昌所記，似難盡信。

奏請推辦本路保伍，飭下有司，考定酌行，並奏邕州提舉盜賊
都巡檢使，許由本司奏辟，從之。

本集《與曾節夫書》云："保伍法"先行於靜江境內，極得其
效，繼復推之一路。今又得朝廷斟酌降下，尤幸事也。

《神道碑》云：又奏乞選辟邕州提舉巡檢官，以撫洞丁。

公奏改革馬政。

本集《與劉共甫書》云：某效職於此，亦以十閱弦晦。如買馬
一事，舊弊革凡數十事。今先罷出剩銀，正名以率之，嚴法以核之，

---

① 洪波按：葵軒，疑爲"南軒"之誤。

必使輕重悉以實，以招馬官先以此意出塞喻蠻落。舊時，馬至二月末方來，而羅殿又四年不來市，以吏侵牟之故。今方仲冬，數日前邕州已申，羅殿將馬千七百匹近塞。

十二月，堯山、灘江二壇成，率僚友祭之。

按：本集有《堯山灘江二壇記》。

刻石磬《中庸集解》於桂林郡學宮，並刻范文正公帖於桂林郡齋。

按：本集有《跋中庸集解》及《跋范文正公帖》，咸未著年月，祇稱刻於桂林，姑綴於此。

·淳熙三年丙申　四十四歲。

公定鹽法並官賣鹽價，上之，皆蒙准行。

本集《答朱元晦書》云：比復有請，漕司輒增撥鹽數，諸州輒增鹽價，並以違制論；諸州將鹽息撥入公庫，充燕飲饋送等費，並坐贓論。已蒙如請行下。又請以見在二十萬緡專樁充漕司買幹鹽本，二十萬緡專備借諸州搬鹽本。

《建炎以來朝野雜記·廣鹽》云：乾道四年，罷鹽鈔，令漕司自認鈔錢，嶺南極以為患。淳熙初，張欽夫為帥，始與漕臣詹體仁協議，立為定額定直，且條土之邕州官賣鹽，每斤百錢。

六月，刊司馬、張、程《三家昏喪祭禮》於桂林郡學宮。

按：本集《跋三家昏喪祭禮》稱：刊於桂林郡學宮，末署淳熙三年六月。

虞帝廟磨厓成。

本集《答朱元晦書》云：虞帝廟磨崖已刻得有次第，近因取石，鑿開一巖，後臨皇澤灣。當戶為亭以瞰之，巖曰：韶音，亭曰：南風。

攝憲漕兩臺。

本集《答朱元晦書》云：近緣憲漕兩台俱闕官，不免時暫兼攝，雖事緒頗多，然一路滯獄苛徵，得以决遣蠲放。

删改《孟子説》。

本集《答朱元晦書》云：所寄《孟子》數義，無不精當。某近頗得暇，再删改舊説，方得十數段，候旋寫去求教。

又書云：《孟子》欲再改過。

是年，擒劇盜，奏請申嚴保伍之令，信其賞罰，上許之。

本集《與曾節夫書》云：某承乏亦且一載，積年狡盜悉就擒勦。

《建炎以來朝野雜記·廣右土丁》云：淳熙三年冬，張欽夫復申嚴保伍之令，而信其賞罰，上皆許焉。

·淳熙四年丁酉　四十五歲。

二月，新修陶唐帝廟成，奏聞並率僚屬祭之。

本集《謁陶唐帝廟詞序》云：淳熙四年，静江守臣張某既新陶唐帝祠，以二月甲子率官屬祇謁祠下。

《輿地紀勝》静江府古迹唐帝祠注云：南軒奏狀云：去城二十里，有李唐衡岳道士李彌明詩刻。

　　按：此奏不載本集。

是月既望，奉詔勸農於郊。

　　按：本集有《淳熙四年二月既望，奉詔勸農於郊》詩。

詔特轉承事郎，直寶文閣，再任。

《神道碑》云：上聞公治行，且未嘗敍年勞，乃詔特轉承事郎，進直寶文閣，再任。

　　按：本集《進職因任謝表》有云：忽坐閱於兩秋。蓋自淳熙二年二月二十四日到郡，至淳熙四年二月任滿，是爲兩秋，逾月即爲再任。

六月，刻《了翁責沈》於桂林學宫。

本集《跋了翁責沈》云：劉共甫得《了翁責沈》真迹而刻之，以墨本來寄，乃復刻於桂林學官，末署"四年六月"。

八月，宇文安人卒，子焯護喪，歸葬長沙。

本集《答朱元晦書》云：兒子素來氣弱，哀苦之後得肺炎。

又書云：兒子護亡室之喪，已抵長沙。以此月葬事，卜地得之湘西山間。

按：《神道碑》稱：其配曰宇文氏，封安人。前卒未載卒期，以本集公《書示吳益恭》篇考之，有云"於其行，會予有期服，不得為之賦詩"，末署"淳熙四年八月"，所稱"期服"，自指喪耦言之，則宇文安人在八月卒可知。

十二月，新修靜江府學成。

朱集《靜江府學記》云：靜江守臣張侯栻以斯時新其府之學，畢事，命其屬具圖與書，使人於武夷山間謁熹，文以記之。末署"淳熙四年十有一月"。

是年，丐祠，不獲命，再辭。

本集《答朱元晦書》云：某丐祠，乃不獲命。已再具請，度必蒙矜允。黽勉於此，且三年矣。

改正《論語說》。

本集《答朱元晦書》云：《論語》日夕玩味，覺得消磨病痛，變移氣質，須是潛心此書，久久愈見其味。舊說多所改正，它日首以求教。向來下十章《癸巳解》，望便中疏其繆見示。兄閑中想得專精於文字間，殆亦天意也。

又書云：某比改定，得語解數篇，未及寫去。先進以後，後來過目，有可示教，一一條示，至幸至望。

公論《原說》之弊。

本集《與呂季克書》云：《原說》中弊病似不難見，如克己復禮之說。所謂禮者天之理也，以其有序而不可過，故謂之禮。凡非天理，皆己私也。己私克則天理存，仁其在是矣。然克己有道，要當深察其私，事事克之。今但指吾心所愧者必其私，其所無負者必夫禮，苟工夫未到，但認己意爲，則將以私爲非私，非禮爲禮，不亦誤乎？又如格物之説。格之爲言至也，理不循乎物，至極其理，所以致其知也。乃云物格則純乎我，是欲格去夫物，而己獨立，非異端之見而何？

《答王居之書》云：《原説》前日呂季克已寄來。言無統紀，淺陋不足惑人。李君乃類告子不動心者，不知既不窮理，如何去得物蔽？其所謂非蔽者，未必非蔽，而不自知也。釋氏之學，正緣不窮理之故耳。又將盡性至命，做一件高妙恍惚事，不知若格物、知至、意誠、心正，則盡性、至命亦在是耳。

·淳熙五年戊戌　四十六歲。

三月，史直翁再相，以公薦，不赴。

《四朝見聞録·史文惠薦士》云：淳熙五年三月，史浩再相，急於進賢如初，朱文公熹、呂公祖謙、張公栻、曾氏逢輩皆薦召之，惟張公栻不至。

> 按：《四朝見聞録》又云：史浩與公父淳熙議不合，故不應召。蓋泥於本朝避嫌之制云，不知公固難進易退者，葉紹翁之語，未免臆測。

是年，學舍成，訪士子居之。

本集《答朱元晦書》云：學舍已成，方敢請諸邑有行義士人入其中爲表率。

改革嶺外風俗、刑獄，使者陸濟之子不奔喪，執拘以付其家。

本集《答朱元晦書》云：嶺外風俗尤弊，開端示漸，喪祭婚姻頗有肯革者。

> 按：《神道碑》云：刑獄使者陸濟之子，棄家爲浮屠，聞

父死不奔喪，爲移諸路執拘，以付其家。未署何年，但稱在
廣西，姑綴於此。

五月朔，除祕閣修撰。
《神道碑》云：五年，除祕閣修撰。

　　按：本集《謝除祕閣修撰表》稱：在廣西任日，伏蒙聖
恩，除臣祕閣修撰，尋具辭免，奉聖旨不允。又有進律之褒，
乃蒙再命語。蓋除祕閣係再命，與除轉運副使同時。

　　又按：《續資治通鑑》稱淳熙五年五月甲午朔，除祕閣修撰，
令再任云云。再任乃四年事，《續資治通鑑》入五年，似誤。

子焯病卒。
呂外集《與陳同甫書》云：張欽夫近喪子，力請出廣，遂有鄂
漕之命。

除荊湖北路轉運副使，改知江陵府，安撫本路。
《誠齋集·張左司傳》云：五年，除祕閣修撰，荊湖北路轉運副
使，改知江陵府，安撫本路。

七月，劉共甫卒，遺奏請召用公。
朱集《劉公行狀》云：五年閏月，屬疾，草遺奏千餘言。有云
“張栻學問淳正，可以拾遺補闕，願陛下亟召用之”。七月疾革，命
取前所草奏封上之。

是月，劉文潛代爲帥，公以吳獵薦，遂去郡。歸，所至游歷山
川，在舟讀書，修改《孟子説》。
《鶴山文集·吳獵行狀》云：宣公移使湖北，司業劉公焞代爲帥，
問士於宣公，以公對。

本集《答朱元晦書》云：秋涼行大江，所至游歷山川，復多濡
滯。舟中無事，得讀《論語》《易傳》《遺書》，極覺向來偏處。取所
解《孟子》觀之，段段不可，修改得養氣數段。

　　按：本集《歸舟中讀書》詩有句云"吾歸及新秋"，故知在七月。

　　八月，至宜春，記袁州學。劉子澄以李季章、季允屬公成就之。

　　本集《袁州學記》云：淳熙五年秋八月，某來宜春。至之明日，州學教授李中與州之士合辭來言："宜春之學，自皇祐中太守祖無擇實始爲之，今百有二十五年矣。中更兵革，廢而復興，惟是庳陋弗克稱。至於今守，乃慨然按尋舊規，首辟講肄之堂，立稽古閣於堂上，生師之舍皆撤而一新之。將告成，而君侯適來，敢請記以詔多士。"某謝不敏，則請益堅。乃進而告之曰：先王所以建學造士之意，亦嘗考之乎？惟民之生，其典有五，君臣、父子、兄弟、夫婦、朋友是也；而其德有四，仁、義、禮、智是也。人能充其德之所固有，以率夫典之所當然，則必無力不足之患。惟人之不能是也，故聖人使之學焉。自唐虞以來，固莫不以是教矣。至於三代之世，立教人之所，設官以董涖之，而其法益加詳焉。然其所以爲教則一道耳。故曰："學則三代共之，皆所以明人倫也。"嗟夫！人倫之在天下，不可一日廢，廢則國隨之。然則有國者之於學，其可一日而忽哉！皇朝列聖相承，留意教養，所以望於多士甚厚，三代而下言學校之盛，未有若此時也。然則教於斯，學於斯者，其可不深考先王建學造士之本意而勉之乎？惟四德之在人，各具於其性，人病不能求之耳。求之方，載於孔孟之書，備有科級，惟致其知而後可以有明，惟力其行而後可以有至。孝弟之行，始乎閨門而行於鄉黨；忠愛之實，見於事君而推以澤民。是則無負於國家之教養，而三代之士風亦不越是而已。嗟乎，可不勉哉！於是書以爲記。今守名構，實某之弟也。是月庚戌記。

　　《真西山文集·跋劉靜春與南軒帖》云：是歲，淳熙戊戌，眉山參政李公甫冠其季今制閫侍郎十有八耳，靜春皆以蜀中師表許之，又屬宣公成就之。

公之官，過澧，士子郊迎，舉郡守政績，還其文書，躍馬去。

《鶴林玉露·舉劉郡守》云：張宣公帥江陵，道經澧，澧士子十數輩執文書郊迎。公喜見鬚眉，就馬上長揖，索其文觀之，乃舉劉郡守政績。公擲其文於地曰："諸公之來，某意其相與講切義理之是非，啓告閭閻之利病，有以見教。今乃不然，是特被十隻冷饅頭使耳！"躍馬徑去。澧守上謁，亦不容見。

到任，首嚴緝捕之令。

《神道碑》云：湖北尤多盜，公入境，首劾大吏之縱賊者罷之，姦民之舍賊者斬之，群盜破膽，相率遁去。公又益為條教，喻以利害，俾知革心，開其黨與，得相捕告以除罪。

整頓軍政。

本集《答朱元晦書》云：某受任上流，到郡恰一月。軍政極壞，義勇民兵實多強壯，但久不核其籍，且數年不教，其勢因循。見行整頓此事。帥司兵但有神勁馬步合千人。荊鄂大軍屯營在此者亦萬五千餘人，非復岳侯向日規摹。

《建炎以來朝野雜記·荊鄂義勇民兵》云：淳熙初，張欽夫為帥，義勇增多至萬五百人，分為五軍，軍分五部。

道州重建濂溪周先生祠成，公為之記。

本集《道州重建濂溪周先生祠記》云：宋有天下，明聖相繼，承平日久，元氣胥會，至昭陵之世盛矣。宗工鉅儒，磊落相望。於是時，濂溪先生實出於舂陵焉。先生姓周字茂叔，晚築廬山之下，以濂名其溪，故世稱為濂溪先生。舂陵之人言曰：濂溪，吾鄉之里名也，先生世家其間。及寓於他邦，而不忘其所自生，故亦以是名溪，而世或未知之耳。惟先生仕不大顯於時，其澤不得究施。然世之學者考論師友淵源，以孔孟之遺意復明於千載之下，實自先生發其端。由是推之，則先王之澤，其何有窮哉！蓋自孔孟沒，而其微言僅存於簡編，更秦火之餘，漢世儒者號為窮經學古，不過求於訓詁章句之間，其於文義不能無時有所益。然大本之不究，聖賢之心蘗而不章，而又有顓從事於文辭者，其去古益以遠，經生、文士自歧爲二塗。及夫措之當世，施於事爲，則又出於功利之末，智力之所營，若無所與於書者。於是有異端者乘間而入，橫流於中國。儒而言道德性命者，不入於老，則入於釋，間有希世傑出之賢，攘臂排之，而其爲説復未足以盡古儒之指歸，故不足以抑其瀾，而或反以激其勢。嗟乎！言學而莫適其序，言治而不本於學，言道德性命而流入於虛誕，吾儒之學其果如是乎哉？陵夷至此，亦云極矣。及吾先生起於遠方，乃超然有所自得於其心。本乎《易》之太極、《中庸》之誠，以極乎天地萬物之變化。其教人使之志伊尹之志，學顏子之學。推之於治，先王之禮樂刑政，可舉而行，如指諸掌。於是河南二程先生兄弟從而得其説，推明究極之，廣大精微，殆無餘蘊，學者始知夫孔孟之所以教，蓋在此而不在乎他，學可以至於聖，治不可以不本於學，而道德性命初不外乎日用之實。其於致知力行，具有條理，而詖淫邪遁之説皆無以自隱，可謂盛矣。然則先生發端之功，顧不大哉！

　　按：《記》末稱：“淳熙五年，趙侯汝誼以其地之狹也，下車之始，即議更度之。”“既成，使來請記”云云。

·淳熙六年己亥　四十七歲。

正月，楚望二壇成。

本集《楚望記》云：扁曰“楚望”，取《傳》所謂“江漢沮漳，楚之望也”。於其成，率僚屬以告。末署“淳熙六年正月”。

二月，經行郡圃，作《後杞菊賦》。

本集《後杞菊賦》云：張子爲江陵之數月，時方中春，草木敷榮，經行郡圃，意有所欣。

詔與諸司議募弓弩手事，公奏上之。

《神道碑》云：辰、沅諸州，自政和間奪民田，募游惰，號弓弩手，蓋欲以控制諸蠻而實不可用。詔與諸司平處列上。公爲去其病民罔上者數條，詔皆施行。

《答陸子壽書》論學。

本集《答陸子壽書》云："專於考索，則有遺本溺心之患；而鶩於高遠，則有躐等憑虛之憂。聖人教人，不越乎致知力行之大端。"又言："箋注、詁訓，學者雖不可使之溺乎此，又不可使之忽乎此。要當昭示以用工之實，而無忽乎細微之間，使之免溺心之病，而無躐等之失。"

> 按：呂集《陸先生墓志銘》云：荆州牧張公栻晚歲還書，相與講學問大端，無幾何而張公殁。所云還書，似即指此書。

朱公元晦筑卧龍庵於廬山勝處，公賦詩寄之。

> 按：朱集《答呂伯恭書》有云：《卧龍庵記》聞已蒙落筆，欽夫寄一詩來，當並刻之。其書爲淳熙七年正月四日，此詩當在六年作。

九月九日，與賓佐登龍山。

本集《答朱元晦書》云：重九日，出郊登龍山，四顧雲水渺然，甚壯觀。

朱別集《答皇甫文仲書》云：龍山佳句，可見一時賓主之勝，恨不得爲坐上客也。

> 按：本集有《與賓佐登龍山》詩。

李仕甫守武陵，奏乞度田立額。事下諸司，公韙其議，連名具奏。上從之。

《建炎以來朝野雜記·湖北土丁刀弩手》云：李仁甫出守武陵，力言括田招募不便，乞度田立額。事下諸司，張欽夫爲安撫使，頗以仁父爲是，尋連名具奏。上從之。

公斬姦民出塞爲盜者數人，縛亡奴送之北。

《神道碑》云：姦民出塞爲盜，法皆處死。官吏多蔽匿弗治，至是捕得數人，命斬之以徇於境，縛其亡奴歸之，北人歎曰：“南朝有人。”

建曲江樓。

朱集《曲江樓記》云：張侯敬夫守荊州之明年，病其學門之外，即阻高墉。乃直其南，鑿門通道，以臨白河。

奏劾信陽守劉大辯。不報。

《宋史·張栻傳》：信陽守劉大辯怙勢希賞，廣招流民，而奪見戶熟田以與之。栻劾大辯所招流民不滿百，而虛增其數十倍，請論其罪，不報。章累上，大辯易他郡。栻自以不得其職，求去。

十一月，公疾。

《鶴山文集·跋張宣公帖》云：公以淳熙五年守荊，七年二月七日易簀，今其十四日書云：詰朝陽至。蓋六年長至正在月半，則此帖距公之亡才八十四日耳。其二十日帖云：氣體未復，不免灼艾。想公之疾，自此日侵。

按：《鶴山文集》作“二月七日易簀”，似誤。

十二月，朱公元晦遣人候公。

朱集《祭張欽夫文》云：去臘之窮，有來自西，告我公疾。

朱續集《答黃直卿書》云：南軒去冬得疾，亟遣人候之。

·淳熙七年庚子　四十八歲。

正月，疾甚，丐免職，不許，乃以病請。

《建炎以來朝野雜記·張敬夫遺表》云：張敬夫帥荊州，庚子春疾甚，數丐免，不許。

《神道碑》云：公自以不得其職，數求去不得，尋以病請，乃得之。

朱續集《答黃直卿書》云：春中人回，得正月半，後書猶未有他，不數日，聞訃，則以二月二日逝去矣。

洪本《朱譜》云：南軒卒於江陵府。治疾革時，弟定叟求教，南軒曰："朝廷官職，莫愛他底。"一友在左右，扶掖求教，南軒曰："蟬蛻人欲之私，春融天理之妙。"

按："一友在左右"，據《宋元學案》即吴倫。

二月二日，公卒於江陵府舍。六日，詔爲右文殿修撰，提舉武夷山沖祐觀。訃至，帝嗟悼之。弟定叟護送其喪以歸。

《建炎以來朝野雜記·張敬夫遺表》云：敬夫卒之四日，上聞知其疾病，乃詔以右文殿修撰奉祠。將死，自作《遺表》，邸吏以庶僚不得上遺表却之，上迄不見也。

《神道碑》云：淳熙七年二月甲申，卒於江陵之府舍。比詔下，以公爲右文殿修撰，提舉武夷山沖祐觀，則已不及拜矣。訃聞，上亦深爲嗟悼，四方賢士大夫往往出涕相弔，而静江之人哭之尤哀。柩出江陵，老稚挽車號慟，數十里不絶。其弟衡州使君构，護其柩以歸，葬於潭州衡陽縣楓林鄉龍塘之原。

《答呂伯恭書》云：欽夫竟不起，疾極可痛傷。蓋緣初得疾時，誤服轉下之藥，遂致虛損，一向不可扶持。從初得疾，又緣奏請數事，例遭譴却，而同寮無助之者，種種不快而然。雖曰天數，亦人事有以致之，此尤可痛耳。

又書云：兩月來，每一念及，輒爲之泫然。朋舊書來，無不相弔，吾道之衰乃至於此。江州皇甫帥之子歲前至彼，見其未病時，奏請多不遂，且多爲人所賣。中語亦不與之團教，義勇亦不與支例物錢，放散之日，人得五百金而去。馴致疾病，端亦由此。但其身後遺奏，爲人摹刻，石本流傳四出，極爲非便。

又書云：欽夫之逝，忽忽半載。每一念之，未嘗不酸噎。今日方再遣人往致奠，臨風哽愴，殆不自勝，計海內獨尊兄爲同此懷也。祭文一篇，謹録呈。蓋欽夫向嘗有書來云，見熹諸經説，乃知閩中得就此業，殆天意也。因此略述向來講學與所以相期之意，而歎吾道之孤且窮，於欽夫則不能有所發明也。

又書云：欽夫遺文見令抄寫，其間極有卓絕不可及處，然亦有舊說不必傳者，今便不令抄矣。每一開卷，令人慘然，只俟解印，徑往哭之，小洩此哀也。

《答傅子淵書》云：所示《江陵問答》讀之，敬夫之聲容怳若相接，悲愴之餘，警策多矣。但其間有鄙意所未安者，容熟復續奉報歸納也。

《祭張敬夫殿撰文》云：嗚呼，敬夫遽棄予而死也耶！我昔求道，未獲其友，蔽莫予開，吝莫予剖。蓋自從公而觀於大業之規模，察彼群言之紛糾，於是相與切磋以究之，而又相勵以死守也。丙戌之冬，風雪南山。解袂楮州，今十五年。公試畿輔，公翔禁省。公牧於南，我遯巖嶺。顯晦殊迹，心莫與同。書疏懇惻，鬼神可通。公尹江陵，我官廬嶽。驛騎相望，音問逾數。去臘之窮，有來自西。告我公疾，手書在攜。我觀於時，神理或僭。是疾雖微，已足深念。亟遺問訊，閱月而歸。叩函發書，歡叱歔欷。時友曾子，實同我憂。揮涕請行，誼不忍留。曾行未幾，公訃果至。張侯適來，相向反袂。嗚呼，敬夫竟棄予而死也耶！惟公家傳忠孝，學造精微。外爲軍民之所屬望，內爲學者之所依歸。治民以寬，事君以敬。正大光明，表裏輝映。自我觀之，非惟十駕之弗及，蓋未必終日言而可盡也。矧聞公喪，痛徹心脊。緘詞寄哀，不遑他語。顧聞公之臨絕，手遺疏以納忠，召賓佐而與訣，委符節而告終。蓋所謂得正而斃者，又凜乎其有史魚之風，此猶足以爲吾道而增氣，抑又可以上悟於宸聰。又聞公於此時屬其弟以語，予用斯文以爲寄，意懇懇而無餘。顧何德以堪之，然敢不竭其庸虛，並矢詞以爲報，尚精爽其鑒茲。嗚呼哀哉！

《又祭張敬夫殿撰文》云：維淳熙七年歲次庚子六月癸未朔六日丁亥，具位朱熹。竊聞故友敬夫張兄右文修撰，大葬有期，謹遣清酌時羞，奠於柩前，南望拜哭，起而言曰：嗚呼！自孔孟之云遠，聖學絶而莫繼；得周翁與程子，道乃抗而不墜。然微言之輟響，今未及乎百歲。士各私其所聞，已不勝其乖異。嗟惟我之與兄，胳志同而心契，或面講而未窮，又書傳而不置。蓋有我之所是而兄以爲非，亦有兄之所然而我之所議。又有始所共鄉而終悟其偏，亦有蚤所同擠而晚得其味。蓋繽紛往反者幾十餘年，末乃同歸而一致。由是上而天道之微，遠而聖言之祕，近則進修之方，大則行藏之義。以兄之明，固已洞照而無遺。若我之愚，亦幸竊窺其一二。然兄喬木之故家，而我衡茅之賤士。兄高明而宏博，我狷狹而迂滯。故我嘗謂兄宜以是，而行之當時；兄亦謂我盍以是，而傳之來裔。蓋雖隱顯之或殊，實則交須而共濟。不惟相知之甚審，抑亦自靖而無愧。嗚呼！孰謂乃使兄終在外以違其心，予亦見縻於斯而所願將不遂也。政使得閒，以就其書，是亦任左肱而失右臂也。傷哉，吾道之窮，予復何心於此世也！惟修身補過以畢餘年，庶有以見兄於下地也！聞兄之葬而不得臨，獨南望長號，以寄此酹也，惟兄憐而鑒之，尚陰有以輔予之志也！嗚呼哀哉！

《神道碑》云：公之教人，必使之先有以察乎義利之間，而後明理居敬，以造其極。其剖析開明，傾倒切至，必竭兩端而後已。蓋其嘗言有曰：學莫先於義利之辨，而義也者本心之所當爲而不能自已，非有所爲而爲之者也。一有所爲而後爲之，則皆人欲之私，而非天理之所存矣。嗚呼，至哉言也！其亦可謂擴前聖之所未發，而同於性善養氣之功者歟。

呂集《與朱元晦書》云：張五十丈遂至於此，痛哉！聞時方飯，驚愕氣通，手足厥冷，幾至委頓。平生師友間可以信口而發，不須揀擇，只此一處耳。祭文錄呈。

又書云：荆州病中請祠，亦有苦勸當途，令從其請者。亦以向來之嫌，畏人議論，不能容之，遂堅不肯從。但作帥與小軍壘不同，但須內外至誠相與，首尾相應，乃不誤事。既非心相與，則有首尾衡決處，如來教數條皆是也。符節在身，不得擅去，此所以憂而至於病，病至於死，每誦"量而後入，不入而後量"之語，爲之泫然。

又書云：荆州之赴，深思渠學識分曉，周正如此。而從游之士，往往不得力。記得往年相聚時，雖未能盡領解渠説話，然覺大段有益，不知其它從游者，何故迺如此。蓋五十丈不能察人情虚實，必如某之專愚毋它，其教誨迺有所施耳。若胸中多端者，雖朝夕相處，未必能有益也。

又書云：張五十丈遺文告，趁郡中有筆力，早寫一本見示。極所渴見，不必待編定，亦不以示人。方其無恙時，謂相見日長，不曾鈔録，今乃知其可貴重也。

《與陳同甫書》云：張荆州不起，此自有所關係，豈獨游從之痛哉！使其不死，合點檢整頓處甚多，至於不自是、不尚同，則相識中未見兩人也。

《祭張荆州文》云：昔者，某以郡文學事公於嚴陵，聲同氣合，莫逆無間。自是以來，一紀之間，面講書請。區區一得之慮，有時自以爲過公矣。及聞公之論綱舉領挈，明白嚴正，無繳繞回互激發偏倚之病，然後釋然心悦，爽然自失，邈然始知其不可及。此某所以願終身事公而不去者也。某天資澀訥，交際酬酢，心所欲言，口或不能發明。獨與公合堂同席之際，傾倒肺肝，無所留藏，意所未安，辭氣勁切，反類世之强直者，亦不自知其所以然。夫豈士爲知己盡，自應爾歟？我行天下，愛而忘其愚，亦有不減公者矣。内反諸心，豈敢負之。乃獨勇於此而怯於彼，抑有由也。蓋公孳孳求益，敦篤懇惻，有以發其冥頑，勇於改過，奮厲明决，有以起其緩縱，而不立己，不黨同，胸懷坦然，無復隔閡，雖平生退縮固滯之態，亦不掃而自除也。使我常得從公，豈無分寸之進？使公以愛我之心充而擴之，馴致於以虚受人之地，公天下之身，受天下之善，則爲社稷生民之福，孰可限量邪？嗚呼，公今其死矣，我無所復望矣！雖然有一於此，公在三之義上通於天，養其志，承其業，油油翼翼，左右彌縫，不以存没爲二者，公之事親也。念大恩之莫報，咎誠意之未孚，雖身在外，心靡不在王室，鞠躬盡瘁，唯力是視，不以遠近爲間者，公之事君也。義理之大，一識所歸，永矢靡它，至於參觀徧考，公而且博，未嘗如世俗學一先生之言，暖暖姝姝，不復廣求其進學之力，不以在暌爲勤惰者，公之事師也。公之此心，蓋未嘗死。我雖病廢，猶有尊足者存，亦安知不能追申徒而謝子産乎？不敏豈復能文，直寫胸中之誠，以告公而已。

—— 張宣公年譜坿録卷上 ——

永康胡宗楙季樵

《誠齋集·順寧文集序》云：余紹興己卯之冬，負丞永之零陵，偶過張敬夫。敬夫曰："有帥桂林者，秦太師之客也。"一日，集府廷曰："秦成驛有光屬天，某願與諸君賦之。"不賦者二人，其一則子駒也。（己卯）

朱集《跋胡五峰詩》云：紹興庚辰，熹卧病山間，親友仕於朝者以書見招，熹戲以兩詩代書招之。或傳以語胡子，胡子謂其學者張欽夫曰："吾未識此人，然觀此詩，知其庶幾能有進矣。特其言有體而無用，故吾為詩以箴警，庶其聞之而有發也。"明年，胡子卒。又四年，熹始見欽夫，而後獲聞之。（庚辰）

《誠齋集·和張欽夫望月詞序》云：欽夫示往歲五月詠歸亭侍坐大丞相望月詞。予於辛巳二月既望夜歸，讀書於誠齋，甲夜漏未盡二刻，月出於東山，清光入窗，欣然感而和焉。（辛巳）

《跋張欽夫介軒銘》云：欽夫之文清於氣而味永，吾見之多矣，而猶恨其少。讀此銘詩，欣然殊慰人也。君子之於水木竹石愛之，與眾人豈異也。眾人之愛水木竹石也，愛水木竹石而已矣。欽夫愛唐氏之石而得乎介，又以其得而施及於唐氏，則其愛也水木竹石而已乎？有來觀者，其愛與欽夫同不同，未可知也，一笑而書其後。所以一笑者，予欲書而忘其書也。（壬午）

朱集《答何叔京書》云：欽夫亦時時得書，多所警發，所論日精詣，向以所示遺説數段寄之，得報如此。始亦疑其太過，及細思之，一一皆然。有智無智，豈止校三十里也！

朱續集《答羅參議書》云：時得欽夫書，聞其進德之勇，益使人歎息。

又書云：時得欽夫書，問往來講究此道。近方覺有脱然處，潛味之久，益覺日前所聞於西林而未之契者，皆不我欺矣。

又書云：欽夫嘗收安問，警益甚多。大抵衡山之學，只就日用處操存辨察，本末一致，尤易見功。某近乃覺知如此，非面未易究也。（以上丙戌）

朱集《與曹晉叔書》云：敬夫學問愈高，所見卓然，議論出人意表。近讀其《語説》，不覺胸中灑然，誠可歎服。

《與劉共甫書》云：今日氣象，大根大本被群小壞八九分。在長沙人與欽夫語此，幾至隕涕。（以上丁亥）

《答石子重書》云：去秋走長沙，欽夫見處卓然。但天姿明敏，初從不歷階級而得之。故今日語人亦多失之太高。湘中學子，一例學爲虛談。又言：欽夫見得表裏通徹，舊來習見微有所偏，今此相見，盡覺釋去，儘好商量也。

《答何叔京書》云：欽夫之學所以超脱自在，見得分明，不爲言句所桎梏，只爲合下入處親切。今日説話雖未能絶無滲漏，終是本領足當非吾輩所及。但詳觀所論，自可見矣。

《與曾裘父書》云：敬夫得書否，比來講論尤精密，亦嘗相與講所疑否。（以上戊子）

《答林擇之書》云：近得南軒書，諸説皆相然諾。但先察識、後涵養之論，執之尚堅，未發已發，條理亦未甚明。蓋乍易舊説，猶待就所安耳。

《答何叔京書》云：欽夫臨川之除薦者，意不止此。亦係時之消長，非人力能爲也。近寄得一二篇文字來，前日伯崇方借去，已寄語令轉録呈，其間更有合商量處也。

《嚴州圖經·學校下》云：紹興七年，知州胡寅盡撤舊屋，自殿堂、廊廡、齋舍，煥然一新，但門徑屈折而東出。乾道五年，知州張栻悒然不滿。屬學之南，有志真廢尼寺故址，悉舉以廣學宮，於是學門南開。（以上己丑）

朱集《與林擇之書》云：得欽夫書，論太極之説，竟主前論，殊不可曉。

又書云：欽夫日前議論傷快，無涵養本原工夫，終覺應事恩恩，熹亦近方覺此病不是小事也。

又書云：元履適過此，云得其子九月末書，南軒求去，不獲。數日甚撓，此極知其必然，不知渠又何以處之。

吕集《與學者及諸弟書》云：張守議論平正，舉錯詳審，且又虛心從善，在今士大夫中極難得也。如財賦寬其苛細者，其餘則拘收甚謹，簡省宴會，裁節用度（元宵罷出游，止州治中量點燈數百而已），皆遵柳守之舊。凡政事皆詳究本末、反復熟議而後行，繩治胥吏之欺罔者（首决三都吏，人甚快之），而恕其不及。大抵不堕一偏，蓋皆爲學之力也。已入奏爲嚴州百姓減免丁錢，果若得請，則一方民力甚寬，亦非細事。

又書云：張守引進士子，孳孳不倦。又此間諸公問學者，亦多張守館客。

《答潘督度書》云：張守議論甚平正，且虛心從善，在今士大夫中殊不易得也。如極稱重劉賓之，而以王龜齡爲未至；論胡生《知言》，見處極高，而文理密察之功，頗有所未到；論朱元晦妙理幾微，亦未以爲然者。其他長處亦甚多。

又書云：《壼範》，張丈甚愛此書，欲便刊板。《易》只依次序，不編《家人》卦在首，此乃張丈之意，此説甚長也。

又書云：燒丹事適以問張守，迺翟倅閤中病於蘭谿，醫者燒丹，張守之内亦虛怯，故附燒一兩耳。傳聞過實乃如是，然益知居人觀瞻之地，尤須事事警省，渠甚感年兄見愛之意也。《壼範》，張守小女皆誦。

又書云：朝夕朔望奠禮數，此禮節目，兩日來與張守同議，頗似稱當。

《與潘叔度書》云：每與張丈説上高明開納如此，若常得正人吉士啓沃浸灌，事安有不回之理？所恨此氣脈不復接續耳。張丈門庭甚静，干請皆截斷。

《與劉子澄書》云：幸張丈鄰墻得以講磨。此公學問端的親切，而中無私主，進進不已，恨吾兄未得親近之也。

《誠齋集·與張敬夫書》云：方衆賢聚於本朝，而直閣猶在輔郡，何也？某無似之迹，直閣推挽不少矣。其如命何！三逕稍具，徑當歸耕爾。鄙性生好爲文，而尤喜四六。近世此作直閣獨步四海，施少才、張安國次也，某竭力以效體裁，或者謂其似吾南軒，不自知其似猶未也。

《宋元學案》云：一日奏事，帝問天，先生曰：不可以蒼蒼者便爲天，當求諸視聽言動之間，一念纔是，便是上帝監觀，上帝臨汝，簡在帝心，一念纔不是，便是上帝震怒。

《續資治通鑑》云：公每進對，必自盟於心，不以人主意向輒有所隨順。

又云：六月，公上言：近日陛下治徐考叔請託之罪，并及徐申罷之，英斷赫然，臣爲諸臣言，陛下懲姦不私，於近有君如此，何忍負之？又言：謀國當先立一定之規，周密備具，按而行之，若農服田力穡，以底於成。（以上戊寅）

朱集《答林擇之書》云：欽夫春來未得書，聞歲前屢對上意，甚向之。然十寒衆楚，愛莫助之，未知竟何如耳。

又書云：南軒竟不免去國，道之難行乃如此。渠在榻前儘説得透，初謂可以轉得事機，要是彼衆我寡，難支撐耳。

《答范伯崇書》云：欽夫得行所學，吾道之幸。但此事大難，不可喜而可懼。近復如何，得正月書，亦未有異聞也。論學，依舊有好高傷快之弊。

吕集《與朱元晦書》云：某以六月八日離輦下，既去五日，而張丈去國，群陰崢嶸，陽氣斷續，理自應爾。然以反己之義論之，則當修省進步處甚多，未可專咎彼也。聞以漕渠淺涸，尚濡滯蘇、常間，今當已泝江南下矣。

又書云：《知言》疑義，比與張丈訂正者既已埘去，今復有欲商榷者，謹疏於後。

《與張敬夫書》云：平時徒恃資質，工夫悠悠，殊不精切，兩年承教，可謂浹洽。

《梅溪文集·與張左司書》云：比聞盜竊樞柄，甚於陽虎。取寶玉大弓，公首摧其奸，與先正忠獻公斬范瓊、曲端等何異？天下無賢愚遠邇，莫不稱快。知大賢之有後，況我輩耶？不有君子，其能國乎？真可爲社稷賀也。

《與虞丞相書》云：忽聞左司張栻差知袁州，不覺驚駭。朝廷除授固自有意，非某所得知。第以栻之學問、操履，舉皆過人，在今朝列，少見其比。使之密侍經幄，必能以直道啓迪聖君，使之治劇剸煩，亦能處紛擾而不亂。況其直聲已著，中外稱賢。一旦外除，有識無不短氣。朝廷舉內修外攘之政，正當愛惜人才。相公以道事君，尤宜留賢自助。敢乞於榻前，力賜主張，令栻且留舊職，庶几釋中外之疑，伸善類之气。

《誠齋集·上壽皇乞留張栻黜韓玉書》云：如前日，樞臣張説之除，在廷之臣無一敢言，獨栻言之。人皆以爲成命之難回，而陛下即爲之改命，是時天顏之喜，聖語之褒，行路之人皆能言之，以爲堯舜之舍己從人，成湯之改過不吝，陛下兼而有之。然一旦夜半出命，逐之遠郡，民言相驚，以爲朝廷之逐張栻是爲張説報仇也。臣以爲不然，陛下如惡其人，必不聽其言。陛下既聽其言，必不惡其人。然天下之人，難以户曉，此意未必出於陛下，而此謗獨歸於陛下，此臣所以不勝其憤而爲陛下一言也。

《上虞丞相書》云：大抵君子若不足樂也，久而有味；小人若可喜也，終必受其禍。今韓玉以可喜而留、張栻以不足樂而逐，不特朝廷之憂也，亦門下之憂也。

《止齋文集·跋南軒四益箴》云：乾道之辛卯，余送南軒先生於吳之碧瀾堂。

《宋史·尤袤傳》云：虞允文以史事過三館，問誰可爲祕書丞者，袤以袤對。亟授之，張栻曰：真祕書也。（以上辛卯）

朱集《答林擇之書》云：欽夫屢得書，有少反復議論，未及録去，其大概曲折，亦非面未易布也。力行固不易，而講論要得是當，亦復如此之難，可歎，可懼！渠所論，如云《論孟序》中不當言漢儒，得其言而不得其意。蓋漢儒雖言，亦不得也，不知擇之以爲如何？某則絶不愛此等説話。前輩議論，氣象寬宏，而其中自有截然不容透漏處，豈若是之迫切耶？（壬辰）

《答呂伯恭書》云：長沙此三兩月不得書。邵武有《孟子説》，不知所疑云何，預以見告，俟得本考之也。然此等文字流傳太早，爲害不細，昨見人鈔得節目一兩條，已頗有可疑處，不知全書復如何？若《洙泗言仁》則固多未合當時，亦不當便令盡版行也。

又書云：欽夫近得書，別寄《言仁録》來，修改得稍勝前本。《仁説》亦用中間反覆之意改定矣。聞其園池增闢，盡得江山之勝，書來相招，屬此蹤迹未自由。又鄉里饑儉，未敢輕諾之也。

又書云：欽夫近得書，寄《語解》數段，亦頗有未合處。然比之向來收斂愨實，則已多矣。《言仁》諸説錄呈。

《跋張敬夫爲石子重作傳心閣銘》云：且惟子重之爲是閣，盖非學校經常之則，非得知道而健於文者，不能有所發明也。則轉以屬諸廣漢張君敬夫，而私記其説如此云。

《答石子重書》云：南軒《語解》首章，其失在於不曾分別"學習"二字，又謂學者工夫已無間斷，却要時習，只此二事可疑耳。又言"習"字，南軒之説正顛倒了。

《答李伯諫書》云：欽夫此數時常得書，論述甚多。《言仁》及江西所刊《太極解》，盖屢勸其收起印板，似未甚以爲然。大抵近日議論《語孟解》已見一二篇，雖無嚮時過高之失，而寬縱草率，絶難點檢，不知何故如此？無由相見，殊使人憂之。長沙書來，又分門編本朝事。及作《論篤》一書，雖盜跖之言有可取者亦載其中，不知作此等文字是何意思。

吕集《與朱元晦書》云：長沙近得書，寄新定語、孟諸説來，論議比向來殊深穩平實，其間亦時有未達處，旦夕因便當往商榷也。

《與陳同甫書》云：張丈比累得書，平實有味，歡然益知工夫之無窮。往年豪氣，殊覺銷落。

《與學者及諸弟書》云：張丈常得書，每見其退然知難，收斂篤實，與前此相聚時大異。（以上癸巳）

朱集《答吕伯恭書》云：長沙頻得書，地遠難得相見，此公疏快，書不敢盡言，心之所憂，亦微詞以見。

《與林擇之書》云：欽夫得疾之由，説者多端，非一朝一夕之故。今日聞有静江之除，盖近日群小屢有變露，上意必是開竅，故龔實之入參，時事似欲小變。

《跋張敬夫所書城南書院詩》云：久聞敬夫城南景物之勝，常恨未得往游其間。今讀此詩，便覺風篁水月，去人不遠。然敬夫道學之懿爲世醇儒，今乃欲以筆札之工追蹤前作，豈其戲耶？不然，則敬夫之豪放奔逸，與西臺之温厚靚深，其得失之算，必有能辨之者。

《鶴林玉露·南軒六詩》云：張宣公題南城、東渚、麗澤、濯清、西嶼、采菱舟六詩，平淡簡遠，德人之言也。（以上甲午）

朱集《答呂伯恭書》云：近桂林寄本政書後，更有一二種文字，已屬其別寄老兄處，或可並補足成一家之書也。

《答吳晦叔書》云：示及先知後行之説，又得南軒寄來書稿讀之，則凡熹之所欲言者，蓋皆已先得之矣。

呂集《與陳同甫書》云：近得桂林報書，甚稱益恭，殊倚信之也。（以上乙未）

《與劉共甫書》云：欽夫歲前得書，爲政之意甚美，但所請與諸司均節一路財賦者，不知者以爲必侵官，不知終能協濟否？所論鹽法利害，頗與閩中相似，渠但深排鈔法，而以官般爲善，不知官般果能無弊否？其求訪人才之意，孜孜不倦，不自以其才爲可恃而留意於此，此尤可敬者。

《與方耕道書》云：所喻南軒病證，極令人憂念，旦夕專人候之。又言：居上以寬，恐南軒自有規模，若一向糾之以猛，恐非吾輩平日所講之意。

《建炎以來朝野雜記·張敬夫遺表》云：敬夫始以父任爲右承務郎，平生未嘗乞磨勘。上知其在廣西，特進二秩爲承事郎，故職雖高，終不得任子云。（以上丙申）

朱集《與劉共甫書》欽夫得書云：長沙傳聞某病，消息殊惡，此雖非實，亦竟遭凶禍，可怪也。又具道其經理財賦之詳，但趙漕去時，意象甚不平，不知今相見後，復如何也。

《書麻衣心易後》云：予前所見，本有張敬夫題字，猶摘其所謂

"當於羲皇心地上馳騁，莫於周孔脚迹下盤旋"者而與之辨，是亦徒費於辭矣。

《蘆浦筆記·堯廟》云：桂林有堯舜廟，堯廟在堯山下，灕江中分，舜廟在西岸。南軒是時毀諸淫祀，而獨留此二廟且修之，抑不知嘗考證其所始乎？蓋堯未嘗至南方，若因山而祀，則予曩游桂林，大抵迴環之山皆積石，惟堯山則累土，故此山因土而名"垚"，恐非陶唐氏之"堯"。若廟而祀之，特此山之神可矣，若曰唐帝，恐成坿會。（以上丁酉）

呂集《與朱元晦書》云：欽夫猶未得長沙書，近有兼知鄂渚之命，鄉云欲請祠，猶未見文字到，或傳已索迓吏，未知信否？今外郡猶可行志，苟其子葬畢，體力無它，且往之官，亦自無害也。

《誠齋集·宜州新豫章先生祠堂記》云：予去年十月致書桂林伯侍講張公，今乃得報，且諉予曰：宜州太守韓侯璧，直諒士也，初抵官下，他皆未遑，首新山谷先生祠堂。既成，來求閣名若記，栻既以清風名閣矣，子學詩山谷者，微子莫宜記之。

《鶴山文集·跋静春先生劉子澄帖》云：静春先生劉公，淳熙五年八月十九日所與張宣公帖也。宣公時爲祕閣修撰，荆湖轉運副使，過其弟端明公於宜春。是歲，石林李公年二十，悦齋李公年十有八，而静春以二公屬宣公，已曰異日與川中作師表，非小補也。（以上戊戌）

朱集《答呂伯恭書》云：荆州近寄一詩來，讀之令人感慨，今亦錄去。渠以信陽事甚不自安，叔度子約書云：都下諸人頗不直果如何，然世間人口無真是非，未知果孰爲是也。

《與皇甫文仲書》云：左右到彼既久，南軒必朝夕相見，當有深趣，所論恢復規模，誠不可易之論，然今日亦惟南軒實做得此功夫。

呂集《與朱元晦書》云：欽夫得書，亦以爲須一出爲善。

《與周子充書》云：欽夫既按吏未報，而復遣本州倅往攝事，彼安得不猜懼？

《宋史·趙雄傳》云：張栻在荊南，趙雄事事沮之。時司天奏相星在楚地，上曰：張栻當之。人愈忌之。（以上己亥）

呂集《與周子充書》云：欽夫之傳，極爲之驚憂。第細觀牘尾，乃二十七日，距二日已兩旬，不應江陵尚未申到，猶覬消息之不真也。

《宋元學案》云：先生寢疾，微吟曰："舍瑟而作，敢忘事上之忠；鼓缶而歌，當盡順終之理。"（以上庚子）

朱別集《與劉子澄書》云：荊州《論語》甚改得好，比舊本大不干事，若不死，更長進，深可痛惜！伯恭詳審，穩當有餘，却不及此公俊偉明快也。（辛丑）

朱集《答胡季隨書》云：《南軒文集》方編得略就，便可刊行最好。是奏議文字及往還書中論時事處，確實痛切，今却未敢編入。異時當以《奏議》自作一書，而坿論事書尺於其後，勿令廣傳，或世俗好惡稍衰，乃可出之耳。（癸卯後）

《答呂士瞻書》云：南軒辨呂與叔《中庸》，其間病多，後本已爲刪去矣。但程先生云："涵養於未發之前則可，求中於未發之前則不可。"今當以程先生之說爲正，則欽夫之說亦未爲非，但其意要一切於鬧處承當，更無程子涵養之意，又自爲大病耳。渠後來此意亦改，晚年說話，儘不干事也。

《張敬夫畫像贊》云：擴仁義之端，至於可以彌六合；謹善利之判，至於可以析秋毫。拳拳乎其致主之功，汲汲乎其幹父之勞；仡仡乎其任道之勇，卓卓乎其立心之高。知之者，識其春風沂水之樂；不知者，以爲湖海一世之豪。彼其揚休山立之姿，既與其不可傳者死矣。觀於此者，尚有以卜其見伊呂而失蕭曹也耶。

《張南軒文集序》云：孟子没，而義利之説不明於天下。中間董相仲舒、諸葛武侯、兩程先生屢發明之，而世之學者莫之能信，是以其所以自爲者，鮮不溺於人欲之私，而其所以謀人之國家，則亦曰功利焉而已爾。爰自國家南渡以來，乃有丞相魏國張忠獻公唱明大義以斷國論，侍讀南陽胡文定公誦説遺經以開聖學，其托於空言，見於行事，雖若不同，而於孟子之言，董、葛、程氏之意，則皆有所謂千載而一轍者。若近故荆州牧張侯敬夫者，則又忠獻公之嗣子，而胡公季子五峰先生之門人也。自其幼壯，不出家庭而固已得夫忠孝之傳。既又講於五峰之門以會其歸，則其所以默契於心者，人有所不得而知也。獨其見於論説，則義利之間，毫釐之辨，蓋有出於前哲之所欲言而未及究者，措諸事業，則凡宏綱大用，巨細顯微，莫不洞然於胸次，而無一毫功利之雜。是以論道於家，而四方學者爭鄉往之，入侍經帷，出臨藩屏，則天子亦味其言，嘉其績，且將倚以大用，而敬夫不幸死矣。

敬夫既没，其弟定叟裒其故藁，得四巨編以授予曰：“先兄不幸蚤世，而其同志之友亦少存者。今欲次其文以行於世，非子之屬而誰可？”予受書，愀然開卷，亟讀不能盡數篇，爲之廢書，太息流涕而言曰：“世復有斯人也耶！無是人而有是書，猶或可以少見其志。然吾友平生之言，蓋不止此也。”因復益爲求訪，得諸四方學者所傳凡數十篇。又發吾篋，出其往還書疏，讀之亦多有可傳者。方將爲之定著繕寫，歸之張氏，則或者已用別本摹印而流傳廣矣。邊取觀之，蓋多鄉所講焉而未定之論。而凡近歲以來，談經論事，發明道要之精語，反不與焉。予因慨念敬夫天資甚高，聞道甚蚤，其學之所就既足以名於一世，然察其心，蓋未嘗一日以是而自足也。比年以來，方且窮經會友，日反諸心而驗諸行事之實，蓋有所謂不知年數之不足者，是以其學日新而無窮。其見於言語文字之間，始皆極於高遠，而卒反就於平實，此其淺深疏密之際，後之君子其必有以處之矣。顧以序次之不時，使其説之出於前而弃於後者，猶得以雜乎篇帙之間，而讀者或不能無疑信异同之惑，是則予之罪也已夫。
於是，乃復亟取前所蒐輯，參伍相校，斷以敬夫晚歲之意，定其書
爲四十四卷。

嗚呼！使敬夫而不死，則其學之所至，言之所及，又豈予之所
得而知哉！敬夫所爲諸經訓義，唯《論語説》晚嘗更定，今已別行。
其它往往未脱藁時，學者私所傳録，敬夫蓋不善也，以故皆不著。
其立朝論事，及在州郡條奏民間利病，則上意多嚮納之，亦有頗施
行者，以故亦不著。獨取其《經筵口義》一章，坿於表奏之後，使
敬夫所以堯舜吾君，而不愧其父師之傳者，讀者有以識其端云。（以
上甲辰）

《答詹帥書》云：欽夫文集久刻未成，俗人嗜利，難與語。然亦
一面督之，得即納去。次《孟子説》，渠已不幸，無復增修，刻亦無
害，恐未能使其無遺憾於九原也。

《答詹體仁書》云：湘中學者之病，誠如來教。今學者多如此，
言而不行者固失之，只説踐履而不務窮理，亦非小病。欽夫往時謂
救此一種人，故其説有太快處，以啓流傳之弊。（以上乙巳）

《答鄭仲禮書》云：示諭讀《易》之説甚善，向見敬夫及吕伯恭
皆令學者專讀《程傳》，往往皆無所得。又，來喻所謂：隱者豈非麻
衣之流乎？此乃僞書，向來敬夫雖不以其説爲然，然亦誤以爲真，
希夷之師説也。（癸丑）

《祭張敬夫城南祠文》云：年月日，具位朱熹敬以一觴，酹於亡
友敬夫侍講左司張公尊兄城南之祠：昔從公游，登高望遠。指顧兹
土，水竹之間。謂予肯來，相與卒歲。予以懷土，顧謝不能。其後
聞公，開鑿亭沼。帶經倚杖，日游其間。寫景哦詩，辱以寄我。寂
寥短韻，幾篇在吟。於今幾何，歲月奔逝。我復來此，白髮蒼顏。

追懷舊游，顧步涕落。未奠宿草，姑即遺祠。玉色金聲，恍如對接。草木魚鳥，莫知我哀。

《祭南軒墓文》云：惟公閎達之資，聞道最早。發揮事業，達於家邦。中歲閒居，益求其志。鶴鳴子和，朋簪四來。我時自閩，亦云戾止。更互切磨，群疑乃亡。厥今幾何，俯仰一世。公逝既久，我老益衰。何意重來，獨撫陳迹。塵筵髣髴，拱木荒涼。録牒散亡，音徽莫紹。世道之感，平生之懷。交切於中，有涕橫落。欲推公志，據舊圖新。衆允未孚，唯以自愧。一觴往酹，并寄此情。公乎不忘，起聽我語。（以上甲寅）

《跋吳道子畫》云：頃年見張敬夫家藏吳畫《昊天觀壁草》卷，與此絶相類，但人物差大耳。張氏所藏本出長安安氏。

《跋張敬夫與馮公帖》云：此張敬夫與縉雲馮當可書也。味其詞意，知其一時家庭之間，定省從容，未嘗食息不在中原之復，令人感慨不已。

《跋韓魏公與歐陽文忠公帖》云：張敬夫嘗言：平生所見王荆公書，皆如大忙中寫，不知公安得有如許忙事？（以上丁巳）

《周益文忠公集·書張欽夫栻劉文潛焞與蔣邕州書》云：亡友張欽夫、劉文潛，皆眼高四海，未嘗輕以一字許人，先後帥桂林，聞邕州遺愛及華夷大書至數百言。（甲子）

《道命録·南軒先生張宣公諡議》云：公蓋代儒生，爲國世臣。起千載絶學，負四海重名，功業未遂，中道以没，於今三紀矣。易名之典，久未克請。維時帥臣列其事於朝，上即報可，所以尊道崇化也。天光下臨，雷厲風動，豈容拘常襲故，實懦名浮者所可同日道哉？公，丞相魏國忠獻之嗣子、五峰先生胡公之門人也。鍾美萃靈，英特邁往。親承忠孝之傳，講切義理之學。慨念孔孟既没，正論淪鬱。言道德者溺虛無，尚功利者急變詐，而儒者功用泯然，無見於世。去古愈遠，流摩日激。宋興百年，河南二程始唱明道學，開迪人心。由是聖賢不傳之緒，賴公復續。然俗之久安者難變，理之僅明者易微。公爲此懼，毅然以斯文爲己任，采摭遺書，尋繹精義。居敬窮理以立本，開物成務以致用，其學極於廣大高遠，究其歸則不離於簡易篤實。故凡見之言語、文字之間，職守、事功之會，無非爽闓明白，務實求是。謂克己復禮，顏子所以爲百世師也，作《希顏錄》，早夜以自警。謂仗義履正，諸葛忠武所以爲三代佐也，作《武侯傳》，又爲之記，爲之贊。先漢人物，獨許董相以知學，若趙營平之爲國遠慮，尤拳拳焉，則其講學之精微，趨向之純一，識者有以知其心矣。

孝廟初元，銳意規恢，建置督府，公參贊機幕，閒以軍事入奏，爲上開陳正名復仇大義，慷慨激切。及爲郎賜對，申演前議，乃在實於修德，實於立政，實於備禦，而無取乎徒假其名。經筵勸講，援古證今，願上以三代之治自期，其論高矣。致條舉治要，不過曰宅心爲萬事之綱，修身爲天下之本。上稽天理，下從人欲。見於行事者，皆至公務實而已。三復至言，其視帝王盛時元臣碩輔所以識達國體、啓沃君心者，異世一轍。公自以蒙被殊知，圖維補報，奮不顧身，盡言無隱。如指切發運苛斂之病，民力排樞筦除授之非。據英詞勁氣，至今凜凜。直道難行，毀言日至，公不得久留內矣。

越數歲，天子深思其賢，俾臨藩屏。公誼存報主，不以內外爲間。隨其所至，先立成規。其經略廣西也，所以復於上者必欲以撫存安靜爲本。及制置荊南也，首以凡事務實，不但空言，見義則爲，不敢顧避，諄諄爲上言之。公惟誠於爲民，若保赤子誠心，求之不墜聖賢之訓。故涖更二鎮，凡民事利害休戚，博采周咨，惟恐不及。如鹽筴，如馬政義勇，如弓弩手，究見本末，立奏罷行，曾無留滯，必使封圻之遠、閭閻之細，悉徹黈聰。上亦嘉其忠實，璽書勉勞，有志大用，而公已屬疾矣。病亟手疏，勸上親君子，遠小人，信任防一己之偏，好惡公天下之理。其愛君憂國，至公血誠，雖死不忘。

某讀公遺編至此，廢卷永歎。竊謂公平生大節，所以蔽天地而不慚，質鬼神而無疑者，其學自不欺始。蓋理之實然者，謂之不欺。公能存此心，充此理，任重道遠，無彊自然。講於己者爲實學，復於君者爲實德，建於利者爲實利。篤志明善以知之，鞠躬盡力以行之。夫是以天下無不可爲之事，臨事無不可成之功，而儒者有益於人之國信矣！夫唐人有言曰：上不負天子，下不負所學，其斯之謂歟？

謹按《謚法》："體和居中，善聞周達曰宣。"沈涵道真，見理昭徹，秉德制行，渾然天成，非體和居中乎？人宗其學，家藏其書，君信其言，民孚其惠，非善聞周達乎？節行壹惠，請謚曰宣。太常博士孔煒上。（甲戌）

先是嘉定七年八月，資政殿學士知潭州衛涇奏爲南軒先生請謚，得旨從之。

《南軒先生張宣公覆謚議》云：公以堯舜君民之心，振一世沉溺；以孔孟性理之學，起一世膏肓。君臣都俞，師友講習，載在方策。莫不家臧其書，人慕其學。昧者識所趨嚮，識者得其指歸。習與性成，天理昭晰，豈小補哉？汝明生晚居僻，每想其人，恨不得執鞭爲御，聽警誨以開茅塞。今清朝特采公論，以易公名，申賁後學。適茲承乏考績，竊以爲公之應謚，所不待議。將盡南山之竹，不足以發幽潛，尚何所措詞。

惟公之學根原於《中庸》《大學》之奧旨，參訂於濂溪、二程之微言，漸漬於忠獻之純忠，發揮於五峰之師說。豁此心於天地，充其仁於萬物。辨之明毫釐必計，行之力食息弗違。故其在講筵，在宰屬，猶是心也；在州郡，在藩鎮，猶是心也。今觀其所言，悉可概見。知上有剋復神州之志，則以稽古親賢爲請。知廟堂有和戎之謀，則以悅人心、充士氣爲言。其補外臨遣，則請先克己私，以明大義正人心。其召還奏對，則請先務實以修德立政，用賢養民，論史正志。爲發運使，則斥其病民之實，論張説僉書樞密，則懼其激武臣之怒。在靜江，則變漕司抑賣州鹽之法，申諸州按習效用之令，息洞酋之譁，革綱馬之弊。在江陵，則嚴盜賊之禁，結諸將之歡，正淮民出塞之罪，行義勇量取之法。考致要歸，無不自所學流出。經曰：天不愛其道。董仲舒曰：道之大原出於天，道固天之道，天不輕以授人。自周公、孔子，以至孟子，厥後罕傳。雖間有經生文士，性理是談，體用未明，或相矛盾。宋興百年，濂溪二程發明於前，吕謝游楊扶持於後。義理貫徹，夐出前儒。公與晦庵朱氏出而嗣之，相爲師友，於是演迆溥博，丕闡於世。得其大者足以名當世，得其小者亦足善一身。考論淵源所自，公力居多。今晦庵朱氏已謚曰“文”，公没三十六年，始議其謚，時則後矣。謚之曰“宣”，尚與朱氏相參用，見羽翼孔門之意。《謚法》：“體和居中，善聞周達曰宣”。公之明理謹獨，學精行成，是謂體和居中。公之德言俱立，君信民孚，是謂美聞周達。迹古以驗今，博士議是請從。謹議。嘉定八年□月，軍器少監兼權侍左郎官兼權考功官楊汝明上。奉聖旨依。（乙亥）

《景定嚴州續志·賢牧》張栻下云：乾道五年，以直祕閣知州。其治不嚴而威，不疾而速，大抵以教化爲先務。奏蠲丁鹽錢絹，民以蕃庶，旅名山，斥淫祠，至今遺老猶能誦張閣焉。景定辛酉，旨封華陽伯，秩於從祀。（辛酉）

—— 張宣公年譜坿錄卷下 ——

永康胡宗楙季樵

朱集《答胡廣仲書》云：欽夫未發之論，誠若分別太深。然其所謂無者，非謂本無此理，但謂物欲交引，無復澄静之時耳。

《答方賓王書》云：敬夫未發之云，乃其初年議論，後覺其誤，即已改之。但舊說已傳，學者又不之察，便加模刻，爲害不細。往時常別爲編次，正爲此耳。然誤爲先行，此本後出，遂不復佳，甚可恨也。

《答曾致虛書》云：所論誠敬之説甚善。但欽夫之意，亦非直謂學者可以不誠。蓋以爲既曰持敬，便合實有持敬之心，不容更有不誠之敬，必待別著誠字，然後爲誠也。

《答林擇之書》云：前日中和之説，看得如何？但恐其間言語不能無病，其大體莫無可疑。數日來玩味此意，日用間極覺得力。乃知日前所以若有若亡，不能得純熟，而氣象浮淺，易得動搖，其病皆在此。湖南諸友，其病亦似是如此。近看南軒文字，大抵都無前面一截工夫也。

又書云：敬夫寄得書，論二先生事實中數段來，改正謬訛，所助頗多。但記二蘇排伊川處，只欲改正。云同朝之士，有不相知者。又欲削去常夷父、張茂則兩段，以爲決無此事。他議論亦尚多，不能一一及之。

《答胡季隨書》云：《南軒集》誤字，已爲檢勘，其間空字向來固已直書，尤延之見之，以爲無益，而賈怨不若刊去。今亦不必補，後人讀之，自當默喻也。但序文後段，若欲刪去，即不成文字。

《麗澤論説集録》云：張荆州之教人也，必使人體察良心，以聖賢語言見之行事，因行事復求之聖賢語言。

《朱子語録》云：欽夫見識極高却不耐事，伯恭耐事却有病。

又云：南軒、伯恭之學皆疏略，南軒疏略從高處去，伯恭疏略從卑處去。

又云：《南軒論語》初成書時，先見後十篇，一切寫去，與他説。後見前十篇，又寫去。後得書來，謂説得是，都改了。《孟子説》不曾商量。

《攻媿集·朝請大夫曹君墓誌銘》云：張栻尤知君，引置簽幕，舉詞有云，直論敢言，不肯詭隨，有足嘉者。

《輿地紀勝·永州景物下》云：雙鳳亭在州門，石上有文，隱然舞鳳之象。南軒張栻爲之記。

《鶴林玉露·德行科》云：楊廷秀初欲習宏詞科，南軒曰：此何足惜，盍相與趨聖門德行科乎？廷秀大悟，不復習。

《跋南軒與坐忘居士房公帖》：南軒遺墨，謂其拔於流俗，謂其剥去華飾，其白首守道，凜然如霜松雪竹者，嗚呼！其賢矣乎！

《跋南軒帖》云：厥考以宗社生靈爲己任，厥子以聖門事業爲己任，然則士之以記覽詞章、哆然自足者，其待己亦太涼矣夫。

《跋南軒所與李季允帖》云：南軒受學於五峰，久而後得見，猶未與之言也。泣涕而請，僅令思忠清未得爲仁之理，蓋往返數四，而後予之。今帖所謂無急於成，乃先生以其所以教於人者教人耳。

《湘鄉蕭定夫佐師友堂銘》云：佐之先人，事五峰先生，與張宣公爲同門友。佐由是亦獲拜宣公於長沙，宣公授以居敬一言。

《跋張宣公帖》云：當乾道、淳熙間，朱、張、呂三子以學問爲群儒倡。雖其才分天成，功力純至，然亦不可謂非師友切磋之益。

《師友雅言》云：嘗見宇文挺臣自言，某向嘗親登張南軒之門，面傳遺言，凡作文字，須從源頭説來。

《直寶章閣張公墓誌銘》云：輪對，以其伯父宣公告孝宗語告上，當求曉事之臣，不求辦事之臣。欲求仗節死義之臣，必求犯顏敢諫之臣。

楊伯昌《浩齋集序》云：予嘗觀衡山胡子，所以告張宣公者，謂顏子有不善，未嘗不知，至明也，非格物者不能。知之未嘗復行，至勇也，非居仁者不能。張子得之，服行以終身。

《困學紀聞》云：丹書敬義之訓，夫子於《坤六二·文言》發之。孟子以集義爲本，程子以居敬爲先，張宣公謂工夫並進，相須而成。
又云：命不可委，故孟子言立命。心不可委，故南軒以陶淵明委心之言爲非。

《永樂大典·二寘多士下》引《張南軒集·乞廣取士狀》云：國家設科以羅多士，雖曰考之以文詞，而真才實能往往由此而得。

張南軒年譜

〔日〕高畑常信　著

田　訪　譯

── 前言 ──

張南軒名栻，字敬夫、欽夫。樂齋之號，見於楊萬里《寄題張欽夫春風樓》(《誠齋集》卷四)。南軒之號，乃是因張栻三十歲至三十一歲之間，在建康府（南京）輔佐其父（張浚）時，於天禧寺的竹間築屋讀書，故號南軒。張南軒之傳記已詳於朱子《右文殿修撰張公神道碑》(《朱子文集》卷八九)，及楊萬里《張左司傳》(《誠齋集》卷一一五)。又，友枝龍太郎師的《朱子思想的形成》（春秋社）所收的《張南軒思想的特色及其變遷》之中，記錄了張南軒事迹的大要。本稿以這些資料爲中心，對相關的資料加以整理。引用最多的自然是《張南軒集》（咸豐甲寅重刊縣邑張南軒祠藏板本），故引用《張南軒集》時省略書名，而引用其他資料時必標明書名。另將一些干支紀年，以《二十史朔閏表》爲準進行了改寫。

—— 張南軒年譜 ——

· 紹興三年癸丑　一歲。

張南軒生。

· 紹興十一年辛酉　九歲。

十一月，父（張浚，四十五歲）辭知福州，寓居長沙。作六十楹之屋以侍養其母。（《朱子文集》卷九五下，《張魏公行狀》）[1]

· 紹興十六年丙寅　十四歲。

二月，父（張浚，五十歲）謫連州（廣東省），居住四年。（同上）

由父教授《易經》。

日夕讀《易》，精思大旨，述之於編，親教授其子栻。（同上）

· 紹興二十年庚午　十八歲。

九月，張浚（五十四歲）由連州遷永州，居住五年。（同上）

· 紹興二十一年辛未　十九歲。

四月，張浚迎母至永州。（同上）

· 紹興二十四年甲戌　二十二歲。

作《永州雙鳳亭記》。（《真西山文集》卷三六《跋南軒先生永州雙鳳亭記》）

· 紹興二十五年乙亥　二十三歲。

張浚之母卒，於長沙服喪。（《朱子文集》卷九五下《張魏公行狀》）

---

[1]　洪波按：張浚作屋六十楹侍養其母事，查《行狀》記作紹興十二年，此或有誤。

·紹興二十八年戊寅　二十六歲。

二月戊申，作《困齋記》。（卷一二）

弋陽方君耕道，謫居零陵。其友盧陵胡君邦衡，自海外以書抵之曰：公取《易》困卦，詳玩而深索之，則得所以處困之道矣。耕道於是榜其齋曰困齋，自號曰困叟。……耕道以記文見屬，栻雖晚生，念不爲無契。……紹興二十八年春二月戊申。（同上）

四月庚子，《游東山記》。（卷一三）

歲戊寅夏四月己亥，弋陽方耕道、廣漢張栻，酌餞東平劉芮子駒於永東山。……子駒謂某曰：蓋記之以爲異日傳。……後一日庚子記。（同上）

夏，《仰止堂記》。（卷一二）

武夷宋子飛，蓋游從之舊也。戊寅之夏，自其鄉熱來，訪予瀟水之上。留既越月。……子飛謂某曰：某家有小堂，面直惡山，欲以仰止名之如何。……某之爲記也。（同上）

·紹興二十九年己卯　二十七歲。

《希顏録》（亡）。

某己卯之歲，嘗裒集顏子言行，爲《希顏録》上、下篇。（卷三三《跋希顏録》）

辱示《希顏録》，足見稽考之勤。輒忘固陋，肆筆寫其所聞，未必皆當也。（《五峰集》卷二《與張敬夫》）

·紹興三十年庚辰　二十八歲。

·紹興三十一年辛巳　二十九歲。

十月二十五日，張浚以觀文殿學士判潭州。（《朱子文集》卷九五下）

十一月四日，張浚判建康府兼行宮留守。受命之翌日，即從長

沙出發去建康（南京）。張南軒與之同行。（同上）

會胡五峰。

始，時聞五峰先生之名，見其話語而心服之，時時以書質疑求益。辛巳之歲，方獲拜之於文定公書堂。先生顧其愚而誨之，所以長善救失，蓋有在言語外者。然僅得一再見耳。（卷二六《答陳平甫》）

五峰未易簀半年前，某見之。（卷三〇《答陳平甫》）

·紹興三十二年壬午　三十歲。

於建康府輔佐其父（張浚），暇日在城南天禧寺方丈旁邊的小屋讀書，號南軒（康熙七年序刊《江寧府志》）。居建康府約二年。

·隆興元年癸未　三十一歲。

十二月九日，張浚於臨安面聖，拜右僕射同中書門下平章事兼樞密使，居臨安。張南軒亦隨父赴臨安輔佐之。（《朱子文集》卷九五下）

會朱子。

《中和舊説序》："余蚤從延平李先生游，受《中庸》之書，求喜怒哀樂未發之旨，未達而先生殁。聞張欽夫得衡山胡氏學，則往從而問焉。欽夫告余以所聞，余亦未之省也。一日自悟已發未發云云。"年譜削之於丁亥往潭州下。白田王氏考"人自有生"四書，朱子自悟性爲未發，心爲已發，皆在丙戌未往潭州之前。其説良是。

朱子《祭張南軒文》云："我昔求道未獲其友，蔽莫余開，吝莫余剖。蓋自從公而觀於大業之規模，察彼群言之紛糾，於是相與切磋以究之，而又相勵以死守也。"下始云："丁亥之冬，風雪南山，解袂榷州，今十五年"。《文集》有誤字，今改正。是朱子往從南軒問學，不自潭州始，章章明矣。至王氏謂甲申送魏公柩，與南軒相遇，自是乙酉丙戌書問往來，則往從而問焉，蓋指甲申以後言之，則又非也。

魏公新棄世，南軒扶櫬歸葬，朱子至豫章往送。此果何時，而於身中娓娓論學乎？朱張二公，皆守禮不越者，斷不若此之疏。至於書牘講論，與所謂往從而問焉者，似不相合。惟《語類》載包揚錄云：“上初召魏公，先召南軒。某時赴召至行在，語南軒云云。”鄒氏琢其以此爲朱張二公相見之始。白田疑之，以爲不足據，詳見《年譜考異》中。竊嘗反復核之，而知朱子之往問南軒，其在癸未，有三證焉。

朱子《跋胡五峰詩》云：“紹興庚辰，余臥病山間，親友仕於朝者，以書見招。某戲以兩詩代書。或傳以語胡子。子謂其學者張欽夫曰：吾未識此人。然觀此詩，知其庶幾能有進矣。特其言有體而無用，吾爲是詩以譬之。又四年，某始見欽夫而後獲聞之。”庚辰至癸未適四年。既曰始見，則前此未見。其證一。

延平卒於癸未十月。朱子見敬夫於臨安，系十一月。雖朱子是時未聞延平之訃，然總在延平既殁之後。其證二。

又朱子《再祭南軒文》云：“蓋有我之所是，而兄以爲非，亦有兄之所然，而我之所議。”“蓋繳紛往反者幾十餘年，末乃同歸而一致。”朱子與南軒辯難，如論《知言》，論《論語解》，論知覺爲仁，論觀過等義，皆條舉件繫，非大節目。惟先察識後涵養之旨，南軒本之五峰，持論取堅。己丑之春，雖印可朱子更定中和之説，而察識涵養之先後，齟齬不合者，凡五年，至癸亥而後定。以癸未計之，適十一年。其證三。

然則朱子之往問南軒，必在癸未，無疑也。（夏炘《述朱質疑》卷三《朱子往問張南軒在癸未考》）

·隆興二年甲申 三十二歲。

七月一日，次餘干（江西省）。

甲申孟秋朔一，先公次餘干。暑甚，憩趙氏養正堂。每閑暇，親翰墨，多寫經要言，置縑囊中，累十百紙。（卷三五《書相公親翰》）

八月二十八日，父張浚卒。

至二十有二日，始寢疾。二十八日疾病。日晡時，命子栻等坐於前，問國家得無棄四郡乎。且命作奏，乞致仕。日暮，命婦女悉去。夜分而薨。（《朱子文集》卷九五下《張魏公行狀》）

九月二十日，朱子弔問。

《答羅參議書》云："九月廿日，至豫章，及魏公之舟而哭之。云亡之歎，豈特吾人共之，海內有識之所同也。自豫章送之豐城，舟中與欽夫得三日之款。其名質甚敏，學問甚正。若充養不置，何可量也。"（王白田《朱子年譜》）

張南軒歸長沙。

十一月辛亥，葬父（張浚）。

以是歲十一月辛亥，葬於衡山縣南嶽之陰，豐林鄉龍塘之原。（《朱子文集》卷九五《張魏公行狀》）

·乾道元年乙酉　三十三歲。

夏，經幹來。

乙酉之夏，過我湘濱。撫我苦塊，話言諄諄。爲我久留，去則不忍。舟中之別，有淚如隕。（卷四四《祭經幹八兄》）

至嶽麓書院。

乾道元年，建安劉侯安撫湖南。既剔蠹夷姦，民俗安靖，則茸學校，訪儒雅，思有以振起之。湘人士合辭以書院。……廼屬州學教授金華邵穎，經紀其事。未半歲而成，大抵悉還舊規。某從多士往觀焉，愛其山川之勝，堂序之嚴，徘徊不忍去。（卷一〇《潭州重修嶽麓書院記》）

·乾道二年丙戌　三十四歲。

正月十八日，《二程粹言序》（《正誼堂全書》所收《二程全書》）。

十月甲戌，陳伯雄來。

甲申孟秋朔一，先公次餘干。……越二年前進士太原陳伯雄來，相予於湘水之上。自以嘗在江淮辱先公誨言，欲求字畫而歸爲子孫藏。（卷三五《書相公親翰》）

十一月辛酉，《潭州重修嶽麓書院記》。（卷一〇）

·乾道三年丁亥　三十五歲。

正月甲子，《經世紀年序》。（卷一四）

七月，《克齋銘》。（卷三六）

八月戊戌，《題李光論馮澥劄子》。（卷三三）

九月，朱子至長沙訪南軒。

《與曹晉叔書》云，九月八日，抵長沙，今半月矣。荷敬夫愛予甚篤，相與講明其所未聞，日有問學之益。敬夫學問愈高，所見卓然，議論出人意表。近讀其《語說》，不覺胸中灑然，誠可歎服。（王白田，《朱子年譜》）

《城南雜詠二十首》（卷七）《奉同張敬夫城南二十詠》（《朱子文集》卷三）。

十一月七日，與朱子、林擇之等自嶽麓出發，十四、十五兩日登南嶽衡山，十一月二十二日，與朱子別。

乾道丁亥秋，新安朱熹元晦來，訪予湘水之上。留再閱月，將道南山以歸。廼始偕爲此游，而三山林用中擇之亦與焉。粵十有一月庚午，自潭城渡湘水。（卷一五《南嶽唱酬序》）

某去月六日，始得離長沙，與敬夫同行，謁魏公之墓下，遂登祝融絕頂。已乃東歸，至槠洲始分手。（《朱子文集》別集卷一“劉共甫”）

七日發嶽麓，道中尋不獲，至十日遇雪。（《朱子文集》卷五）

十一月，《南嶽唱酬序》。（卷一五）

·乾道四年戊子　三十六歲。

二月，《郴州學記》。（卷九）

弟張构任桂林。

張孝祥《送張定叟》(《于湖居士文集》卷五)中有"戊子歲二月,定叟如南山",張南軒詩《定叟弟生朝遣詩爲壽》(卷三)中有"我昔在嚴城,惟子桂林思"。

三月丙寅,《胡子知言序》。(四庫全書本《胡子知言》)

春,《過胡文定公碧泉書堂》。(卷二)

入門認溪碧,循流識深源。念我昔此來,及今七寒暄,人事幾更變。(同上)

秋,《自烏石渡湘,思去歲與朱元晦、林擇之偕行講論之樂,賦此》。(卷五)

《敬齋銘》(卷三六)。

·乾道五年己丑　三十七歲。

二月甲申朔,《送岳主管序》。(卷一五)

三月,《桂陽軍學記》。(卷九)

桂與郴地相接,近歲洞盺紛擾之後,甫及安定。郡各建學以館士,亦可謂知務矣。郴學之成,某嘗爲之記,而桂之士後以請,於是告之。……爲之者,知軍事趙公瀚、教授劉允迪也。

夏,《于湖畫像贊》。(卷三六)

冬,知嚴陵(浙江省建德)。賈林(仲山)送張南軒。

歲在戊子,栻與二三學者,讀誦於長沙之家塾。輒不自揆,綴所見爲《孟子説》。明年冬,會有嚴陵之命。(《通志堂經解》所收《南軒先生孟子説序》)

張栻,乾道五年,以右承務郎直秘閣權發遣。(內閣文庫藏,萬曆四十二年序刊《嚴州府志》卷九《秩官志》)

……先生没。自爾以來,僕亦困於憂患。倖存視息於先廬,紬繹舊聞,及之吾身,浸識義理之所存。湘中二三學者,時過講論。又有同志之友,自遠而至,有可樂者如是。又五歲,而上命爲州。

（卷二六《答陳平甫》）

去年，予來守新定，仲山跨馬送予渡湘，行數十里，不忍舍予。（卷四一《賈仲山墓誌銘》）

乞免丁錢（人頭稅），得以減半。

嚴州在以前，官府付給百姓每丁鹽五斤約一五六文錢，絹一匹約一貫錢，因此每丁繳納本色絹六尺四寸（約一六〇文）和折納絹六尺四寸，共計三二〇文。如此，減去差額，則百姓每丁須繳納一六四文。然而自蔡京改變鹽法以來，官府不再向百姓支付鹽，而絹價高漲至一匹七貫。嚴州山地多，田地少，百姓生活艱辛，而如今除經賦之外，每丁還要繳納絹一丈二尺八寸（約二二四〇文）。另一方面，在兩浙的平江府、秀、婺、衢，已免去丁錢，在明州，每丁繳納約六〇文，在烏程、歸安、長興、安吉、德清，三丁繳納絹一匹，比嚴州少一尺六寸，在武康更少，四丁繳納絹一匹。又，從丁籍上看，有產稅戶與無產稅戶之比爲一比十。由此，想讓官府儘快免除丁錢。（據國學基本叢書本《呂東萊集》卷一《爲張嚴州作乞免丁錢奉狀》。）

除知撫州。未上，改嚴州。到任問民疾苦，首以丁鹽錢絹太重爲請，得蠲是歲半輸。（《張公神道碑》）

呂東萊侍張南軒。

昔者，某以郡文學，事公於嚴陵。聲同氣合，莫逆無間。（《呂東萊集》卷九《祭張荆州文》）

《知言》，往在嚴陵時，與張丈講論。（同上卷三《與朱侍講》）

《跋鄭威愍事》。（卷三四）

鄭威愍公守同州，城陷死之，可謂得其死矣。……先公使川陝時，得公死時事爲詳。某侍旁，蓋敬聞之矣。乾道己丑，公之孫沈德復以始末見示，輒歎息而書之。（同上）

·乾道六年庚寅　三十八歲。

二月，《靜江府學記》。（卷九）

乾道二年，知府事張侯維又以其地埋陋，更相爽塏，得浮屠廢宮，實故始安郡治，請於朝而遷焉。侯以書來曰，願有以告於桂之士。（同上）

春，會呂郎中。

前年之春，識公嚴陵。（卷四三《祭呂郎中》）

四月二十六日，楊萬里《與張嚴州敬夫書》（《誠齋集》卷六五）

閏五月，於嚴陵學宮刻《太極通書》。

《通書後跋》（卷三三）

濂溪周先生《通書》，友人朱熹元晦以《太極圖》列於篇首，而題之曰《太極通書》。某刻於嚴陵學宮，以示多士。（同上）

七月十日，《雷州記》。（卷九）

七月十八日，吳銓（字伯承）卒。

享年五十二。胡五峰從子。（卷四一《承議郎吳伯承墓誌》）

《閫範序》。（一四）

在嚴陵刊《閫範》。（《呂東萊集》卷三《與朱侍講元晦》）

會詹儀之。

本路新漕詹君儀之體仁，……舊在嚴陵相見。頗惑佛學，今却不然。（卷二三《答朱元晦》）

於嚴陵建孤高亭。

某在嚴陵，嘗爲宋廣平立孤高亭。（卷二《別離情所鐘十二章，章四句，送定叟弟之官嚴陵》之注）

爲講官（侍講）。

乾道六年七月十八日，右承議郎浦城吳君，卒於長沙之寓居。……其子洵……其年冬，遺書走告於尚書左司員外郎侍講張某。（卷四一《承議郎吳伯承墓誌》）

又五歲而上命爲州，不得辭。繼爲尚書郎。猥以愚言誤被簡遇，遂得執經入侍。（卷二六《答陳平甫》）

《經筵講議》。（卷八）

賈仲山訪張南軒。①

乾道庚寅之歲，新零陵守賈君訪予於休沐舍。（卷四一《賈仲山墓誌銘》）

《賈仲山墓志銘》。（同上）

《承議郎吳伯承墓誌》。（卷四一）

·乾道七年辛卯　三十九歲。

知袁州（江西省宜春縣）。七月，退職。

明年，乃出公知袁州。（《朱子文集》卷九五下）

六月，《六月晦，發雪川，廣德兄與諸友飲餞於漁山。已而皆有詩贈別。寄此言謝》。（卷二）

孟秋（七月），《跋西銘》。（卷三三）

辛卯孟秋寓姑蘇，書以示學生潘支端。（同上）

過雪川（浙江省吳興縣）。

辛卯歲過雪川。有持此軸來者，售而得之。（卷三五《跋王介甫帖》）

八月，多稼亭記。過毗陵（江蘇省）。（卷一三）

歲辛卯之八月，予過毗陵。甲寅，郡守嵩山晁伯彊置酒郡齋。……願爲某記。明日將行，又以請。……因書以寄。甲寅之集，通判州事吳興葛謙問與焉。（同上）

伯彊，名子健。謙問，名鄭。

秋，歸長沙。（第二次居家）

某十三日被命出守。次日，早出北關，來吳興，省廣德家兄，翌早可去此。自此前途小憩，殘暑即由大江歸長沙故居。偶見陳明仲，知有的便，具此紙。（卷二二《答朱元晦》）

辛卯歲，自都司罷歸，秋冬行大江。（《南軒先生孟子説序》）

---

① 洪波按：賈仲山名林，訪南軒者爲賈林之兄賈森，請爲仲山作墓誌，事見《賈仲山墓誌銘》。

　　某自附陳明仲書後，一向乏便。……秋涼行大江，所至游歷山川，復多濡滯。今方欲次鄂渚，更數日可解舟。（卷二四，《答朱元晦》）

　　十月二日朔，《江漢亭說》。（卷一八）

　　鄂之城因山，而其樓觀台榭皆因城……適當江之匯。昭武葉才翁與予裴回觀覽，欲建亭於上。……才翁，名椅。（同上）

　　會陳傅良（字君舉，號止齋）。

　　乾道之辛卯，余送南軒先生於吳興之碧瀾堂。雅聞定叟書尚名而未之識也。（《止齋文集》卷四二《跋張魏公南軒四益箴》）

　　就《孟子解》的改定與《知言》，與朱子商議。

　　歲在戊子，栻與二三學者，講誦於長沙之家塾，輒不自揆，綴所見爲《孟子說》。明年冬，會有嚴陵之命，未及終篇。辛卯歲，舟中無事，却頗得讀《論語》《易傳》《遺書》。極覺向來偏處。取所解《孟子》觀之，段段不可。意義之難精，正當深培其本耳。修改得養氣說數段，舊說略無存者。得所寄助長之論，甚合鄙意。俟到長沙，録去求教。……《知言》疑義，開發尤多。又有數處，當更往復。及後來旋出者，併俟後便。此論誠不可示它人，然吾曹却得此，反復尋究，甚有益，不是指摘前輩。（卷二四《答朱元晦》）

　　《知言》自去年來看，多有所疑。來示亦多所同者，而其間開益鄙見處甚多。亦有來示未及者，見一一寫，俟後便方得上呈，更煩一往復，庶幾粗定，甚恨當時刊得太早耳。（卷二二《答朱元晦》）

　　《知言》之說，每段輒書鄙見於後。有未是處，却索就此簿子上批來，庶往復有益也。（卷二二《答朱元晦》）

　　《知言》疑義，前已納呈。今所寄尤密，方更參詳之。（卷二二《答朱元晦》）

　　《知言》疑義，反復甚詳。大抵於鄙意無甚疑，而開發則多矣。其間數段，謹録呈。（卷二一《答朱元晦秘書》）

·乾道八年壬辰　四十歲。

三月己巳朔，《光堯御筆》。（卷三三）

七月己卯，《跋西銘示宋伯潛》。（卷三三）

十一月甲申，《名周集說》。（卷一八）

玉山周長知，請予名其子。予名之曰集，以義甫字之。（同上）

開始執筆撰寫《易說》。

某近裒集伊川、橫渠、龜山繫辭說，未畢。亦欲年歲間記鄙見於下。如漢上之說，雜而不知要，無足取也。（卷三〇《答陳平甫》）

獨《易說》未得其安。亦恐是從來許多意思，未能放下。（卷二三《答朱元晦》）

《答陳平甫》是四十歲時的書信。上所引《答朱元晦》之文的前面，有"自甲午病後⋯⋯"，故爲淳熙元年以後的書信。（《四庫全書》中有《南軒易說》三卷）

《洙泗言仁序》。（卷一四）

《洙泗言仁》，寄一本去。有見告者，不惜疏示。（卷三〇《答陳平甫》）

歸來所作《洙泗言仁序》《主一箴》錄去。（卷二五《答胡季隨》）

《主一箴》之諭甚荷。（卷二七《答胡廣仲》）

《潔白堂記》。（卷一三）

予雖未識陳君，而嘗聞之吾友魏揆之元履。⋯⋯陳君，名槩，字平甫云。

《王司諫墓誌銘》。（卷三八）

乾道己丑⋯⋯越三年。予屏居湘潭之上。筠州走書，以清江劉清之之狀來，請銘公墓。

《訓武郎趙公醇叟墓誌銘》。（卷四〇）

乾道壬辰⋯⋯其年冬，君之友胡實狀其行，使來告。（同上）

會陳希顏。《敦復齋銘》。（卷三六）

十月庚辰，胡實（字廣仲）卒。

　　胡實是胡安國（字康侯，諡文定）之孫，受學於胡宏（字仁仲）。張南軒云：“予與君交，幾十五年。志意相合，歲時會遇，與夫書尺往來，無非以講論切磋爲事，則予之惜君，又豈常情可比哉。”享年三十八。（卷四〇《欽州靈山主簿胡君墓誌銘》）

　　十一月二十八日，《舊聞長沙城東梅塢甚盛，近歲亦買園其間。念欲一往，未果也。癸巳仲冬二十有八日，始與客游過東屯渡，十余里間，玉雪彌望，平時所未見也。歸而爲詩以紀之》。（卷三）

　　《南劍州尤溪縣學傳心閣銘》。（卷三六）

　　乾道九年，知南劍州尤溪縣事石𪸩，既新其縣之學，復建閣於學之東北。……新安朱熹爲之名曰“傳心之閣”，而𪸩又以書請銘于廣漢張某。（同上）

　　《四益箴》。（卷三六）

　　先君晚歲嘗大書四言，以詔構弟曰：無益之言勿聽，無益之事勿爲，無益之文勿觀，無益之友勿親。構受而藏之惟謹。先君既没之九年，則以請於某。（同上）

　　弟張構，嚴陵之通判。（內閣文庫藏，萬曆四十二年序刊，《嚴州府志》卷九《秩官志》。又東洋文庫藏，光緒十六年跋刊，《嚴州府志·官師》。）

·淳熙元年甲午　四十二歲。

　　正月，《江陵府松滋縣學記》。（卷九）

　　三月癸巳，《邵州復舊學記》。（卷九）

　　乾道九年，知州事胡侯華公歎息其故，與學教授議所以復之者。轉運判官提舉學事黃侯洊聞之，頗捐緡錢，以相其事。……遣使來請記。（同上）

　　五月戊申，《教授魏元履墓表》。（卷四〇）

　　六月既望，《跋范文正公帖》。（卷三四）

　　先公舊藏文正范公與朱校理手帖墨刻一卷。某以示汶上劉君子

駒，一見諮歎。（同上）

九月戊申，《欽州靈山主簿胡君墓誌銘》。（卷四〇）

秋，《早秋湖亭》。（卷四）

多病新來，罷酒杯。（同上）

《城南即事》。（卷六）

元晦新寄月榭題榜。新亭名東渚。病起。（同上）

十二月二十日，《送嚴主簿序》。（卷一五）

會吾友嚴慶曾當官赴清湘。於其行也，書以爲贈言。淳熙二年至前十日。（同上）

《建寧府學游胡二公祠堂記》。（卷一一）

改訂"曾子有病章"。

曾子所以告孟敬子者，最爲親切。每覺上蔡所解，猶似未精穩。此要須自家子細下工夫耳。（卷二五《寄呂伯恭》）

生病。

某前月半間，積寒成疾，勢極危。諸事亦已處置，順聽之耳。一夕氣復，諸證盡退。蓋服熱劑，灼艾之力，今幸已復常。病中念平日頗恃差壯，嗜欲少。故飲食起居，多不戒生冷，不避風寒。此亦是自輕觀鄉黨中聖人衛生之嚴。（卷二五《寄呂伯恭》）

自甲午病後，雖痛節飲，但向來有酒積在腹間。才飲一兩杯，便覺隱隱地，遂禁絕不復飲。（卷三三《答朱元晦》）

病後醫者戒以少作文字，未欲下筆。冬間有可求教者，旋寫去。（卷二一《答朱元晦秘書》）

伯恭近遣人送藥，與之未回。（卷二四《答朱元晦》）

某今夏止酒，又戒生冷。意思頗覺勝常年，一味善噉飯耳。昨見所與劉樞書，聞郡中既以再辭之狀申省，今且當謹俟之也。（卷二一《答朱元晦秘書》）

知静江府（廣西桂林）。

淳熙改元，公家居累年矣。上復念公，詔除舊職。知静江府，

經略安撫廣南西路。(見前《張公神道碑》)

·淳熙二年乙未　四十三歲。

春，赴静江府。

《淳熙乙未春，予有桂林之役，自湘潭往省先塋。以二月二日過碧泉，與客煮茗泉上，徘徊久之》。(卷三)

淳熙二年之春，某來守桂。(卷一〇《堯山漓江二壇記》)

乙未之春，我車入南。(卷四三《再祭劉樞密共甫》)

三月，《諭俗文》。(卷一五)

六月，《三先生祠記》。(卷一〇)

淳熙二年，静江守臣張某，即學宫明倫堂之傍，立三先生祠。……以六月壬子，率學之士，俯伏而告成。(同上)

八月中秋，《水月洞題名》。(現存)

淳熙乙未歲中秋日，廣漢張敬夫約長樂鄭少融、玉山趙養民，同游水東諸巖。薄莫，自松關放舟，泊水月洞，天宇清曠，月色佳甚。因書崖壁，以紀勝概。(《粤西金石略》卷九所收，《張南軒集》未收。)

秋，《宜人王氏墓誌銘》。(卷四一)

淳熙二年秋，安陸宋文仲與其弟剛仲書來告……予念文仲兄弟從予游有年矣。(同上)

十二月丁酉，《韶州濂溪周先生祠堂記》。(卷一〇)

淳熙二年冬，廣西東路提點刑獄公事詹君儀之，以書抵某……十有二月丁酉記。(同上)

十二月丁酉，《堯山漓江二壇記》。(卷一〇)

淳熙二年之春，某來守桂。……十有二月丁酉，率僚吏祭其上，以祈嗣歲事。(同上)

十二月，《跋陳了翁帖》。(卷三五)

淳熙乙未，歲未盡三日，賀州別駕李宗甫見寄。(同上)

·淳熙三年丙申 四十四歲。

元日,《五峰集序》。(卷一四)

五峰胡先生遺書,有《知言》一編,某既序而傳之同志矣。近歲先生季子大時,復裒集先生所爲詩文之屬凡五卷,以示某。(同上)

正月,《撫州重立唐魯郡顔公祠記》。(卷一〇)

紹興十二年,某之伯父浤爲守。即圃之地,相其高阜而徙焉。比三十年,復以頹廢。廢之二年,今趙侯燁實來,考視歎息,因其基而一新之。以淳熙三年正月辛酉落成。(同上)

四月丙子,立朱子之《靜江府虞帝廟碑》。(《朱子文集》卷八八、《臨桂縣志》卷七)

春,《昭州新立吏部侍郎鄒公祠堂記》。(卷一〇)

淳熙二年秋,青江王光祖爲昭州,道桂,問政所宜先。某告以道鄉先生當有祠,盍圖之,則應曰諾。明年春便來告成。(同上)

六月甲戌朔,《跋三家昏喪祭禮》。(卷三三)

見刻《三家昏喪祭禮》,溫公、橫渠、伊川,未畢也。(卷二四)

冬,《通判成都府事張君墓表》。(卷四〇)

淳熙三年冬,熙以然所記録其言行,走桂林,請予爲表。(同上)

《張氏墓表》。(卷四一)

淳熙二年,……後一年而寢疾。……是歲十月甲申,葬於其鄉龍水之原。(同上)

《跋中庸集解》。(卷三三)

右石𡐈子重所編《集解》兩卷,某刻於桂林郡學宮。子重之編此書,嘗從吾友朱熹元晦講訂,分章去取皆有條次,元晦且嘗爲之序矣。桂林學宮舊亦刻《中庸解》,而其間雜亂以他,懼其反誤學者。於是漫去舊版,而更刻此書。(同上)

……亦恐欲知。《中庸集解》已成,只是覆尤溪版,納一部去。見刻《三家昏喪祭禮》未畢也。《孟子》欲再改過,終緣公務斷續。(卷二四《答朱元晦》)

·淳熙四年丁酉　四十五歲。

二月，《謁陶唐帝廟詞》。（卷一）

宋淳熙四年，静江守臣張某，既新陶唐帝廟，以二月甲子，率官屬，祇謁祠下。（同上）

二月既望，《淳熙四年二月既望，静江守臣張某，奉詔勸農於郊。乃作熙熙陽春之詩，二十四章四句，以示父老。俾告于其鄉之人而歌之》。（卷三）

六月戊子，《跋了翁責沈》。（卷三五）

建康留守劉公得真迹而刻之，以墨本來寄。……乃復刻於桂林學官云。劉公，名玨。（同上）

八月三日，吳翌（字晦叔）卒。

受學於胡五峰。與朱子、胡廣仲、胡伯逢、張南軒等交游。嶽麓書院延請其爲教授，爲其所拒。買田築室，讀書講道。享年四十九。（《朱子文集》卷九七《南嶽處士吳君行狀》，《張南軒集》卷四四《祭吳晦叔》）

八月甲午，《書示吳益恭》。（卷一八）

秋，《雷州學記》。（卷九）

淳熙四年秋，知雷州李侯以書來告曰：雷舊有學官，比歲日以頹壞，今焉葺治一新。願請記。（同上）

十月戊子，《韶音堂記》。（《粤西金石略》卷九，《張南軒集》未收）

冬，《送陳擇之》。（卷三）

君能千里來，乃作觸熱去，涼秋幸非遥……行矣當及戌，我亦念歸歟。（同上）

《欽州學記》。（卷九）

安陽岳侯霖，爲欽州之明年，政通人和。乃經理其州之學，……俾來謁記。久未暇也。又明年，其學之教授周去非，秩滿道桂，復以侯意來。（同上）

《宜州學記》。（卷九）

淳熙四年，某備位廣右帥事，以經略司主管機宜文字韓璧聞於朝曰："璧清介豈弟，願假守符，俾牧遠民。"詔爲宜州便道之官。

《跋陳分寧傳》。（卷三四）

淳熙四年，公之子義守靖州，以始末傳記文字寄桂林。

婦人亡故。

黽勉於此，三年矣。……兒子護亡室之喪，已抵長沙。以此月，葬事卜地，得之湘西山間。（卷二三《答朱元晦》）

·淳熙五年戊戌　四十六歲。

三月二十日，《南樓記》。（卷一一）

廣西轉運判官所治，使廳之前，故有樓。樓官府之文書，鬱而不治。予每睨而病之。他日過之，則煥然一新矣。詹侯，嚴陵人，名儀之。廖侯，南劍人，名蘧。（同上）

六月丙戌（二十三日），隱山"招隱"題字，北牖洞題名。（現存）

淳熙戊戌歲六月丙戌，廖季能置酒，約詹體仁、張敬夫登千山觀，泛舟西湖。荷花雖未盛開，水光清净，自足銷暑。視北牖洞之前有勝地，體仁欲爲小亭，名以招隱。張敬夫北歸有日，不及觀斯亭之經始，獨預書招隱二字以貽之。（《臨桂縣志》卷四《張南軒集》未收）

招隱亭中，詹體仁約廖季能飲酒落之。水光山色，隱映萬狀，畢陳於尊俎之間。遂登北牖洞，捫崖剔蘚，得唐刺史李渤寶曆間題名。蓋西湖最勝處也。回視題扁與石間留字，有懷張敬夫，矯首飛鴻，爲之滿引。並以所書"招隱"二大字，鑱諸石云。淳熙戊戌閏月下澣。（同上卷四，《張南軒集》未收）

閏六月朔旦前三日，冷水巖（曾公巖）題名（現存）記歸長沙時之送別。

淳熙五年，廣漢張栻將以閏六月朔旦北歸湖湘，前三日，與長安周椿伯壽來游水東諸巖，以致其欲去之意。賓客相追尋於山間者，十有二人：陽武万俟立中不倚，建安黃德琬廷瑞、八桂張仲宇德儀、蔣礪良弼、唐弼公佐、李化南夫、延平張士佺子真、邯鄲劉乘晉伯，

長沙李揆起宗、吳獵德夫，宜春李逢原造道，東萊呂修年永叔。(《粵西金石略》卷九,《張南軒集》未收）

靜江歸，舟中讀書。(卷三)

吾歸及新涼。……還取我書讀，平生領解處。於焉更三復，老矣百念疎。(同上)

此間歸長沙，一水甚便。只數日陸行，到清湘登舟。春夏之間，不十日可泊城南書院堤下矣。學中見刻《易傳》，湖、廣間難得此本耳。《近思錄》中可惜不載得説舉業處，幸寫示，尚可添入。(卷二三《答朱元晦》)

七月三日甲子，劉珙（字共甫，或共父）卒。

受學於劉屏山。乾道元年爲知潭州荆湖南路安撫使，平定湖南群盗，修復嶽麓書院，以彪居正（字德美，胡五峰門人）爲長。與張南軒交，"與論《大學》次第，以開其學者於公私義利之間，聞者風動"。乾道八年，再爲知潭州湖南安撫使，再次與居家的張南軒往。享年五十五。(《朱子文集》卷八八《少傅劉公神道碑》。同書卷九四《劉樞密墓記》。同書卷九七《觀文殿學士劉公行狀》。)《張南軒集》作"六月甲子"。(《張南軒集》卷四三《再祭劉樞密共甫》)

春夏之間，歸長沙。(卷三)

夏，《趙氏行實序》。(卷一四)

戊戌之夏，吾友趙子直以書抵予，甚哀。且曰先君子不幸而没。……伏自念頃歲侍先忠獻公於餘干，始識子直之尊父。……子直，名汝愚。(同上)

八月庚戌，《袁州學記》(卷九)，赴袁州（宜春）。

淳熙五年秋八月，某來宜春。至之明日，州學教授李中與州之士合辭來言，……請記。……今守名构，實某之弟也。是月庚戌記。(同上)

予弟构爲袁州，再閱月，以書來曰：某幸得備位郡守。……乃闢便齋於廳事之旁。(卷一二《隱齋記》)

《教授劉君墓誌銘》。(卷四〇)

淳熙五年四月二十四日，以疾没於家。後三月，其弟前太常寺主簿清之，葬君於盧陵先墓之側，書來請銘。頃予居長沙。（同上）

《道州重建濂溪周先生祠堂記》。（卷一○）

……至於今。淳熙五年，趙侯汝誼以其地之狹也，下車之始，即議更度之，爲堂四楹，併二程先生之像列於其中。（同上）

知江陵府（湖北）。（《張公神道碑》）

歲在戊戌。宗丞有子曰儀之，今爲廣西轉運判官，與帥張某聯事講學相好也。（卷三九《直秘閣詹公墓誌》）

《直秘閣詹公墓誌》。（同上）

淳熙六年己亥　四十七歲。

正月，《楚望記》。（卷一○）

三月，《南康軍新立濂溪祠記》。（卷一○）

淳熙五年秋，詔新安朱侯熹起家爲南康守。越明年三月至官。……乃立濂溪周先生祠於學官，以河南二程先生配。（同上）

三月，《帳幹周君桂林相從之舊，己亥莫春出嶺，迂道相過。臨別求予言，姑賦此》。（卷五）

子（焯）亡。

劉樞之亡（六年二月），可爲天下痛惜。不知旅柩已至里中否。張欽夫亦候葬其子，即之官矣。（《東萊集》卷三《與朱侍講元晦》）

《盧山有勝處曰臥龍，南康朱使君始築茅繪諸葛武侯像於其中，以書屬予賦詩。寄題此篇》。（卷三）

《筆囊銘》。（卷三六）

行保伍法。

淳熙六年，廣西帥張左司奏請施行察盜事，令諸鄉結甲。五家爲一甲，家一丁，丁多之家二丁，官戶秀才以幹人代。有甲頭，五甲爲一隊，隊有隊長。在一鎮者，則爲團長，遠村止以保副率。所用器仗隨所有，家置梆子，有鼓者聽用鼓。遇盜發處，鳴梆擊鼓。

並出欄截其用令。不用令前率衆。不能率衆，官爲之懲勸。於是縣各結甲，申諸州。(《永樂大典》卷二二一七所引，參照曹叔遠《江陽譜》、周藤吉之《唐宋社會經濟史研究》六八九頁)

重建曲江樓。(《朱子文集》卷七八《江陵府曲江樓記》)

·淳熙七年庚子　四十八歲。

二月二日，《遺奏》。(卷八)

二月甲申，卒於江陵府舍。

淳熙七年春二月甲申，秘閣修撰、荆湖北路安撫廣漢張公，卒於江陵之府舍。其弟衡州史君枸護其柩以歸，葬於潭州衡陽縣楓林鄉龍塘之原。……卒時年四十有八。(《朱子文集》卷八九《張公神道碑》)

南軒去冬得疾，函遣人候之。春中人回，得正月半後書，猶未有他。不數日聞訃，則以二月二日逝去矣。聞之痛悼，不可爲懷。聞其臨終，猶手書遺劄數千言，不數刻而終。劄中大概説親君子，遠小人，甚切當世之弊，此尤可傷痛也。此若得脱，即便道往哭之，而後歸耳。(《朱子文集續集》卷一《答黄直卿》)

譯者附記：

高畑常信先生《張南軒年譜》，原載日本《中京大學文學部紀要》一九七四年十二月號。一九九六年收入其《宋代湖南學研究》(日本秋山書店，平成八年第一版)，作爲第三章的一部分。茲據《宋代湖南學研究》翻譯。

南軒先生像贊及手迹

歷代帝王聖賢名臣大儒遺像張栻像

《歷代帝王聖賢名臣大儒遺像》，清康熙二十四年手繪本，今藏法國國家圖書館

歷代聖賢像冊張南軒像

南熏殿舊藏《歷代聖賢像冊》，今藏臺北"故宮博物院"

華陽伯張栻像

華陽伯張栻像，今藏臺北"故宫博物院"

宋右文殿修撰張栻像

宋右文殿修撰張栻，今藏臺北"故宮博物院"

歷代君臣圖像張南軒像

贊曰：

　　敬夫侃侃，天資穎悟。學辨義利，克有歸趣。卓然之見，非積寸銖。究尋大本，道優諸儒。聖賢自期，時哉不淑。名揭南軒，瞻者拭目。

　　[明] 周進隆成化二十三年序刊《歷代君臣圖像》卷下，日本慶安年間刻本

古先君臣圖鑑張南軒像

贊曰：

心朋紫陽，此道有契。義利條分，正異默契。儒者之英，道學之棟。

《古先君臣圖鑑》，明刻本

歷代君臣圖鑑張南軒像

贊曰：

友乎朱子，于道有益。義利之分，正異之辟。模楷儒門，是敬是式。

《歷代君臣圖鑑》，清代拓本

張宣公全集南軒先生畫像

颖悟夙成，進修不息。大本卓然，克躋道域。傳註發揮，四書羽翼。義利之言，後人矜式。明羅倫贊。

《張宣公全集》卷首，清道光乙己洗墨池刊本

晦庵南軒嶽麓講道之圖

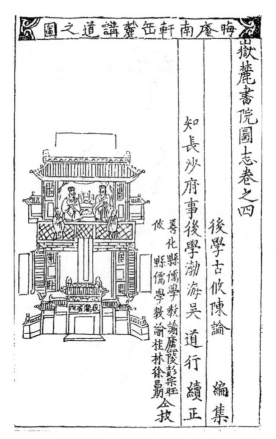

萬曆《重修嶽麓書院圖誌》卷四，明萬曆刻本

嶽麓書院志南軒張氏像

卓爾先生，自拔貴胄。得學五峰，鐘靈岷岫。屢空是希，太極爰究。築院城南，笈徒輻輳。朋來自遠，教弘德懋。千載之下，流風如覿。

山陰後學趙寧敬識。

［清］趙寧編《長沙府嶽麓志》卷之一，清康熙刻本

崇禎刻本聖賢像贊先儒張子像

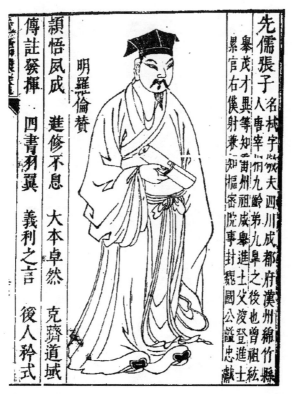

明羅倫贊：

　　穎悟夙成，進修不息。大本卓然，克躋道域。傳註發揮，四書羽翼。義利之言，後人矜式。

[明] 呂維琪《聖賢像贊》，明崇禎刻本

光緒刻本聖賢像贊先儒張子像

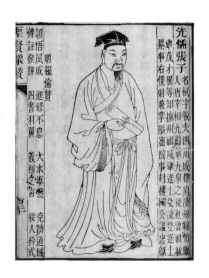

明羅倫贊：

穎悟夙成，進修不息。大本卓然，克躋道域。傳註發揮，四書羽翼。義利之言，後人矜式。明羅倫贊。

[明]呂維琪《聖賢像贊》，清光緒四年曲阜會文堂刻本

晚笑堂畫傳張宣公像

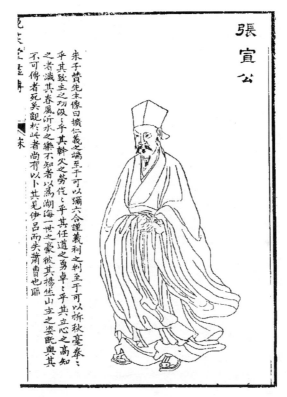

朱子赞先生像曰：

　　擴仁義之端，至於可以彌六合。謹善利之判，至於可以析秋毫。拳拳乎其致主之切，汲汲乎其幹父之勞。仡仡乎其任道之勇，卓卓乎其立心之高。知之者識其春風沂水之樂，不知者以爲湖海一世之豪。彼其揚休山立之姿，既與其不可傳者死矣。觀於此者，尚有以卜其見伊、呂而失蕭、曹也耶！

［清］上官周《晚笑堂畫傳》，乾隆刻本

張南軒像

吏部侍郎始祖南軒公遺像

贊曰：

擴仁義之端，至於可以彌六合。謹善利之判，至於可以析秋毫。拳拳乎其致主之切，汲汲乎其幹父之勞。仡仡乎其任道之勇，卓卓乎其立心之高。知之者識其春風沂水之樂，不知者以爲湖海一世之豪。彼其揚休山立之姿，既與其不可傳者死矣。觀於此者，尚有以卜其見伊、呂而失蕭、曹也耶！

新安朱熹撰。

溈寧湯溪張氏九修族譜宣公遺像

《溈寧湯溪張氏九修族譜》卷一，民國十三年源遠堂刻本

寧鄉水口張氏八修譜宣公像暨贊

宣公像贊　朱熹

　　擴仁義之端，至於可以彌六合。謹善利之判，至於可以析秋毫。拳拳乎其致主之切，汲汲乎其幹父之勞。仡仡乎其任道之勇，卓卓乎其立心之高。知之者識其春風沂水之樂，不知者以爲湖海一世之豪。彼其揚休山立之姿，既與其不可傳者死矣。觀於此者，尚有以卜其見伊、呂而失蕭、曹也耶！

　　又　羅倫

　　穎悟夙成，進修不息。大本卓然，克躋道域。傳註發揮，四書羽翼。義利之言，後人矜式。

　　　　　　　　　　四益堂《寧鄉水口張氏八修譜》卷一，民國二十八年刊本

附：張栻父親張浚像

張浚（1094～1164 年），字德遠，漢州綿竹（今屬四川）人。南宋大臣。政和間進士，除知樞密院事，歷尚書右僕射、同中書門下平章事，官至樞密使。封魏國公。

像載《山陰張氏宗譜》，清道光二十一年（1841 年）孝友堂木活字本

附：張栻弟張构像

　　張构，名一作构，字定叟，漢州綿竹（今屬四川）人。張浚次子。南宋官吏。以父恩授承奉郎，歷臨安、建康知府，官至端明殿學士。

　　像載《山陰張氏宗譜》，清道光二十一年（1841 年）孝友堂木活字本

張栻水月洞題名

淳熙乙未歲中秋日廣漢張
夫約長樂鄭少融玉趙養民同
游水東諸巖薄莫自松關放舟
泊水月洞天宇清曠月色佳甚因
書崖壁以紀勝樂

張栻手迹

張栻手書"招隱"石刻

張栻手書"招隱"石刻，在桂林隱山北牖洞口，末署"張敬夫書"。

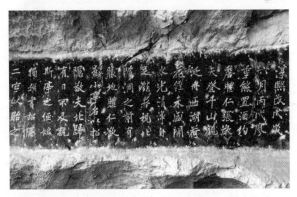

　　"招隱"石刻之下，張栻自題小記："淳熙戊戌歲六月丙戌，廖季能置酒，約詹體仁、張敬夫登千山觀，泛舟西湖，荷花雖未盛開，水光清净，自足消暑。視北牖洞之前有勝地，體仁欲爲小亭，名以'招隱'。敬夫北歸有日，不及觀斯亭之經始，獨預書'招隱'二字以貽之"。

張栻先正大家帖

先正大家帖，上海朵雲軒 2015 年秋季藝術品拍賣會。

張栻佳雪帖

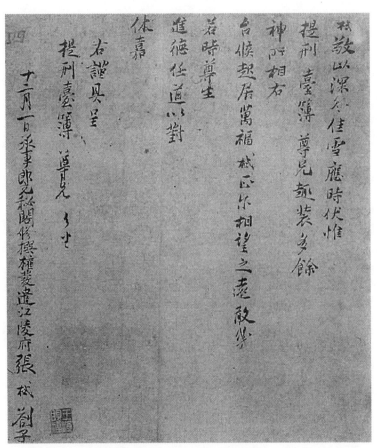

張栻佳雪帖，藏故宮博物院，收入《宋賢四帖》，有朱家濟先生所題序跋。

張栻新祺帖

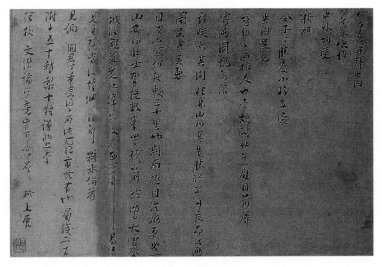

張栻新祺帖，藏故宮博物院，收入《宋賢四帖》，有朱家溍先生所題序跋。

張栻桑梓帖

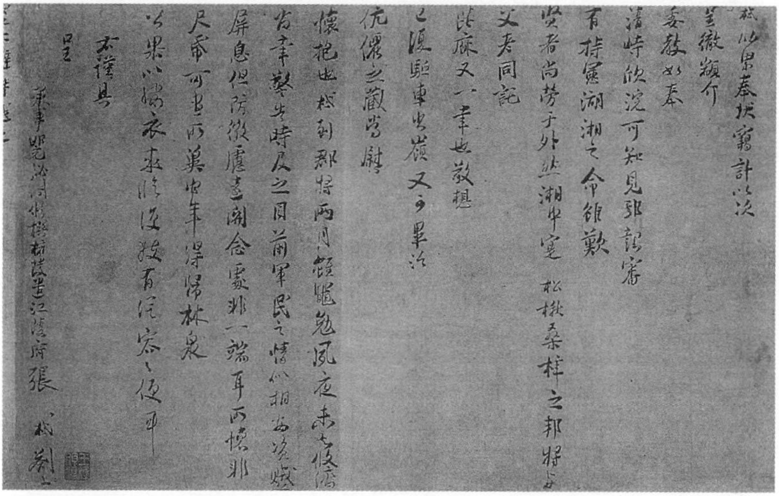

張栻桑梓帖，藏故宫博物院，收入《宋賢四帖》，有朱家溍先生所題序跋。

張栻嚴陵帖

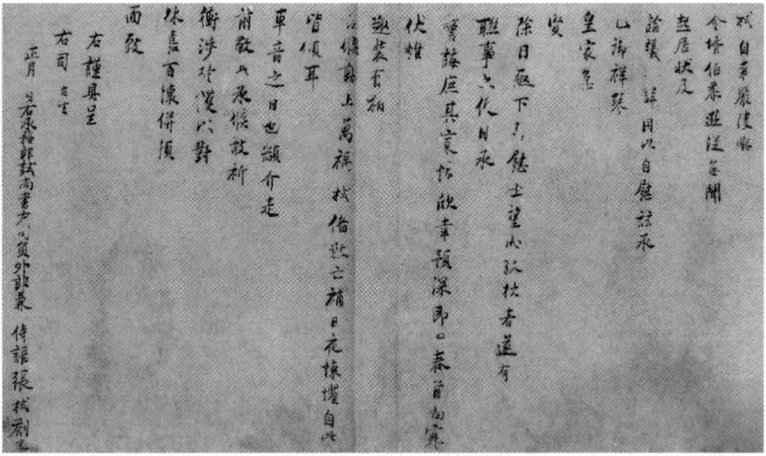

張栻嚴陵帖，今藏故宫博物院。

南軒先生傳記資料

右文殿修撰張公神道碑

［宋］朱熹

　　淳熙七年春二月甲申，祕閣修撰、荆湖北路安撫、廣漢張公卒於江陵之府舍。其弟衡州使君构護其柩以歸，葬於潭州衡陽縣楓林鄉龍塘之原，按令式立碑墓道，而以書來謂熹曰："知吾兄者多矣，然最其深者莫如子，今不可以不銘。"熹嘗竊病聖門之學不傳，而道術遂爲天下裂。士之醇慤者拘於記誦，其敏秀者衒於詞章，既皆不以發明天理，而見諸人事，於是言理者歸於佛老，而論事者鶩於管、商，則於理事者正反皆有以病焉，而去道益遠矣。中間河洛之間，先生君子得其不傳之緒而推明之。然今不能百年，而學者又失其指。近歲乃幸得吾友敬夫焉，而天下之士，乃有以知理之未始不該於事，而事之未始不根於理也。然又不得盡其所爲，而中道以没，不有考焉以垂於世，吾恐後之君子將有憾於吾徒也。謀之愚，固不足矣及此，然於共學輩流偶獨後死，矧定叟之所以見屬者又如此，其何以辭？固以疾病之間，後五六年乃得考其事而叙之曰：

　　公諱栻，字敬夫，故丞相魏國忠獻公之嗣子也。生有異質，穎悟夙成，忠獻公愛之。其自幼學而所以教者，莫非仁義忠孝之實。既長，又命往從南嶽胡公仁仲先生問河南程氏學。先生一見，知其

大器，即以所聞孔孟論仁親切之指告之。公退而思，若有得也，以
書質焉。而先生報之曰：“聖門有人，吾道幸矣。”公以是益自奮勵，
直以古之聖賢自期。作《希顏録》一篇，蚤夜觀省，以自警策。所
造既深遠矣，而猶未敢自以爲足，則又取友四方，益務求其學之所
未至。蓋玩索講評，踐行體驗，反覆不置者十有餘年，然後昔之所
造，深者益深，遠者益遠，而反以得乎簡易平實之地。其於天下之
理，盡皆瞭然心目之間，而實有以見其不能已者。是以決之勇，行
之力，而守之固，其所以篤於君親、一於道義，而没世不忘者，初
非有所勉慕而强爲也。

少以蔭補右承務郎，辟宣撫司都督府書寫機宜文字，除直秘閣。
是時，天子新即位，慨然以奮伐仇敵、克復神州爲己任。忠獻公亦
起謫籍，受重寄，開府治戎，參佐皆極一時之選。而公以藐然少年
周旋其間，内贊密謀，外參庶務，其所綜畫，幕府諸人皆自以爲不
及也。間以軍事入奏，始得見上，即進言曰：“陛下上念宗社之讐恥，
下憫中原之塗炭，惕然於中而思有以振之，臣謂此心之發，即天理
之所存也。誠願益加省察，而稽古親賢以自輔焉，無使其或少息也，
則不惟今日之功可以必成，而千古因循之弊，亦庶乎其可革矣。”上
異其言，蓋於是始定君臣之契。

已而忠獻公辭位去，用事者遂罷兵，與敵和。敵乘其隙，反縱
兵入淮甸，中外大震。然廟堂猶主和議，至敕諸將毋得以兵向敵。
時忠獻公已即世，公不勝君親之念，甫畢藏事，即拜疏言：“吾與
敵①人乃不共戴天之讐，向來朝廷雖亦嘗興縞素之師，然玉帛之使未
嘗不行乎其間，是以講和之念未忘於胸中，而至誠惻怛之心無以感
格乎天人之際。此所以事屢敗而功不成也。今雖重爲群邪所誤，以
蹙國而召寇，然亦安知非天欲以是以開聖心哉？謂宜深察此理，使
吾胸中了然，無纖芥之惑，然後明詔中外，公行賞罰，以快軍民之

---

① 洪波按：敵，《四部叢刊》本等作“虜”。按：原本作“虜”，四庫館臣改作“敵”。
以敵、虜兩通，爲存其真，不改回。下同。

憤，則人心悦，士氣充，而敵不難却矣。繼今以往，益堅此志，誓不言和，專務自强，雖折不撓，使此心純一，貫澈上下，則遲以歲月，亦何功之不成哉！”疏入不報。

後六年，始以補郡。臨遣，得復見上。時宰相雖以恢復之説自任，然所以求者類非其道，且妄意公素論當與己合，數遣人致慇懃。公不答。見上，首言：“先王之治，所以建事立功，無不如志，以其胸中之誠足以感格天人之心而與之無間也。今規畫雖勞而事功不立，陛下誠深察之日用之間，念慮云爲之際，亦有私意之發以害吾之誠者乎？有則克而去之，使吾中扃洞然，無所間雜，則見義必精，守義必固，而天人之應將不待求而得矣。夫欲復中原之地，當先有以得其百姓之心；欲得中原之心，當先有以得吾百姓之心。而求所以得吾民之心者，豈有他哉？不盡其力，不傷其財而已矣。今日之事，固當以明大義、正人心爲本，然其所施有先後，則其緩急不可以不詳；所務有名實，則其取舍不可以不審。此又明主所宜深察也。”

明年召還，宰相又方謂敵勢衰弱可圖，建遣泛使往責陵寢之故，士大夫有憂其無備而召兵者，皆斥去之。於是公見上，上曰：“卿知敵中事乎？”公對曰：“不知也。”上曰：“敵中饑饉連年，盜賊四起。”公又對曰：“敵中之事臣雖不知，然境中之事則知之詳矣！”上曰：“何事？”公遂言曰：“臣竊見比年諸道亦多水旱，民貧日甚，而國家兵弱財匱，官吏誕謾，不足倚仗。正使彼實可圖，臣懼我之未足以圖彼也。”上爲默然久之。公因出所奏書讀之曰：“臣竊謂陵寢隔絕，誠臣子不忍言之至痛。然今未能奉詞以討之，又不能正名以絕之，乃欲卑詞厚禮以求於彼，其於大義已爲未盡。而異論者猶以爲憂，則其昧陋畏怯又益甚矣。然臣竊揆其心，意其或者亦有以見我未有必勝之形而不能不憂也歟？蓋必勝之形當在於蚤正素定之時，而不在兩陣決機之日。”上爲竦聽，改容稱善，至於再三。公復讀曰：“今日但當下哀痛之詔，明復讐之義，顯絕敵人，不與通使。然後修德立政，用賢養民，選將帥，練甲兵，通内修外攘、進戰退守以爲一事，且必治其實而不爲虛文，則必勝之形隱然可見。雖有淺陋畏怯之人，亦且奮躍而争先矣。"上爲嘆息褒諭，以爲前未始聞此論也。

其後，又因賜對，反復前説，上益嘉歎，面諭："當以卿爲講官，冀時得晤語也。"時還朝未朞歲，而召對至六七。公感上非常之遇，知無不言。大抵皆修身務學、畏天恤民，抑權倖、屏讒諛之意。至論復讐之義，則反復推明所以爲名實之辨者益詳。於是宰相益憚公，而近倖尤不悦，遂合中外之力以排之，而公去國矣。

蓋公自是退居三年，更歷兩鎮，雖不復得聞國論，而夙夜孜孜，反身修德，愛民討軍，以俟國家扶義正名之舉，尤極懇至。於是天子益知公可用，嘗賜手書褒其忠實，蓋將復大用之，而公已病矣。病亟且死，猶手疏勸上以"親君子，遠小人，信任防一己之偏，好惡公天下之理，以清四海，克固丕圖"，若眷眷不能忘者。寫畢，緘付府僚，使驛上之，有頃而絶。

嗚呼！靖康之變，國家之禍亂極矣。小大之臣，奮不顧身以任其責者蓋無幾人。而其承家之孝，許國之忠，判決之明，計慮之審，又未有如公者。雖降命不長，不克卒就其業，然其志義偉然，死而後已，則質諸鬼神而不可誣也。

始，公出幕府，即罹外艱，屏居舊廬，不交人事。會盜起郴、桂間，聲摇數路。湖南帥守劉公珙雅善公，時從訪問籌策，卒用以破賊。還朝，爲上極言公學行志業非常人比，上亦記公議論本末，除知撫州。未上，改嚴州。到任問民疾苦，首以丁鹽錢絹太重爲請，得蠲是歲半輸。

召爲尚書吏部員外郎、兼權左右司侍立官。時廟堂方用史正志爲發運使，名爲均輸而實但盡奪州郡財賦以惑上聽，遠近騷然，人不自安。賢士大夫争言其不可，而少得其要領者。公亦爲上言之，上曰："正志以爲今但取之諸郡，非取之於民也，何傷？"公對曰："今日州郡財賦大抵無餘，若取之不已而經用有闕，則不過巧爲名色而取之於民耳。"上聞之，矍然顧謂公曰："論此事者多矣，未有能及此者。如卿之言，是朕假手於發運使以病吾民也。"旋閱其實，果如公言，即詔罷之。

兼侍講，除左司員外郎。經筵開，以《詩》入侍，因《葛覃》之篇以進說曰："治常生於敬畏，亂常起於驕淫。使爲國者每念稼穡之勞，而其后妃不忘織絍之事，則心之不存者寡矣。周之先后勤儉如此，而其後世猶有以休蠶織而爲厲階者，興亡之效，於此見矣。"既又推廣其言，上陳祖宗自家刑國之懿，下斥當時興利擾民之害詳焉。上亦歎曰："此王安石所謂人言不足恤者，所以誤國事也。"

俄而詔以知閣門事張說簽書樞密院事，公夜草手疏，極言其不可，且詣宰相質責之，語甚切。宰相慚憤不堪，而上獨不以爲忤，親札疏尾付宰相，使諭指。公復奏曰："文武之勢誠不可以太偏，然今欲左文右武以均二柄，而所用乃得如此之人，非惟不足以服文吏之心，正恐反激武臣之怒也。"於是上意感悟，命得中寢。然宰相實陰附說，明年，乃出公知袁州，而申說前命。於是中外譁譁，而說後竟謫死云。

淳熙改元，公家居累年矣，上復念公，詔除舊職，知靜江府，經略安撫廣南西路。廣西去朝廷絕遠，諸州土曠民貧，常賦入不支出。故往時立法，諸州以漕司錢運鹽鬻之，而以其息什四爲州用，以是州得粗給而民無加賦。其後或乃奪取其息之半，則州不能盡運，而漕司又以歲額責其虛息，則高價抑賣之弊生，而公私兩病矣。公始至，未及有爲，專務以訪求一道之利病爲事。既得其所以然者，則爲奏，以鹽息什三予諸郡。又因兼攝漕臺，出其所積緡錢四十萬而中分之，一以爲諸倉買鹽之本，一以爲諸州運鹽之費。奏請立法，自今漕司復有多取諸州，輒行抑賣，悉以違制議罪。其敢以資燕飲、供饋餉者，仍坐贓論。詔皆從之。

所統州二十有五，遼夐荒殘，故多盜賊。微外蠻夷俗尚讎殺，喜侵掠，間亦入塞爲暴。而州兵皆脆弱慵惰，又乏糧賜，死亡輒不復補，鄉落保伍亦名存而實廢。邕管斗入群蠻中，最爲重地，而戍兵不能千人，獨恃左、右江洞丁十餘萬爲藩蔽，而部選提舉巡檢官初不擇人。公知其弊，則又爲之簡閱州兵，汰冗補闕，籍諸州黥卒伉健者以爲效用，合親兵摧鋒等軍，日習而月按之。悉禁他役，視諸州猶有不足於糧賜若凡戈甲之費者，更斥漕司鹽本羨錢以佐之，申嚴保伍之令而信其賞罰。知流人沙世堅才勇，喻以討賊自效，所捕斬前後以十百數。又奏乞選辟邕州提舉巡檢官以撫洞丁，傳令溪洞酋豪，喻以弭怨睦鄰，愛惜人命，爲子孫長久安寧之計，毋得輒相虜掠，讎殺生事。而它所以立恩信、謹關防、示形制者，亦無不備。於是境內正清，方外柔服，幕府無南嚮之慮矣。

朝廷買馬橫山，歲久弊積，邊氓告病而馬不時至，至者多道死。公究其利病，得凡六十餘條。如邕守上邊，則瀕江有買船之擾；綱馬在道，則緣道有執牽之勞。其或道死，則抑賣其肉，重爲鄰伍之患。是皆無益於馬而有害於人，首奏革之。其他如給納等量支券之姦，以至官校糸司名次之弊，皆有以究其根穴而事爲之防，由是諸蠻感悅，爭以其善馬來，歲額率常先期以辦，而馬無滯留，人知愛惜，遂無復死道路者。上聞公治行，且未嘗敘年勞，乃詔特轉承事郎、進直寶文閣，再任。

五年，除秘閣修撰、荊湖北路轉運副使，改知江陵府，安撫本路。湖北尤多盜，州縣不以爲意，更共縱釋，以病良民。公入境，首劾大吏之縱賊者罷之，捕姦民之舍賊者斬之，群盜破膽，相率遁去。公又益爲條教，喻以利害，俾知革心，開其黨與，得相捕告以除罪。其餘禁令方略，大率如廣西時。於是一路肅清，善良始有安居之樂。郡去北邊不遠，雖頗有分屯大軍，而主兵官率常與帥守不相中。帥守所將獨神勁親兵及義勇民兵若干人，比年亦廢簡閱，不足恃。公既以禮遇諸將，得其驩心，而所以恤其士伍之私者亦無不至，於是將士感悅，相戒無輒犯公令。每按親兵，必使與大軍雜試，以相激厲。均犒賞，修義勇法，使從縣道階級。喻以農隙閱習武事，以俟不時按驗而加賞罰焉。其後團教，則又面加慰諭，勉以忠義而教以敦睦。首領有捕盜者，爲奏補官，由是戎政日修而士心亦益感奮。會有獻言於朝，請盡籍客户爲義勇者。公慮惑民聽，且致流亡，亟取丁籍閱之，命一户而三丁者乃籍其一以爲義勇副軍，別置總首，人給一弩，俾家習之。三歲一遣官就按，它悉無有所與。且爲奏言所以不可盡取之故，闔境賴焉。

辰、沅諸州，自政和間奪民田募游惰，號刀弩手，蓋欲以控制諸蠻而實不可用。中廢復修，議者多不以爲便，詔與諸司平處列上。公爲奏去其病民罔上者數條，詔皆施行，人亦便之。並淮姦民出塞爲盜，法皆處死。異時官吏多蔽匿弗治，至是捕得數人，仍有北人在黨中。公曰："朝廷未能正名討敵，則疆場之事不宜使數負吾曲。"命斬之，以狥於境，而縛其亡奴歸之。北人歎其理直，且曰南朝於是爲有人矣。

信陽守劉大辯者，婺州人也，怙勢希賞，誘致流民而奪見户熟田以與之，一郡洶洶。公爲遣吏平章，乃定。及是聞北人逐盜有近淮者，則又虛驚，夜棄城郭，盡室南走數十里，軍民復大擾。公方劾奏之，而朝廷用大辯請，以見户荒田授流民，事下本道，施行如章。公復奏曰："陛下幸哀邊民，前詔占田已墾者不復通檢，其未墾者二年不墾，乃收爲營田，德至渥也。今未及期，而大辯不務奉承宣布，反設詐諼，虧國大信，以濟凶虐。且所招流民不滿百數，而虛奏且十倍。請并下前奏，論罪如法。"章累上，大辯猶得易它郡以去。

蓋方是時，上所以知公者愈深，而惡公者忌之亦愈力。公自以不得其職，數求去不得，尋以病請，乃得之。然比詔下，以公爲右文殿修撰、提舉武夷山沖佑觀，則已不及拜矣。卒時年四十有八。柩出江陵，老稚挽車號慟，數十里不絶。訃聞，上亦深爲嗟悼。四方賢士大夫往往出涕相弔，而靜江之人哭之尤哀。蓋公爲人坦蕩明白，表裏洞然。詣理既精，信道又篤。其樂於聞過而勇於徙義，則又奮勵明決，無毫髮滯吝意。以至疾病垂死，而口不絶吟於天理人欲之間，則平日可知也。故其德日新，業日廣，而所以見於論説行事之間者，上下信之至於如此。雖小人以其好惡之私，或能壅害於一時，然至於公論之久長，蓋亦莫得而揜之也。

公之教人，必使之先有以察乎義利之間，而後明理居敬，以造其極。其剖析開明，傾倒切至，必竭兩端而後已。所爲郡必葺其學，於靜江又特盛。暇日召諸生告語不倦，民以事至廷中者，亦必隨事教戒，而於孝弟忠信、睦婣任恤之意尤孜孜焉。猶慮其未徧也，則又刻文以開曉之。至於喪葬嫁娶之法，風土習俗之弊，亦列其事以爲戒。命閭井各推耆宿，使爲鄉老，授之夏楚，使以所下條教訓屬其子弟，不變，然後言之有司而加法刑焉。在廣西，刑獄使者陸濟之子棄家爲浮屠，聞父死，不奔喪。爲移諸路，俾執拘以付其家。官吏有犯名教者，皆斥遣之，甚或奏劾抵罪。尤惡世俗鬼神老佛之說，所至必屏絕之。蓋所毀淫祠前後以百數[1]，而獨於社稷山川、古先聖賢之奉爲兢兢，雖法令所無，亦以義起。其水旱禱祠，無不應也。

平生所著書，唯《論語說》最後出，而《洙泗言仁》《諸葛忠武侯傳》爲成書。其它如《書》《詩》《孟子》《太極圖說》《經世編年》[2]之屬，則猶欲稍更定焉而未及也。然其提綱挈領，所以開悟後學，使不迷於所嚮，其功則已多矣。蓋其常言有曰："學莫先於義利之辨，而義也者，本心之所當爲而不能自己，非有所爲而爲之者也。一有所爲而後爲之，則皆人欲之私，而非天理之所存矣。"嗚呼，至哉言也！其亦可謂擴前聖之所未發，而同於性善養氣之功者歟！

公之州里世系已見於忠獻公之碑，此不著。其配曰宇文氏，朝散大夫師申[3]之女，事舅姑以孝聞，佐君子無違德，封安人，前卒。子焯，承奉郎，亦蚤世。二女，長適五峰先生之子胡大時，次未行而卒。孫某某，尚幼。後數年，胡氏女與某亦皆夭。嗚呼！敬夫已矣，吾尚忍銘吾友也哉？銘曰：

---

① 百數，原作"闕"，據《四部叢刊》本補。
② 洪波按：查宋人書目，張栻著有《經世紀年》，無《經世編年》之作。經世編年，當爲"經世紀年"之誤。
③ 師申，原作"師中"，據晁公溯《宇文蜀州墓志銘》改。

闢^①尹之忠，文子之清。匪欲之徇，而仁弗稱。孰的孰張，以詔後學。公乘厥機，如寐斯覺。自時厥後，動罔弗欽。孝承考志，忠格天心。惟孝惟忠，唯一其義。唯命有嚴，豈曰爲利？群邪肆誕，公避而歸。兩鎮餘功，以德爲威。帝曰懷哉，汝忠而實。姑訖外庸，來輔來拂。上天甚神，曷監而遺。彼頑弗天，此哲而萎。往昔茫茫，來今不盡。求仁得仁，公則奚恨？

［宋］朱熹《晦庵集》卷八十九，文淵閣四庫全書本

清雍正十三年（1735 年）刊刻《張公神道碑》拓片，今藏寧鄉博物館

---

① 　闢，《四部叢刊》作“鬪”。

張 左 司 傳

［宋］楊萬里

張栻字敬夫，父浚，故右僕射魏國忠獻公也。生有異質，穎悟夙成，浚愛之，自幼常令在旁，教以忠孝仁義之實。既長，又命往從南岳胡宏講求程顥及頤之學。宏告以孔門論仁之指，栻默然若有得者。宏稱之曰："聖門有人矣。"栻益自奮厲，取友四方，初造深遠，卒歸乎平易篤實。

少以蔭補右承務郎，辟宣撫司都督府書寫機宜文字，除直秘閣。是時，今上新即位，慨然以奮伐仇敵、克復神州爲己任。浚起謫籍，受重寄，開府治戎，爰佐皆極一時之選。而栻以藐然少年，内贊密謀，外爰庶務，幕府諸人皆自以爲不及。間以軍事入奏，始得見於上，即進言曰："陛下上念宗社之仇恥，下閔中原之塗炭，惕然於中，而思有以振之。臣謂此心之發，即天理也。願益加省察，而稽古親賢以自輔，無使其少息，則今日之功可以必成。"上異其言，於是始定君臣之契。

已而浚辭位去，湯思退用事，遂罷兵與敵和。敵乘隙縱兵入淮甸，中外大震，然廟堂猶主和議，至敕諸將無得以兵向敵。時浚已沒，栻不勝君親之念，甫襄事，即拜疏言："吾與彼必不共戴天之仇也。異時朝廷雖嘗興縞素之師，然旋遣玉帛之使，講和之念未忘於胸中，故至誠惻怛之心無以感格乎天人之際。此所以事屢敗也。今雖重爲群邪所誤，以蹙國而召寇，然亦安知非天以是開聖心哉？謂宜深察此理，使吾胸中了然，無纖芥之惑，然後明詔中外，公行賞罰，以決軍民之憤，則人心悦，士氣充，而敵不難却矣。繼今以往，益堅此志，誓不和，專務自强，雖折不撓，使此心純一，貫徹上下，則遲以歲月，亦何功之不成哉？"疏入，不報。

服除，久之，劉珙薦於上。上亦記其前論，除知撫州。未上，改嚴州。入奏時，宰相自任以恢復之説，且謂栻素論當與己合，數遣人致意，栻不答。見上曰："古先王所以建事立功無不如志者，以其胸中之誠足以感格天人之心也。今規畫雖勞，而事功不立，陛下試深察之日用之間，念慮云爲之際，亦有私意之發以害吾胸中之誠者乎？有則克而去之，使吾中扃洞然無所間雜，則見義必精，守義必固，天人之應將不待求而得矣。且欲復中原之地，當先有以得中原之心；欲得中原之心，當先有以得吾民之心。求所以得吾民之心者無他，不盡其力，不傷其財而已。"至郡，問民疾苦，首以丁鹽絹錢太重爲請，得蠲是歲之半。

明年，召爲吏部員外郎，兼權起居郎。時宰相謂敵衰可圖，建遣泛使往請陵寢，士夫有憂其無備而召敵者，皆斥去之。於是栻入見上，上曰："卿知敵中事乎？"栻對曰："臣不知也。"上曰："彼中饑饉連年，盜賊四起。"栻又對曰："彼中之事，臣雖不知，然境內之事，則知之既詳矣。"上曰："何事？"栻遂言曰："臣竊見比年諸道亦多水旱，民貧日甚，而國家兵弱財匱，官吏誕謾不足賴，正使彼實可圖，臣懼我之未足以圖乎彼也。"上爲默然。栻因出所奏疏曰："臣竊謂陵寢隔絕，言之至痛。然今未能奉辭以討之，又不能正名以絕之，乃欲卑詞厚禮以求於彼，則於大義爲已乖。而度之事勢，我亦未有必勝之形。夫必勝之形，當在於早正素定之時，而不在於兩陣決機之日。今日但當下哀痛之詔，明復仇之義，顯絕金人，不與通使，然後脩德立政，用賢養民，選將帥，練甲兵，以内脩外攘、進戰退守之事，通而爲一。且必治其實而不爲虛文，則必勝之形隱然可見矣。"上爲之改容歎息，以爲前未始聞此論也。上因面諭，當以爲講官，冀時得晤語。

廟堂用史正志爲發運使，名爲均輸，實盡奪州縣財賦，遠近騷然。栻因爲上切言之。上曰："正志以爲今但取之諸郡，非取之於民。"

對曰："今日州郡財賦大抵無餘，若取之不已，而經用有闕，則不過巧爲之名以取之於民耳。"上聞之瞿然，顧栻曰："論此事者多矣，未有能及此者。如卿言，是朕假手於發運使以病吾民也。"旋閱其實，果如栻言，即詔罷之。

兼侍講，除左司員外郎。因講《詩》至《葛覃》，進説："治生於敬畏，亂起於驕淫。使爲國者每念稼穡之勞，而其后妃不忘織絍之事，則心之不存者寡矣。周之先后勤儉如此，而其後世猶有休鹽織而爲厲階者，興亡之效於此可見。"因推廣其言，上以陳祖宗自家刑國之懿，下以斥今日興利憂民之害。上歎曰："此王安石所謂'人言不足恤'者所以誤國。"

知閤門事張説除僉書樞密院事，栻夜草手疏，極言其不可，且詣宰相責之，語甚切。宰相慚憤不能堪，而上獨不以爲忤，親札疏尾付宰相，使諭指栻。後奏曰："文武誠不可偏。然今欲右武以均二柄，而所用乃得如此之人，非惟不足以服文吏之心，正恐反激武臣之怒。"於是上意亦感悟，命得中寢。明年，乃出栻知袁州，而申説前命。於是中外誼讙，而説後竟謫死云。

栻在朝未期，而召對六七。栻感激上非常之遇，知無不言，大抵皆脩身務學、畏天恤民、抑僥倖、屏讒諛之意。宰相益憚之，從臣有忌之者，而近倖尤不悦，遂合中外之力以排去之。栻退居長沙，待次三年。

淳熙改元，上復念栻，詔除舊職，改知静江府，俾經略安撫廣南西路。廣西去朝廷絶遠，土曠民貧，常賦不支。異時諸州以漕司錢運鹽鬻之，而以其息什四爲州用，故州粗給，而民無加賦。其後漕司又取其半，州既不能盡運，而漕司又以歲之常責其虛息，於是官高其估，抑賣於民，而公私兩病矣。栻奏以鹽息什三予諸郡，又因兼攝漕事，出其所積緡錢四十萬而十分之，一爲諸倉煮鹽之本，一爲諸州運鹽之費。請立法自今漕司敢有多取諸州，輒行抑賣者，論以爲違制；敢有資宴飲、供問遺者，論以贓。詔從之。

所統州二十有五，荒殘多盜，徼外群蠻尚仇殺，喜侵掠，間亦入塞爲暴。而州兵皆脆惰，又乏廩給，死亡不補。鄉有保伍，名存實亡。邕管斗入蠻中，最重地，而戍兵不能千人，獨恃左右洞洞丁十餘萬爲藩蔽。而吏部以資格注提舉巡檢官，初不擇人。栻乃簡閱州兵，汰冗補闕，藉諸州點卒伉健者爲效用，令新兵摧鋒等軍，日習月按，悉禁他役，視諸州有兵食不足、軍實不治者，更斥漕司鹽本羨錢以佐之。申嚴保伍之令，而信其賞罰。知流人沙世堅才勇，喻以討賊自效，所捕斬前後以十百數。又奏乞選辟邕州提舉巡檢官以撫洞丁，傳令溪洞酋豪，喻以弭怨睦隣，毋相殺掠，立之恩信，謹其禁防，示以刑制。於是內寧外服，幕府無南御之慮。

朝廷買馬橫山，歲久弊滋，邊氓告病，而馬不時至，至者多道死。栻究其利病，得六十餘條。如邕守上邊則瀕江，有置船之擾；綱馬在道，則所過有執率之勞；其或道死，則折賣其田，省奏革之。其他奸弊細碎，皆究其根穴，事爲之防，諸蠻感悅，爭以其善馬來。歲額先辦，馬無滯留，亦無道死者。

上聞栻治行，且未嘗敘年勞，乃詔特轉承事郎、直寶文閣。再任。五年，除秘閣修撰、荊湖北路轉運副使，改知江陵府，安撫本路。湖北尤多盜，而府縣往往縱釋以病良民。栻入境，首劾大吏之縱賊者罷之，捕奸民之舍賊者斬之，群盜遁去。栻又益爲教條，喻以利害，俾之革心，開其黨與，得相捕告以除罪，於是一路肅清。郡瀕邊，屯軍主將每與帥守不相下。帥守所將獨神勁親兵、親勇民兵。栻既以禮遇諸將，得其驩心，而又加恤士伍，於是將士感悅。每按親兵，必使與大軍雜試均犒，以相激厲。修義勇法，使從縣道階級，農隙肄武，大閱於府，面加慰諭，勉以忠勇。隊長有功，奏補官，戎政日脩，士心感奮。有言於朝，請盡籍客戶爲義勇者。栻慮其擾，亟閱民籍，家三人者乃籍其一爲義勇副軍，別置總首，人給一弩，俾家習之，三歲一遣官就按，他悉無有所與。

辰、沅諸州，自政和間奪民田以募游惰，號刀弩手，栻爲奏去其病民罔上者數條，並準奸民出塞爲盜法，皆抵死。異時置而弗治，至是捕得數人，乃有北亡奴在。栻曰："朝廷未能正名討賊，疆場之事毋曲在我。"命斬之以狥於境，而縛其亡奴歸之，北人歎其理直，且曰："南朝人有信。"

信陽守劉大辯怙勢希賞，廣招流民，而奪見戶熟田以與之，請於朝以熟爲荒，乞授流民。事下本道，施行如章。栻劾大辯詐諼凶虐，所招流民不滿百數，而虛奏十倍，請論其罪。不報。章累上，大辯易他郡。蓋宰相忌栻者沮之云。

栻自以不得其職，數求去不得。尋以病請。詔以栻爲右文殿修撰、提舉武夷山沖佑觀，未拜命而卒。病且死，手疏勸上"親君子、遠小人，信任防一己之偏，好惡公天下之理，以清四海，以固丕圖。"天下誦之。年四十有八。上深悼之，四方賢士大夫往往出涕相弔，而江陵、靜江之民皆哭之哀。

栻爲人坦蕩明白，表裏洞然，詣理精，信道篤。樂於聞過，勇於從義。奮力明決，無毫髮滯吝意。所至郡，必葺其學校，暇日召諸生與之講學不倦。民以事至廷中者，必隨事教以孝悌忠信。至於昏喪之法，風俗之弊，具爲條教。擇耆艾爲鄉老，授之夏楚，使以條教訓其子弟，不變，然後言之有司。廣西刑獄使者陸濟之子棄家爲浮屠，父死不奔喪，爲移諸路，俾執以付其家。官吏有犯名教者，皆斥遣，甚者或奏劾抵罪。尤惡世俗鬼神老佛之說，所至必屏絕之，毀淫祠前後百數。至社稷、山川、古先聖賢之祠奉，則兢兢焉，其水旱禱祠無不應者。

所著《論語》《洙泗言仁》《諸葛武侯傳》，皆成書。其他如《詩》《書》《孟子》《太極圖說》《經世編年》[①]，皆未及更定云。栻之言曰："學莫先於義利之辨。義者，本心之所當爲也。有爲而爲，則皆人欲，非天理。"此栻講學所得之要也。

子焯，承奉郎，早卒。

［宋］楊萬里《誠齋集》卷一百十六，文淵閣四庫全書本

---

① 洪波按：查宋人書目，張栻著有《經世紀年》，無《經世編年》之作。經世編年，當爲"經世紀年"之誤。

宋史張栻傳

張栻字敬夫，丞相浚子也。穎悟夙成，浚愛之，自幼學，所教莫非仁義忠孝之實。長師胡宏，宏一見，即以孔門論仁親切之旨告之。栻退而思，若有得焉，宏稱之曰：「聖門有人矣。」栻益自奮厲，以古聖賢自期，作《希顏錄》。

以蔭補官，辟宣撫司都督府書寫機宜文字，除直密閣。時孝宗新即位，浚起謫籍，開府治戎，參佐皆極一時之選。栻時以少年，內贊密謀，外參庶務，其所綜畫，幕府諸人皆自以爲不及也。間以軍事入奏，因進言曰：「陛下上念宗社之讎恥，下閔中原之塗炭，惕然於中，而思有以振之。臣謂此心之發，即天理之所存也。願益加省察，而稽古親賢以自輔，無使其或少息，則今日之功可以必成，而因循之弊可革矣。」孝宗異其言，於是遂定君臣之契。

浚去位，湯思退用事，遂罷兵講和。金人乘間縱兵入淮甸，中外大震，廟堂猶主和議，至敕諸將無得輒稱兵。時浚已沒，栻營葬甫畢，即拜疏言：「吾與金人有不共戴天之讎，異時朝廷雖嘗興縞素之師，然旋遣玉帛之使，是以講和之念未忘於胸中，而至忱惻怛之心無以感格於天人之際，此所以事屢敗而功不成也。今雖重爲群邪所誤，以蹙國而召寇，然亦安知非天欲以是開聖心哉？謂宜深察此理，使吾胸中了然無纖芥之惑，然後明詔中外，公行賞罰，以快軍民之憤，則人心悅，士氣充，而敵不難却矣。繼今以往，益堅此志，誓不言和，專務自強，雖折不撓，使此心純一，貫徹上下，則遲以歲月，亦何功之不濟哉？」疏入，不報。

久之，劉珙薦於上，除知撫州，未上，改嚴州。時宰相虞允文以恢復自任，然所以求者類非其道，意栻素論當與己合，數遣人致殷勤，栻不答。入奏，首言："先王所以建事立功無不如志者，以其胸中之誠有以感格天人之心，而與之無間也。今規畫雖勞，而事功不立，陛下誠深察之日用之間，念慮雲爲之際，亦有私意之發以害吾之誠者乎？有則克而去之，使吾中扃洞然無所間雜，則見義必精，守義必固，而天人之應將不待求而得矣。夫欲復中原之地，先有以得中原之心；欲得中原之心，先有以得吾民之心。求所以得吾民之心者，豈有他哉？不盡其力，不傷其財而已矣。今日之事，固當以明大義、正人心爲本。然其所施有先後，則其緩急不可以不詳；所務有名實，則其取捨不可以不審，此又明主所宜深察也。"

明年，召爲吏部侍郎，兼權起居郎侍立官。時宰方謂敵勢衰弱可圖，建議遣泛使往責陵寢之故，士大夫有憂其無備而召兵者，輒斥去之。栻見上，上曰："卿知敵國事乎？"栻對曰："不知也。"上曰："金國饑饉連年，盜賊四起。"栻曰："金人之事，臣雖不知，境中之事，則知之矣。"上曰："何也？"栻曰："臣切見比年諸道多水旱，民貧日甚，而國家兵弱財匱，官吏誕謾，不足倚賴。正使彼實可圖，臣懼我之未足以圖彼也。"上爲默然久之。栻因出所奏疏讀之曰："臣竊謂陵寢隔絕，誠臣子不忍言之至痛，然今未能奉辭以討之，又不能正名以絕之，乃欲卑祠厚禮以求於彼，則於大義已爲未盡。而異論者猶以爲憂，則其淺陋畏怯，固益甚矣。然臣竊揆其心意，或者亦有以見我未有必勝之形，而不能不憂也歟？蓋必勝之形，當在於早正素定之時，而不在於兩陣決機之日。"上爲竦聽改容。栻復讀曰："今日但當下哀痛之詔，明復讐之義，顯絕金人，不與通使。然後修德立政，用賢養民，選將帥，練甲兵，通內修外攘、進戰退守以爲一事，且必治其實而不爲虛文，則必勝之形隱然可見，雖有淺陋畏怯之人，亦且奮躍而爭先矣。"上爲歎息褒諭，以爲前始未聞此論也。其後因賜對反復前說，上益嘉歎，面諭："當以卿爲講官，冀時得晤語也。"

會史正志爲發運使，名爲均輸，實盡奪州縣財賦，遠近騷然，士大夫爭言其害，栻亦以爲言。上曰："正志謂但取之諸郡，非取之於民也。"栻曰："今日州郡財賦大抵無餘，若取之不已，而經用有闕，不過巧爲名色以取之於民耳。"上矍然曰："如卿之言，是朕假手於發運使以病吾民也。"旋閲其實，果如栻言，即詔罷之。

兼侍講，除左司員外郎。講《詩・葛覃》，進説："治生於敬畏，亂起於驕淫。使爲國者每念稼穡之勞，而其後妃不忘織紝之事，則心不存者寡矣。"因上陳祖宗自家刑國之懿，下斥今日興利擾民之害。上歎曰："此王安石所謂'人言不足恤'者，所以爲誤國也。"

知閣門事張説除簽書樞密院事，栻夜草疏極諫其不可，且詣朝堂，質責宰相虞允文曰："宦官執政，自京、黼始，近習執政，自相公始。"允文慚憤不堪。栻復奏："文武誠不可偏，然今欲右武以均二柄，而所用乃得如此之人，非惟不足以服文吏之心，正恐反激武臣之怒。"孝宗感悟，命得中寢。然宰相實陰附説，明年出栻知袁州，申説前命，中外誼譁。説竟以謫死。

栻在朝未期歲，而召對至六七，所言大抵皆修身務學，畏天恤民，抑僥幸，屏讒諛，於是宰相益憚之，而近習尤不悦。退而家居累年，孝宗念之，詔除舊職，知静江府，經略安撫廣南西路。所部荒殘多盗，栻至，簡州兵，汰冗補闕，籍諸州黥卒伉健者爲效用，日習月按，申嚴保伍法。諭溪峒酋豪弭怨睦鄰，毋相殺掠，於是群蠻帖服。朝廷買馬橫山，歲久弊滋，邊氓告病，而馬不時至。栻究其利病六十餘條，奏革之，諸蠻感悦，争以善馬至。

孝宗聞栻治行，詔特進秩，直寶文閣，因任。尋除秘閣修撰、荆湖北路轉運副使。改知江陵府，安撫本路。一日去貪吏十四人。湖北多盗，府縣往往縱釋以病良民，栻首劾大吏之縱賊者，捕斬姦民之舍賊者，令其黨得相捕告以除罪，群盗皆遁去。郡瀕邊屯，主將與帥守每不相下，栻以禮遇諸將，得其驩心，又加恤士伍，勉以忠義，隊長有功輒補官，士咸感奮。並淮姦民出塞爲盗者，捕得數人，有北方亡奴亦在盗中。栻曰："朝廷未能正名討敵，無使疆場之事，其曲在我。"命斬之以徇於境，而縛其亡奴歸之。北人歎曰："南朝有人。"

信陽守劉大辯怙勢希賞，廣招流民，而奪見户熟田以與之。栻劾大辯詐諼，所招流民不滿百，而虛增其數十倍，請論其罪，不報。章累上，大辯易他郡。栻自以不得其職求去，詔以右文殿修撰提舉武夷山沖佑觀。病且死，猶手疏勸上親君子、遠小人，信任防一己之偏，好惡公天下之理。天下傳誦之。栻有公輔之望，卒時年四十有八。孝宗聞之，深爲嗟悼，四方賢士大夫往往出涕相弔，而江陵、靜江之民尤哭之哀。嘉定間，賜諡曰宣。淳祐初，詔從祀孔子廟。

栻爲人表裏洞然，勇於從義，無毫髮滯吝。每進對，必自盟於心，不可以人主意悦輒有所隨順。孝宗嘗言伏節死義之臣難得，栻對："當於犯顔敢諫中求之。若平時不能犯顔敢諫，他日何望其伏節死義？"孝宗又言難得辦事之臣，栻對："陛下當求曉事之臣，不當求辦事之臣。若但求辦事之臣，則他日敗陛下事者，未必非此人也。"栻自言："前後奏對忤上旨雖多，而上每念之，未嘗加怒者，所謂可以理奪云爾。"

其遠小人尤嚴。爲都司日，肩輿出，遇曾覿，覿舉手欲揖，栻急掩其窗櫺，覿慙，手不得下。所至郡，暇日召諸生告語。民以事至庭，必隨事開曉。具爲條教，大抵以正禮俗、明倫紀爲先。斥異端，毀淫祠，而崇社稷山川古先聖賢之祀，舊典所遺，亦以義起也。

栻聞道甚早，朱熹嘗言："己之學乃銖積寸累而成，如敬夫，則於大本卓然先有見者也。"所著《論語》《孟子説》《太極圖説》《洙泗言仁》《諸葛忠武侯傳》《經世紀年》，皆行於世。栻之言曰："學莫先於義利之辨。義者，本心之當爲，非有爲而爲也。有爲而爲，則皆人欲，非天理。"此栻講學之要也。

子焯。

《宋史》卷四百二十九，中華書局點校本，一九八五年

宋史紀事本末張栻傳

張栻字敬夫，廣漢人。栻穎悟夙成，父浚愛之，自幼學，所教莫非仁義忠孝之實。長從胡宏仁仲問程氏學。宏一見，知其大器，即以孔門論仁親切之旨告之。栻退而思，若有得焉，以書質之宏，宏喜曰："聖門有人矣。"栻益自奮勵，以古聖賢自期，作《希顏錄》一篇，夙夜觀省，以自警策。爲人表裏洞然，勇於從義，無毫髮滯吝。朱熹每言："己之學乃銖積寸累而成，如敬夫則大本卓然，先有見者也。"栻嘗有言曰："學莫先於義利之辨，義者，本心之所當爲而不能自己，非有所爲而爲之者也。一有所爲而爲，則皆人欲，非天理矣。"學者稱爲南軒先生。

[明]陳邦瞻《宋史紀事本末》卷二十一，文淵閣四庫全書本

古先君臣圖鑑張栻傳

按本傳：南軒姓張，名栻，字敬夫，西蜀廣漢人，丞相浚之子也。穎悟夙成，浚愛之。自幼學，所教莫非仁義忠孝之實。長師胡宏，一聞孔門論仁親切之旨，即有得焉。宏稱之曰："聖門有人矣。"栻自益奮勵，以古聖賢自期，作《希顏錄》。以廕補官，除直秘閣。時浚開府治戎，參佐皆極一時之選，栻時以少年內贊密謀，外參庶務，其所綜畫，幕府諸人皆自以爲不及也。間以軍事入奏，因進曰："陛下上念宗社之讎，下憫中原之塗炭，惕然於中而思有以振之，親賢以自輔，則今日之功可以必成。"帝異其言。帝嘗言："仗義死節

之臣難得。” 栻對:“當於犯顏敢諫中求之,若平時不能犯顏敢諫,他日何望其仗義死節?”帝又言:“難得辦事之臣。”栻對:“陛下當求曉事之臣,不當求辦事之臣。若但求辦事之臣,則他日敗陛下事者未必非此人也。”遷右文殿修撰。病且死,猶手疏勸帝“親君子,遠小人,信任防一己之偏,好惡公天下之理。”天下傳誦之。栻有公輔望,年四十而卒①,帝聞之,嗟嘆不已。學者稱爲南軒先生。追封華陽伯,詔從祀。

贊曰:

心朋紫陽,此道有契。義利條分,正異默契。儒者之英,道學之棟。

《古先君臣圖鑑》,明刻本

歷代君臣圖像張栻傳

張南軒名栻,字敬夫。自幼侍父浚,紹興中拜相,兗州陝州宣撫,忠貫日月,孝通神明,勳國恩民,威震四夷,功垂永世。述《四德銘》,鑱之於石。栻皆親覽,其所見聞,莫非仁義忠孝之實。及長,學義利之辨。官至秘閣修撰。號南軒先生。

贊曰:

敬夫侃侃,天資穎悟。學辨義利,克有歸趣。卓然之見,非積寸銖。究尋大本,道優諸儒。聖賢自期,時哉不淑。名揭南軒,瞻者拭目。

[明]周進隆成化二十三年序刊《歷代君臣圖像》卷下,日本慶安年間刻本

---

① 洪波按:張栻卒年四十八歲,此約略而言。

聖賢像贊張栻傳

宋張栻，穎悟夙成，以古聖賢自期，長師胡宏，五峰一見，即稱之曰："聖門有人矣。" 自益奮勵，作《希顏録》。以蔭补承務郎。高宗紹興三年①，父忠獻出督，奏栻充機宜。以軍事入見，上異之，除直秘閣。五年②，除秘閣修撰，荆湖北路轉運副使，改知江陵府，安撫本路。詔以右文殿修撰提舉武夷山沖祐觀。病且死，猶手疏勸上"親君子，遠小人。"孝宗淳熙七年卒，年四十八。學者稱爲南軒先生。寧宗嘉泰八年，賜謚宣。理宗景定二年，從祀孔廟，追封華陽伯。國朝嘉靖九年，改稱先儒張子。

[明]呂維琪《聖賢像贊》，明崇禎刻本

歷代帝王聖賢名臣大儒遺像張栻傳

張栻，姓張，名栻，字敬夫，西蜀廣漢人。父浚，字德遠，封魏公。公自幼時日事魏公左右，所見聞者，莫非仁義忠孝之實。及長，受學于胡五峰之門。紹興末，孝宗受禪，召赴行在，即進言曰："上念宗社之讎恥，下憫中原之塗炭，惕然於中而思有以振之。臣謂此心之發，即天理也。願益加省察，而稽古親賢以自輔，毋使其少息，則今日之功可以立成。"帝大奇之。官至秘書修撰。號南軒先生。所著《論語》《孟子説》《太極圖説》《洙泗言仁》《諸葛武侯

---

① 洪波按：三年，當爲三十二年之誤。
② 洪波按：五年，當作"淳熙五年"。

傳》《經世紀年》，行於世。理宗開慶①二年，追封華陽伯，從祀孔子廟。

〔清〕勃碣常岫《歷代帝王聖賢名臣大儒遺像》，康熙二十四年手繪本

史傳三編張栻傳

　　張栻字敬夫，丞相浚子也。以廕補官。孝宗立，銳志興復，浚起謫籍，開府治兵，乃辟栻書寫機宜文字，除直秘閣。時僚佐盡一時選，栻以年少，內贊密謀，外參庶務，所綜畫，諸人皆自以爲不及也。間以軍事入奏，因勸上"稽古親賢以自輔"。帝異之。及李顯忠兵敗，湯思退申和議，而盧仲賢使金。於是栻復入奏，帝引見上皇。栻輒策金人必敗，宋室必興。上皇曰："何哉？"栻曰："太上仁孝，上格於天，又傳位聖子，雖唐虞無以過。而金人篡奪相仍，無復君臣、父子，臣以知其然也。"上皇曰："苟仲賢使歸，事當若何？"栻曰："臣父浚職在邊隅，戰守是務，此事惟廟堂審處之，勿貽後悔。"仲賢歸，辱命。栻劾之，奪三官。未幾，浚去國，遂罷兵，金人乘間入淮甸，中外大震。思退襲秦檜遺策，至敕諸將，毋得輒縱兵。已而浚沒，栻治葬畢，即上言："國家與金有不共戴天之讐，願繼今以往，誓不言和，專務自強，雖折不撓。"不報。

　　乾道三年②，用劉珙薦，除知撫州，未上，改嚴州。入對言："欲復中原之地，必先得中原之心；欲得中原之心，必先得吾民之心。所以得之者無他，不盡其力，不傷其財而已矣。今日之事，固以明大義爲本。然所施有先後，則緩急不可以不詳；所務有名實，則取舍不可以不審。"五年，召爲吏部員外郎。是時，敵勢新弱，朝議將

---

① 洪波按：開慶，底本誤作"開度"，徑改。
② 洪波按：三年，當爲"五年"之誤。

往責陵寢，有憂召兵者，輒斥之。栻見上，上曰："知敵國事乎？"栻曰："未知也。"上曰："金人饑饉連年，盜賊四起。"栻曰："敵人之事，臣雖不知，境內之事，則知之矣。"上曰："何也？"栻曰："比年諸道多水旱，民貧日甚，國家兵弱財匱，官吏欺誕，不足倚輔。正使彼實可圖，臣恐我之未足以圖彼也。"上默然。栻因出所奏疏讀曰："陵寢隔絕，誠臣子之至痛，今未能正名仗義以伸天討，而卑辭厚禮以求之，其屈甚矣。而或猶以召兵爲憂者，亦見我未有必勝之形故也。夫必勝之形在素定之日，不在決機之時。"上悚聽改容。栻復讀曰："今日且當下哀痛之詔，明復讐之義，顯絕金人。然後修德立政，用賢養民，選將帥，練甲兵，通修攘、戰守爲一事，且必治其實而不爲虛文，則必勝之形隱然可見矣。上深納之，將除爲講官。

會發運使史正志行均輸法，盡奪州縣財賦，遠近騷然。栻以爲言，上曰："正志取諸郡，非取諸民也。"栻曰："州縣財賦，大抵無餘，取之不已而經費有闕，不過巧爲名色以取諸民耳。"上瞿然，即詔罷之。乃以栻爲左司員外郎，兼侍講。嘗講《詩·葛覃》，進說曰："治生於敬畏，亂起於驕淫。使爲國者念稼穡之勞，而后妃不忘織紝之事，則心不存者寡矣。"因陳祖宗自家刑國之美，斥今日興利擾民之害。上喟然曰："此王安石所以爲誤國也。"

栻在朝未期歲，召對至六七，勸上修身務學，畏天恤民，抑僥倖，屏讒諛，宰相憚之，而近習尤不悅。知閤門事張說者，太上皇后姻戚也，驟擢樞府，外廷譁然，莫敢言。栻夜草疏極諫，且詣朝堂，質責虞允文，且曰："宦官執政，自京、黼始，近習執政，自相公始。"允文慙憤不堪。退則再疏又諫，事乃寢。然栻亦坐是，逾年遂出，知袁州。

栻爲人表裏洞然，勇於從義，無纖毫滯吝。每進對，不以人主意爲隨順。上嘗歎伏節死義之臣難得，栻曰："當於犯顏敢諫中求之。"又嘗難辦事之臣，栻曰："曉事者難耳，若但求辦事之臣，他日敗陛下事者未必非此人也。"一日，肩輿出，遇曾覿，覿舉手欲揖，栻遽掩其櫝，觀慭，手不得下，其峻如此。

淳熙元年，帝念栻，除舊職，知靜江府，經略安撫廣南西路。始至，所部荒殘，乃簡州兵，補缺籍，日習月按，申嚴保伍法。飭嶠峒酋豪弭怨睦鄰，毋相賊殺。奏革橫山買馬之弊六十餘事，諸蠻感服，善馬爭至。以治行進秩直寶文閣，再任。

五年，除祕閣修撰、湖北轉運副使，即知江陵帥本路。一日，去貪吏十四人，禮過諸將，加恤卒伍，咸勉以忠義，功賞必信。又劾黜縱賊大吏，募賊黨相捕告緝，斬姦民之爲逋藪者。湖北故多盜，至是盡逋。嘗捕盜數人，其一北中亡奴也，栻曰："國家既未能正名討賊，毋使疆場之事其曲在我。"乃縛奴歸之北，而戮其餘以徇。北人歎曰："南朝有人。"

七年二月，乞祠，未報，而疾革。有友求教，謂曰："蟬蛻人欲之私，春融天理之妙。"因手疏，勸上"親君子、遠小人，信任防一己之偏，好惡公天下之理"。投筆遂絕，時年四十八。已而詔下，除右文殿修撰，提舉武夷沖祐觀，不及拜。

栻初事胡宏，宏一見，喜曰："聖門有人矣。"告以洙泗論仁之旨，栻益奮，作《希顏錄》以自策。後與朱子交善，講習愈精，所造愈純。嘗謂學莫先於義利之辨，其言曰："聖學無所爲而然也，無所爲而然者，命之所以不已，性之所以不偏，而教之所以無窮也。凡有所爲而然者，皆人欲之私，而非天理之所存，此義利之分也。學者當立志以爲先，持敬以爲本，而精察於動靜之間，毫釐之差，審其爲霄壤之判，則有以用吾力矣。學然後知不足，平時未覺吾利欲之多也。灼然有見於義利之辨，將以救過不暇，由是而不舍，則趣益深，理益明，而不可已，豈特治已之所當先施之天下國家一也。王者所以建立邦本，垂裕無疆，以義故也。霸者所以陷溺人心，貽毒後世，以利故也。"朱子每言："己之學乃銖積寸累而成，若敬夫則大本卓然。"學者稱爲南軒先生。

　　論曰：朱子平生所交友最著者敬夫、東萊、象山三先生
而已。象山既同門而異戶，而東萊之教，先列史而後六經，
於博約之歸，亦似不無異旨。其始終若符者，惟宣公一人。
夫友所以講學，所以輔仁，漢之王貢，唐之元白情厚矣。然
所取不過意氣、文藝之間，即進乎此者，亦僅以政事節誼相
鼓勵。惟朱子與宣公，出則欲同行所學，舉明主於三代之隆；
處則闡道傳心，思樹億萬世人倫之極。後之交友者可以奮矣。

[清] 朱軾《史傳三編》卷六，文淵閣四庫全書本

欽定續通志張栻傳

　　張栻字敬夫，丞相浚子也。穎悟夙成，浚愛之，自幼學，所教
莫非仁義忠孝之實。長師胡宏，宏以孔門論仁親切之旨告之。栻退
而思，若有得焉。宏稱之曰：「聖門有人矣。」栻益自奮勵，以古聖
賢自期，作《希顏錄》。

　　以廕補官，辟宣撫司都督府書寫機宜文字，除直祕閣。時孝宗
新即位，浚起謫籍，開府治戎，參佐皆極一時之選。栻以少年，內
贊密謀，外參庶務，其所綜畫，幕府諸人皆自以為不及也。兼以軍
事入奏，因進言曰：「陛下上念宗社，下閔民艱，惕然於中，而思有
以振之。臣謂此心之發，即天理之所存也。願益加省察，而稽古親
賢以自輔，無使其或少息，則今日之功必成，而因循之弊可革矣。」
孝宗異其言。

　　浚去位，湯思退用事，遂罷兵講和。金人乘間縱兵入淮甸，中
外大震，廟堂猶主和議，至敕諸將無得輒稱兵。時浚已歿，栻營葬
甫畢，即拜疏言：「今雖重為群邪所誤，以蹙國而召敵，然亦安知非
天欲以是開聖心哉？宜深察此理，使吾胸中了然無纖介之惑，然後

明詔中外，公行賞罰，以快軍民之憤，則人心悅，士氣充，而敵不難却矣。繼今以往，益堅此志，誓不言和，專務自強，雖撓不折，使此心純一，貫徹上下，則遲以歲月，亦何功之不濟哉？”疏入，不報。

以劉珙薦，除知撫州，未上，改嚴州。時宰相虞允文以恢復自任，然所以求者類非其道，意栻素論當與己合，數遣人致殷勤，栻不答。入奏，首言：“先王所以建事立功無不如志者，以其胸中之誠有以感格天人之心，而與之無間也。今規畫難勞，而事功不立，陛下誠深察之日用之間，念慮云爲之際，亦有私意之發以害吾之誠者乎？有則克而去之，使吾中扃洞然無所間雜，則見義必精，守義必固，而天人之應將不待求而得矣。夫欲復中原之地，必先得中原之心；欲得中原之心，必先得吾民之心。求所以得吾民之心者，豈有他哉？不盡其力，不傷其財而已矣。今日之事，固當以明大義、正人心爲本。然其所施有先後，則其緩急不可以不詳；所務有名實，則其取舍不可以不審，此又明主所宜深察也。”

明年，召爲吏部侍郎，兼權起居郎侍立官。時宰方謂敵勢衰弱可圖，建議遣泛使往責陵寢之故，士大夫有憂其無備而召兵者，輒斥去之。栻見帝，帝曰：“卿知敵國事乎？”栻對曰：“不知也。”帝曰：“金國饑饉連年，盜賊四起。”栻曰：“金人之事，臣雖不知，境中之事，則知之矣。”帝曰：“何也？”栻曰：“臣竊見比年諸道多水旱，民貧日甚，而國家兵弱財匱，官吏誕謾，不足倚賴。正使彼實可圖，臣懼我之未足以圖彼也。”帝默然。栻因出所奏疏請之曰：“臣竊謂陵寢隔絕，誠臣子不忍言之至痛。然今未能奉辭以討之，又不能正名以絕之，乃欲卑辭厚禮以求於彼，則於大義已爲未盡。而異論者猶以爲憂，則其淺陋畏怯，固益甚矣。然臣竊揆其心志，或者亦有以見我未有必勝之形，而不能不憂也。蓋必勝之形，當在於早正素定之時，而不在於兩陣決機之日。今日但當下哀痛之詔，明復讎之義，顯絕金人，不與通使。然後修德立政，用賢養民，選將帥，練甲兵，通内修外禦、進戰退守以爲一事，且必治其實而不爲虛文，則必勝之形隱然可見，雖有淺陋畏怯之人，亦且奮躍而争先矣。"帝歎息褒諭，以爲前時未聞此論也。其後因賜對反復前説，帝益嘉歎，面諭："當以卿爲講官，冀時得晤語也。"

會史正志爲發運使，名爲均輸，實盡奪州縣財賦，遠近騷然，士大夫争言其害，栻亦以爲言。帝曰："正志謂但取之諸郡，非取之民也。"栻曰："今日州郡財賦大抵無餘，若取之不已，而經用有闕，不過巧爲名色以取之民耳。"帝矍然曰："如卿言，是朕假手于發運使以病吾民也。"旋閱其實，果如栻言，即詔罷之。

兼侍講，除左司員外郎。講《詩·葛覃》，進説："治生于敬畏，亂起于驕淫，使爲國者每念稼穑之勞，而其后妃不忘織絍之事，則心不存者寡矣。"因上陳祖宗自家刑國之懿，下斥今日興利擾民之害。帝歎曰："此王安石所謂'人言不足恤'者，所以爲誤國也。"

知閤門事張説除簽書樞密院事，栻夜草疏極諫其不可，且詣朝堂，質責宰相虞允文曰："宦官執政，自京、黼始，近習執政，自相公始。"允文慚憤。栻復奏："文武誠不可偏，然今欲右武以均二柄，而所用乃得如此之人，非惟不足以服文吏之心，正恐反激武臣之怒。"孝宗感悟，命得中寢。然宰相實陰附説，明年出栻知袁州，申説前命，中外諠譁。説竟以謫死。

栻在朝未期歲，而召對至六七，所言大抵皆修身務學，畏天恤民，抑僥倖，屏讒諛。于是宰相益憚之，而近習尤不悦。退而家居累年，孝宗念之，詔除舊職，知静江府（按：朱子所撰《南軒神道碑》：栻請以廣西漕司鹽息什三予諸郡，以拯公私之病，又因攝漕出司所積錢以爲鹽本、運費，立法以禁抑賣等事，傳未叙及，謹附識），經略安撫廣南西路。所部荒殘多盜，栻至，簡州兵，汰冗補闕，籍諸州驍卒伉健者爲效用，合親兵催鋒等軍，日習月按，申嚴保伍法。諭溪峒酋豪弭怨睦隣，毋相殺掠，于是群蠻帖服。朝廷買馬横山，歲久弊滋，邊岷告病，而馬不時至。栻究其利病六十餘條，奏革之，諸蠻感悅，爭以善馬至。

孝宗聞栻治行，詔特進秩，直寶文閣，因任。尋除秘閣修撰、荊湖北路轉運副使，改知江陵府，安撫本路。一日去貪吏十四人。湖北多盜，府縣往往縱釋以病良民，栻首劾大吏之縱賊者，捕斬姦民之舍賊者，令其黨得告捕除罪，群盜皆遁去。郡頻邊屯，主將與帥守每不相下，栻以禮遇諸將，得其驩心，又加恤士伍，勉以忠義，隊長有功輒補官，士咸感奮。並淮奸民出塞爲盜者，捕得數人，有北方逃卒亦在盜中。栻曰：“無使疆埸之事曲在我。”命斬之以徇於境，而縛其逃卒歸之。

信陽守劉大辯怙勢希賞，廣招涿民，而奪見戶熟田以與之。栻劾大辯詐譎，所招流民不滿百，而虛增數十倍，請論其罪，不報。章累上，大辯易他郡，栻自以不得其職求去，詔以右文殿修撰提舉武夷山沖佑觀。卒（按《名臣言行錄》云：嘉泰八年，賜諡曰宣。）。栻有公輔之望，病革，猶手疏勸帝“親君子、遠小人，信任防一己之偏，好惡公天下之理”。天下傳誦之。

[清]乾隆敕撰《欽定續通志》卷五百四十六，文淵閣庫書本

歷代君臣圖鑑張栻傳

按本傳：南軒姓張，名栻，字敬夫，西蜀廣漢人，丞相浚之子也。穎悟夙成，浚愛之。自幼學，所教莫非仁義忠孝之實。長師胡宏，一聞孔門論仁親切之旨，即有得焉。宏稱之曰：“聖門有人矣。”栻自益奮勵，以古聖賢自期，作《希顏錄》。以廕補官，除直秘閣。時浚開府治戎，參佐皆極一時之選，栻時以少年內贊密謀，外參庶務，其所綜畫，幕府諸人皆自以爲不及也。間以軍事入奏，因進曰：“陛下上念宗社之讎，下憫中原之塗炭，惕然於中而思有以振之，親

賢以自輔，則今日之功可以必成。”帝異其言。帝嘗言：“仗義死節
之臣難得。” 栻對：“當於犯顔敢諫中求之，若平時不能犯顔敢諫，
他日何望其仗義死節？”帝又言：“難得辦事之臣。”栻對：“陛下當
求曉事之臣，不當求辦事之臣。若但求辦事之臣，則他日敗陛下事
者未必非此人也。”遷右文殿修撰。病且死，猶手疏勸帝“親君子，
遠小人，信任防一己之偏，好惡公天下之理。”天下傳誦之。栻有公
輔望，年四十而卒[①]，帝聞之，嗟嘆不已。學者稱爲南軒先生。追封
華陽伯，詔從祀。

　　贊曰：

　　友乎朱子，于道有益。義利之分，正異之辟。模楷儒門，是敬
是式。

《歷代君臣圖鑑》，清代拓本

景定嚴州續志張栻傳

　　張栻，字敬夫，號南軒，謚曰宣，廣漢人，魏公子。以理學爲
朱文公、呂成公友。乾道五年，以直祕閣知州。其治不嚴而威，不
疾而速，大抵以教化爲先務。奏蠲丁鹽錢絹，民以蕃庶，旅名山，
斥淫祠，至今遺老猶能誦張直閣焉。今學門，公所創也。與呂成公
並祠于廟。景定辛酉，追封華陽伯，秩于從祀。今侯錢可則倣帝學
繪祀，因舍菜焉。

［宋］鄭瑶、方仁榮《景定嚴州續志》卷二，文淵閣四庫全書本

---

　　① 洪波按：張栻卒年四十八歲，此約略而言。

江西通志張栻傳

張栻，字敬夫，丞相浚子。孝宗時知撫州，復知袁州。暇日，召諸生告語。民以事至庭，隨事開曉。具爲告條，斥異端，毀淫祠，而崇社稷山川古聖賢之祀。官終右文殿修撰。

雍正《江西通志》卷六十，文淵閣四庫全書本

廣東通志張栻傳

張栻，字敬夫，浚之子。浚以抗疏貶連州，栻從之。暇日登眺，有《湟州八詠》。栻穎悟夙成，以古聖賢自期。仕直秘閣。浚開府治戎，栻間以軍事奏，孝宗異其對，擢左司員外郎，兼侍講。召對，每以修身務學、畏天恤民爲言，宰相、近習皆憚之。遷吏部侍郎，知江陵府，終右文殿修撰。病且死，猶手疏勸帝"親君子、遠小人，信任防一己之偏，好惡公天下之理"。帝嗟悼不已。朱子謂黃幹曰："吾道益孤矣。"所著《論語》《孟子説》《太極圖説》《洙泗言仁録》《諸葛武侯傳》《經世紀年》行於世。學者稱爲南軒先生，後追封華陽伯，從祀孔子廟廷。

雍正《廣東通志》卷四十三，文淵閣四庫全書本

廣西通志張栻傳

張栻，字敬夫，綿竹人。淳熙二年知靜江府，經略安撫廣南西路。所部荒殘多盜，栻至，簡州兵，汰冗補闕，籍諸黥卒伉健者爲效用，日習月按，申嚴保伍法。諭谿峒渠豪，弭怨睦鄰，毋相殺掠，

於是群蠻帖服。朝廷買馬橫山，歲久弊滋，邊民告病而馬不時至，栻究其利病六十餘條，奏革之，諸蠻感悅。孝宗聞栻治行，詔特進秩，直寶文閣。

雍正《廣西通志》卷六十五，文淵閣四庫全書本

桂故張栻小傳

張栻，字敬夫，廣漢人，家世、學業具《宋史》中。其知靜江，籍諸州黠卒教以戰法。又時檄諭溪峒酋豪，弭怨睦鄰，毋相殺掠，猺與諸夷無敢爲梗已。乃繕飾堯山、虞山祠，時與賓佐臨眺山水，其留題頗衆。又有《勸農詩》二十四章，以多不能錄。弟杓，字定叟，亦官帥幕。龍隱有杓與其甥甘奕同游名。

［明］張鳴鳳《桂故》卷五，文淵閣四庫全書本

蜀中廣記張栻傳

張栻，字敬夫，自少穎悟。父浚，即教以仁義忠孝之實，以蔭除直秘閣。孝宗初，浚開府治兵，栻以軍事入奏，因進言曰："陛下上念祖宗讎恥，下憫中原塗炭，而思有以振之者，此天理之所存也。願益加省察，而稽古親賢以自輔，則功可成，而因循之弊可革矣。"孝宗異之，遂定君臣之契。累官吏部兼權起居郎，時宰方謂金國衰弱，建議往責陵寢。上以問栻，栻曰："國家比年水旱，民貧日甚，兵弱財匱，官吏誕謾，不足倚輔。正使彼實可圖，臣懼我之未足以圖彼也。"因出奏疏大要謂："當下哀痛之詔，明復仇之義，顯絕金人，不與通使。然後修德立政，用賢養民，選將練兵，通內修外攘、進戰退守以爲一事。"上爲歎息，謂前此未聞此論。時，史正志爲發

· 197 ·

運使，以均輸爲名，盡奪州縣財賦，栻以爲言。上謂其："取之於諸郡，非取之於民。"栻曰："州郡財賦大抵無餘，若取之不已，而經用有闕，不過巧立名色以取之民耳。"上矍然，閱其實，果如栻言，即詔罷之。以栻兼侍講，冀得時與晤語。知閤門使張說除簽書樞密院使，栻夜草疏，極諫其不可。且詣朝堂，質責宰相虞允文曰："宦官領州，自京輔始，近習執政，自相公始。"允文慚憤不堪。疏入，上感悟，寢命。出栻知袁州，家居數年，復起經略安撫廣南。孝宗聞栻治行，除秘閣修撰，知江陵府，恩威並茂，劾奏信陽守劉大辨不報，遂求去，詔以右文殿修撰提舉武夷山冲祐觀。病且死，猶手書勸上"親君子、遠小人"，卒年四十八，無子，以從子炤爲後。

　　　　　〔明〕曹學佺《蜀中廣記》卷四十二，文淵閣四庫全書本

欽定西清硯譜張栻小傳

　　張栻字敬夫，浚子。以廕入官，仕終右文殿修撰，提舉武夷山冲祐觀，學者稱爲南軒先生。是硯當即其著述時所用也。匣蓋鐫御題詩，與硯同，隸書，鈐寶，一曰德充符。

　　　　　清乾隆間奉敕撰《欽定西清硯譜》卷三，文淵閣四庫全書本

硯池今藏臺北"故宮博物院"，硯壁右側題"南軒老人寫經硯"，
硯背有乾隆皇帝所題御詩

硯池今藏臺北"故宮博物院"，硯匣蓋有乾隆皇帝所題御詩

硯池今藏臺北"故宮博物院"，硯背有乾隆皇帝所題御詩

言行龜鑑張栻小傳

南軒先生張栻，字敬夫，穎悟夙成。既長，往從胡公仁仲，問河南程氏學。先生一見，知其大器，即以所聞孔門論仁親切之指告之。公退而思，若有得也，益自奮厲，直以古之聖賢自期，作《希顏錄一篇》，早夜觀省。吕東來嘗自言，少時性氣粗暴，後因病中讀《論語》："至躬自厚而薄責於人"，忽然覺得意思一時平了，遂終身無暴怒。晦菴作其贊曰："以一身備四氣之和，以一心涵千古之秘，可謂得變化氣質之法矣。"

［元］張光祖《言行龜鑑》卷一，文淵閣四庫全書本

宋元學案張栻傳

張栻，字敬夫，一字樂齋，號南軒，廣漢人，遷于衡陽[①]。父浚，故丞相魏國公，謚忠獻。先生穎悟夙成。少長，從五峰胡先生問程氏學。五峰一見，知其大器，即以所聞孔門論仁親切之指告之。先生退而思，若有得也。五峰曰"聖門有人，吾道幸矣！"先生益自奮勵，以古聖賢自期，作《希顏錄》以見志。

以蔭補承務郎。紹興間，忠獻出督，奏先生充機宜。以軍事入見，上異之，除直秘閣。丁父憂。服闋，長沙、郴、桂帥守劉公珙薦於朝，除知撫州，改知嚴州。奏言："先王所以建事立功無不如志者，以胸中之誠有以感格天人之心而與之無間也。今規畫雖勞，事

---

① 洪波按，衡陽，當作"寧鄉"。

功不立，陛下誠深察之，亦有私意之發以害吾之誠者乎？"明年，召爲吏部郎，兼侍講。時相方謂敵勢衰弱可圖，先生奏言時猶未可，上爲歎息褒諭。其後因賜對，反復前說，帝益嘉歎，面諭："當以卿爲講官，冀時得晤語也。"會史正志爲發運使，名爲均輸，實盡奪州縣財賦，遠近騷然，士大夫爭言其害，先生亦以爲言。上閱其實，即詔罷之。

除左司員外郎，仍兼侍講。講《詩·葛覃》，進說："治生於敬畏，亂起於驕淫。使爲國者每念稼穡之勞，而其后妃不忘織紝之事，則心不存者寡矣。"因上陳祖宗自家刑國之懿，下斥今日興利擾民之害。帝歎曰："此王安石所謂'人言不足恤'者所以爲誤國也。"知閤門事張說除簽書樞密院事，先生夜草疏極諫其不可。旦詣朝堂，責宰相虞公允文曰："宦官執政，自京、黼始。近習執政，自相公始。"先生奏再上，命遂寢。然宰相實陰附張說，明年，出先生知袁州。先生在朝未期歲，而召對至六七，所言皆修身務學，畏天恤民，抑僥倖，屏讒諛，於是宰相憚之，近習尤不說。退而家居累年，孝宗念之，詔除舊職，知靖江府，經略安撫廣南西路。治聞，詔特進秩，直寶文閣。尋除秘閣修撰、荆湖北路轉運副使。改知江陵府，安撫本路。

嘗與朱子書曰："郭杲問此間得毋爲守備乎，緩急有堡寨否。某應以此間出門即平原，走襄陽僅六百里，所恃者襄、漢立得定，折衝捍蔽耳。太尉當力任此事，要兵要糧，此當往助。若教賊入肝脾裏，人心瓦碎，何守備爲？向來劉信叔、張安國皆有緩急移保江北之論，乃大謬也。賊到此地，何以爲國守臣，但當握節而死。渠爲悚然。然某所恃者，有此二萬義勇，所可整頓，緩急有隱然之勢。今專務固結其心，愛養其力，庶幾一旦可共生死。"（雲濠案：《與朱子書》一節，謝山稿從《南軒集》中摘録，標識"此節當移載傳内"，今爲補入。）湖北故多盜，先生首劾大吏之縱賊者，捕斬奸民之舍賊者，令其黨得相捕告以除罪，群盜皆遁去。會信陽守劉大辨怙勢希賞，先生劾請論罪，不報，即以不得其職求去，詔以右文殿修撰提舉武夷山沖佑觀。病革，猶手疏勸上：“親君子，遠小人，信任防一己之偏，好惡公天下之理。”先生有公輔之望，卒年四十八，世咸惜之。

先生爲人坦蕩明白，表裏洞然，詣理既精，信道又篤。其樂於聞道而勇於從義，則又奮勵明決，無毫髮滯吝意。故其德日新，業日廣，而所以見於論說行事之間者，上下信之，至於如此。著有《論語》《孟子》《詩》《書》《太極圖說》《經世編年》①等書。嘉泰中，賜諡宣。景定初，從祀孔子廟庭。（修）

　　宗義案：湖南一派，在當時爲最盛，然大端發露，無從容不迫氣象。自南軒出而與考亭相講究，去短集長，其言語之過者裁之，歸於平正。“有子，考无咎”，其南軒之謂與！

[清]黃宗羲《宋元學案》卷五十，《南軒學案》，

中華書局點校本，一九八二年

晚笑堂畫傳張栻傳

先生諱栻，字敬夫，綿竹人。父魏國獻公浚②。先生有異質，穎悟夙成，忠獻愛之。自其幼學而所以教者，莫非忠孝仁義之實。既長，命往從胡五峰先生之門，問程氏學。先生一見，知其大器，即以所聞報之，曰：聖門有人，吾道幸矣。公之教人，必使之先有以察乎義利之間，而後明理、居敬，以造其極。其剖析開明，傾倒幼至，必竭兩端而後已。官至秘閣修撰。號南軒先生。

[清]上官周《晚笑堂畫傳》，乾隆刻本

---

① 洪波按：經世編年，當爲“經世紀年”之誤。
② 洪波按：浚，底本誤作“俊”，徑改。

城南書院志張栻傳

南軒先生傳《嶽麓志》

張公栻，字敬夫，宋廣漢人。生紹興二年，隨父紫岩公以觀文殿大學士知潭州，寓居城南。聞衡山胡五峰諱宏，安國季子，得聖賢旨，往師事焉。五峰一見，即以孔門論仁親切之旨告之。公益以聖賢自期，學必先察義利公私之間，而後窮理敬業，作《希顏録》。歸築城南書院于妙高峰，以居學者。乾道三年，朱子聞之，如長沙訪問，講"中庸"之義，不能合者三晝夜。晦庵稱其卓然有見，偕游南嶽。劉珙興復書院，聘請主教。仕終吏部侍郎。所著有《論》《孟》《太極圖説》諸書。卒葬寧鄉。謚曰宣。

又傳《寧鄉縣誌》

張栻，字敬夫，號南軒，廣漢人。宋臣魏國公浚長子，以廬于父墓，因家焉。天分高爽，穎悟夙成，浚愛之。自幼所教，莫非仁義忠信之實。長師胡宏，聞孔門親切之旨，退而思之，若有得之，宏稱之曰：聖門有人矣。與朱子爲友，朱子稱其卓然有見。孝宗朝，仕爲直秘閣修撰。浚開府治戎，栻爲機宜文字，内贊密謀，外參庶務，間以軍事入奏。孝宗異其對，召爲吏部侍郎。每有進對，皆修身務學，畏天憫人之事，皆嘉納之。後出知江陵府。年四十八卒。謚曰宣。

［清］余正焕《城南書院志》卷二，清道光刻本

重修嶽麓書院圖志張栻傳

南軒張先生，名栻，字敬夫，廣漢人。生宋紹興二年。父紫岩先生，名浚，相高宗，封魏國公，忠貫日月，孝通神明，寓居潭州，因家焉。先生穎悟夙成，自幼所聞見莫非仁義忠孝之實，長學于胡五峰之門。五峰一見，即以孔門論仁親切之旨告之，及見其所思若有得焉，隨稱之曰：聖門有人矣。先生自是益自奮勵，直以古之聖賢自期，建書院於潭之城南，學必先察乎義利、公私之間，而後明理、居敬，以造其極。作《希顏錄》一篇，早夜觀省，以自警策。所造既深遠矣，猶未敢自以爲是，則又取以四方，益務求其所未至，玩索講評，踐行體驗，反覆不至者，十有餘年。然後，昔之所造愈深遠，而得乎簡易平實之地，其於天下之理，蓋皆了然心目之間，而實有見其不能以自己者。是以，決之勇，行之力，而守之固。其所以篤於君親，一于道義，而没世不忘者，初非有所勉慕而强爲之也。乾道間，晦庵聞先生得衡山胡氏學，從而問焉。是時，范彥德侍行，嘗言二先生在嶽麓書院講《中庸》之義，不能合者三晝夜。晦庵亦嘗稱其卓然有見。劉珙興復書院，聘請往來其間。魏公開府治戎，先生内贊密謀，外參庶務，間以軍事入奏。孝宗異其對，召爲吏部侍郎，仕至直秘閣修撰。所著有《論》《孟》《太極圖説》諸書。後知江陵府。卒謚曰宣。淳祐初，從祀孔孟廟庭。

［明］陳論《重修嶽麓書院圖志》卷之三，明萬曆刻本

長沙府嶽麓志張栻傳

　　張公栻，字敬夫，宋廣漢人。生紹興二年，隨父紫崖公以觀文殿大學士知潭州，寓居城南。聞衡山胡五峰得聖賢旨，往師事焉。五峰一見，即以孔門論仁親切之旨告之。公益以聖賢自期，學必先察義理公私之間，而後窮理敬業。作《希顏録》，築城南書院于妙高峰以居學者。乾道三年，朱子聞之，如長沙訪問，講中庸之義，不能合者三晝夜。晦庵稱其卓然有見，偕游南嶽。劉珙興復書院，聘請主教。仕終吏部侍郎。所著有《論》《孟》《太極圖説》諸書。卒，葬寧鄉，謚曰宣。

　　　　　　［清］趙寧纂修《長沙府嶽麓志》卷之三，清康熙刻本

歷代祭南軒先生文

祭張敬夫殿撰文

［宋］周必大

維淳熙七年，歲次庚子，三月癸丑朔十九日辛未，具位周某，謹遣人以清酌庶羞之奠，致祭故右文殿修撰南軒張兄之靈。

嗚呼！天生蒸民，受中惟一。或哲或愚，則係其習。嗟吾敬夫，氣稟剛直。能擴而充，又學之力。發揮伊洛，排斥老釋。有德有言，後來所式。平生忠孝，如嗜飲食。其遠佞邪，則猶鬼蜮。念昔先正，心在王室。恢圖之功，曷敢不力！根本如固，折衝可必。天子是嘉，選鎮南國。訓兵劭農，他則遑恤。孰云盛年，而抱沉疾！易簀之際，爽靈不惑。遺疏惓惓，孔明是匹。伸紙疾書，遂以絕筆。朝之忠良，士之準的。今也兩亡，孰不心惻！矧伊無似，夙賴三益。莫視絞衾，莫相窆窊。遙致奠觴，悲來填臆。嗚呼哀哉！尚饗。

［宋］周必大《文忠集》卷三十八，文淵閣四庫全書本

祭張敬夫殿撰文

［宋］朱熹

嗚呼敬夫！遽棄予而死也耶！我昔求道，未獲其友，蔽莫予開，

吝莫予剖。蓋自從公，而觀於大業之規模，察彼群言之紛糾，於是相與切磋以究之，而又相勵以死守也。丙戌之冬，風雪南山，解袂樾州，今十五年。公試畿輔，公翔禁省，公牧於南，我遯巖嶺。顯晦殊迹，心莫與同，書疏懇惻，鬼神可通。公尹江陵，我官廬嶽，驛騎相望，音問逾數。去臘之窮，有來自西，告我公疾，手書在攜。我觀於時，神理或借，是疾雖微，已足深念。函遺問訊，閱月而歸，叩函發書，歔吒歔欷。時友曾子，實同我憂，揮涕請行，誼不忍留。曾行未幾，公訃果至，張侯適來，相向反袂。嗚呼敬夫！竟棄予而死也耶！惟公家傳忠孝，學造精微，外爲軍民之所屬望，內爲學者之所依歸。治民以寬，事君以敬，正大光明，表裏輝映。自我觀之，非惟十駕之弗及，蓋未必終日言而可盡也。矧聞公喪，痛徹心膂，緘詞寄哀，不遑他語。顧聞公之臨絕，手遺疏以納忠，召賓佐而與訣，委符節而告終。蓋所謂得正而斃者，又凜乎其有史魚之風。此猶足以爲吾道而增氣，抑又可以上悟於宸聰。又聞公於此時，屬其弟以語予，用斯文以爲寄，意懇懇而無餘。顧何德以堪之，然敢不竭其庸虛，并矢詞以爲報，尚精爽其鑒茲！嗚呼哀哉！

［宋］朱熹《晦庵集》卷八十七，文淵閣四庫全書本

又祭張敬夫殿撰文
［宋］朱熹

維淳熙七年，歲次庚子，六月癸未朔六日丁亥，具位朱熹，竊聞故友敬夫張兄右文修撰大葬有期，謹遣清酌時羞，奠於柩前，南望拜哭，起而言曰：

嗚呼！自孔孟之云遠，聖學絕而莫繼，得周翁與程子，道乃抗而不墜。然微言之輟響，今未及乎百歲，士各私其所聞，已不勝其

乖異。嗟惟我之與兄，膠志同而心契，或面講而未窮，又書傳而不置。蓋有我之所是而兄以爲非，亦有兄之所然而我之所議。又有始所共鄉而終悟其偏，亦有蚤所同擠而晚得其味。蓋繽紛往反者幾十餘年，末乃同歸而一致。由是上而天道之微，遠而聖言之秘，近則進修之方，大則行藏之義，以兄之明，固已洞照而無遺，若我之愚，亦幸竊窺其一二。然兄喬木之故家，而我衡茅之賤士；兄高明而宏博，我狷狹而迂滯。故我嘗謂兄宜以是而行之當時，兄亦謂我盍以是而傳之來裔。蓋雖隱顯之或殊，實則交須而共濟。不惟相知之甚審，抑亦自靖而無愧。

嗚呼！孰謂乃使兄終在外以違其心，予亦見縻於斯而所願將不遂也！政使得閒以就其書，是亦任左肱而失右臂也。傷哉吾道之窮，予復何心於此世也！惟修身補過，以畢餘年，庶有以見兄於下地也。聞兄之葬而不得臨，獨南望長號，以寄此酹也。惟兄憐而鑒之，尚陰有以輔予之志也！嗚呼哀哉！

［宋］朱熹《晦庵集》卷八十七，文淵閣四庫全書本

祭張荆州文
［宋］吕祖謙

昔者某以郡文學事公於嚴陵，聲同氣合，莫逆無間。自是以來，一紀之間，面講書請，區區一得之慮，有時自以爲過公矣。及聞公之論，綱舉領挈，明白嚴正，無繳繞回互、激發偏倚之病，然後釋然心悅，爽然自失，邈然始知其不可及，此某所以願終身事公而不去者也。某天資澀訥，交際酬酢，心所欲言，口或不能發明，獨與公合堂同席之際，傾倒肺肝，無所留藏，意所未安，辭氣勁切，反類世之強直者，亦不自知其所以然。夫豈士爲知己盡，自應爾歟？

我行天下，愛而忘其愚，亦有不減公者矣，内反諸心，豈敢負之？乃獨勇於此而怯於彼，抑有由也。盖公孳孳求益，敦篤懇惻，有以發其冥頑，勇於改過，奮厲明決，有以起其緩縱，而不立已，不黨同，胷懷坦然，無復隔閡，雖平生退縮固滯之態，亦不掃而自除也。使我常得從公，豈無分寸之進？使公以愛我之心充而擴之，馴致於以虛受人之地，公天下之身，受天下之善，則爲社稷生民之福，孰可限量邪？嗚呼！公今其死矣，我無所復望矣！

雖然，有一於此，公在三之義，上通于天。養其志，承其業，油油翼翼，左右彌縫，不以存没爲二者，公之事親也。念大恩之莫報，咎誠意之未孚，雖身在外，心靡不在王室，鞠躬盡瘁，唯力是視，不以遠近爲間者，公之事君也。義理之大，一識所歸，永矢靡它，至於參觀徧考，公而且博，未嘗如世俗學士先生之言行，暖暖姝姝，不復廣求，其進學之力，不以在亡爲勤惰者，公之事師也。公之此心，盖未嘗死，我雖病廢，猶有尊足者存，亦安知不能追申徒而謝子産？豈復能文，直寫胷中之誠，以告公而已。

［宋］吕祖謙《東萊集》卷八，文淵閣四庫全書本

祭張欽夫文

［宋］楊萬里

具官某，謹以清酌之奠，致祭於近故欽夫安撫左司之靈。

嗚呼！孰航斯世，不挾斯柂。舍繫即濟，孰玉厥躬。不塋厥蒙，宵征不烽。古我潛聖，天實鐸之。洌彼淵泉，飲者酌之。學外曰政，人外曰天。兹不曰欺，天其厭斿。孟聞諸伋，程聞諸孟。伋聞諸參，參聞諸聖。聖也析薪，疇荷其重。程也執柯，實胄其冢。孰冢乎程，紫巖先生。紫巖有子，紫巖是似。紫巖南軒，胥爲後先。聖域有疆，

南軒拓之。聖門有鑰，南軒擴之。聖田有秋，南軒穫之。我稼在圃，其穀士女。其饗有昊，其烝皇祖。云胡不淑，上天雨霜。嘉穀既零，我心孔傷。孰琢我璞，孰斤我堊。孰疾我藥，九京不作。豈我之私，眕失母慈。士失宗師，邦失倚毗。已乎南軒，不耆其年。不遏其騫，天胡云然！延顏之光，揭孟之芒。昭回彼蒼，公未或亡。歲在辛卯，修門語離。相從濠梁，白首爲期。誰謂此別，是曰永訣。淚盡眼枯，續之以血。嗚呼哀哉！尚饗。

［宋］楊萬里《誠齋集》卷一百二，文淵閣四庫全書本

祭張南軒先生文

［宋］吳儆

嗚呼先生，其果終邪！道路置郵之傳，果可信邪！報國遺言，惓惓於君子小人之際，忍復誦邪！

嗚呼先生！忠孝之節，世有家法，淵源之學，心契聖傳，今其已矣。

嗚呼蒼天！某生不肖，爲世所棄，先生誤知，見謂忠義，相期許國，志同生死。

嗚呼蒼天！負我知己，豈惟知己，一世所慟，士失範模，國喪梁棟。

嗚呼蒼天！窈寞元默，呼之而莫予聞，撫之而莫予測。惟聖賢之生世，幾相逢而或失。顧所施之不究，匪斯今其自昔。

嗚呼先生！其又何憾憾，某負薪膝下，久去師席，啓手易簀，痛已無及。拊棺執紼，尚期有日，千里寓哀，惟泣盡繼之以血。

［宋］吳儆《竹洲集》卷十三，文淵閣四庫全書本

祭張敬夫城南祠文

〔宋〕朱熹

　　年月日，具位朱熹，敬以一觴，酹於亡友敬夫侍講左司張公尊兄城南之祠。昔從公游，登高望遠，指顧兹土，水竹之間。謂予肯來，相與卒歲，予以懷土，顧謝不能。其後聞公開鑿亭沼，帶經倚杖，日游其間，寫景哦詩，辱以寄我，寂寥短韻，幾篇在吟。於今幾何，歲月蒼逝，我復來此，白髮蒼顏。追懷舊游，顧步涕落，未奠宿草，姑即遺祠。玉色金聲，恍如對接，草木魚鳥，莫知我哀。

〔宋〕朱熹《晦庵集》卷八十七，文淵閣四庫全書本

祭南軒墓文

〔宋〕朱熹

　　惟公閎達之資，聞道最早。發揮事業，達於家邦。中歲閒居，益求其志。鶴鳴子和，朋簪四來。我時自閩，亦云戾止。更互切磨，群疑乃亡。厥今幾何，俯仰一世。公逝既久，我老益衰。何意重來，獨撫陳迹。塵筵髣髴，拱木荒涼。録牒散亡，音徽莫紹。世道之感，平生之懷。交切於中，有涕橫落。欲推公志，據舊圖新。衆允未孚，唯以自愧。一觴往酹，并寄此情。公乎不忘，起聽我語。

〔宋〕朱熹《晦庵集》卷八十七，文淵閣四庫全書本

祭張南軒

〔宋〕陳傅良

吁嗟先生，惟以正終。如何嘆嗟，四海所同。欲知先生，當觀之公。軍旅有言，魏公之子。惠我律我，魏公是侶。如其即戎，誓與偕死。學士有言，瞻彼洛師。昔在文獻，往往闕遺。曰惟南軒，尚其嗣之。朝廷有言，豈無他人。吏道趍變，經生泥陳。必若欽夫，可以致君。去欲其歸，病欲其愈。及此盖棺，萬事永已。亦有咎怨，莫或瑕毀。

嗚呼先生，位曾不隆。曾不卑卑，與人爲通。抑不立異，收聲於躬。維學高明，維行粹夷。維其待物，一不以疑。匪即求之，人實秉彝。君子在世，勿問勿處。譬彼川嶽，無興雲雨，三農賴之，以藝稷黍。矧惟世臣，喬木勿伐。矧惟儒術，不墜一髮。生能幾何，而堪契闊！往歲玉山，前年秣陵。二公云亡，令我涕零。

又哭先生，我懷實并。念昔從游，爲日則淺。辱誨辱愛，辱待甚遠。自我不見，常懼有覗。有來湖嶺，必惠問我。對之翰墨，如在右左。蒙是曷稱，罔敢違墮。家有藏書，國有太史。雖微功業，先生不死。我心哀傷，盖不以此！

〔宋〕陳傅良《止齋集》卷四十五，文淵閣四庫全書本

祭張南軒先生文

〔明〕胡直

自孟氏没，而功利之習日倡日錮，堯、舜、孔子仁義之道，日

以闇蔽，漢、唐儒者徒知矜其名象，涉其藩垣，然而功利之入人者未瘳，辟之陷泥淖之中，雖有强者左傾而右跋，有能登其岸者彌寡。唯宋濂洛崛興，得千載不傳之緒，以無欲爲宗，以天理爲極，其相繼而出者，雖見有通塞，得有淺深，皆知求無欲以復天理，總之歸於爲仁，蓋皆繇往堯、舜、孔子之徒。然人雖知功利之非，亦或有依違其見，不知念慮之微，少有所爲，即與粹然無欲、皭然天理者不相爲矣。

南軒先生聞道甚早，大本卓然，先儒蓋嘗稱之。至其立教以無所爲爲義，有所爲爲利，然後斯人灼然知一念之有爲者，無論善惡，咸出功利，咸非無欲，天理之真，而天下學道者之趨，始從以定。是先生之有功於斯道，吾不知其與紫陽夫子孰後先而遠近。某少喜騁宕，長乃聞學，然質駁而習深，將就而繼渙。迥知媿奮，恨無若先生者爲之就正。茲者繆執文柄，過車遺里，高山仰止，載瞻載奠。意者以一時對越先生之心一無所爲者，即無欲天理之真，將以此自終，以此喻先生之鄉士，俾皆繇仁義不入功利，寧非先生之指？先生鑒而牖之可也。

[明] 胡直《衡廬精舍藏稿》卷二十一，文淵閣四庫全書本

時祭朱張二先生文
[明] 陸相

莫高於道德，以人而著；莫久於山川，得人而奇。嗟二夫子，生同其時，乃遠來以胥晤，誠氣類之感孚。太極之妙一言而合，中庸之微累辨而揆。未合也，煙雲爲之翕忽；既同也，草木爲之熙熙。始知先覺之明道，不苟合而浪隨。承諸儒之統緒，立百代之旌麾。身雖彼湘之共逝，名與此嶽而爭巍。故其道德文章之垂世，流風餘

韻之及人，皆可仰而可師。堂堂書院，嶽麓湘涯，二公神游，寧不
在茲。願何人以私淑，恒恪守乎遺規。相生後夫子，幸守於斯，再
拜升堂，祭當春、秋期。采湘蘋以爲奠，翼先生之我知。尚享。

［明］陳論《重修嶽麓書院圖志》卷之七，明萬曆刻本

南軒祠祭文

［清］余正煥

惟先生淵源洙泗，肱臂紫陽。尋墜絕於千秋，正依歸於百世。
靈鐘孝水，抗濂洛以蜚聲；養侍潭洲，炳瀟湘而啓瞶。蒙泉育德，
規曾遺嶽麓之軒；麗澤培英，學更創城南之舍。高山仰止，惟先生
尚有典型；廟貌依然，固斯文所宜俎豆。茲逢春、秋仲，崇祀上丁，
式此苾芬，庶其歆鑒。謹告。

［清］余正煥《城南書院志》卷二，清道光刻本

張栻主要著作提要與序跋

南 軒 易 説

四庫總目南軒易説提要

《南軒易説》三卷　　内府藏本

宋張栻撰。案曹學佺《蜀中廣記》載，是書十一卷，以爲張浚所作。考浚《紫巖易傳》，其本猶存，與此別爲一書，學佺殊悮。朱彝尊《經義考》亦作十一卷，註云"未見"，又引董真卿説，謂已闕《乾》《坤》二卦。此本乃嘉興曹溶從，至元壬辰，贛州路儒學學正胡順父刊本傳寫，並六十四卦皆佚之，僅始於《繫辭》"天一地二"一章，較真卿所見彌爲殘缺。然卷端題曰"《繫辭》上卷下"，而順父《序》稱："魯人東泉王公分司廉訪章貢等路，公餘講論，嘗誦《伊川易傳》，特闕《繫辭》，留心訪求，因得南軒解説《易·繫辭》藏寫家[1]，儻合以並傳，斯爲完書。乃出示知事吳將仕，刊之學宫，以補遺缺，使與《周易程氏傳》大字舊本同傳於世"云云，是初刊此書，亦僅託始於《繫辭》，溶所傳寫，僅佚其上卷之上耳。序末有鈎摹舊本三小印：一作"謙卦"；一曰"贛州胡氏"，知順父即贛人；一曰"和卿"，蓋其字也。

《欽定四庫全書總目》卷三，中華書局點校本，一九九七年

---

[1] "《易·繫辭》藏寫家"，浙、粵本作"《易系》繕寫家藏"。

南軒易說序

[元] 胡順父

昔尹和靖語學者祁寬曰："與其讀他書，不若專讀《易》；與其看伊川雜説，不若專看《伊川易傳》。"又曰："一日只念一卦，閑時看《繫辭》。"《周易程氏傳》止於卦而不及《繫》，非不及也，以《繫辭》爲《易大傳》，不暇及也。然《易繫》曰："《易》有聖人之道四焉：以言者尚其辭，以動者尚其變，以制器者尚其象，以卜筮者尚其占。"其通論一經之大體如此，不傳奚可？伊川議論，雖間見於《遺書》，而終未完，學者惜之。

至元壬辰，魯人東泉王公分司廉訪章貢等路，公餘講論，因言辭謝衰病，家食數年，從事於《易》，嘗誦《伊川易傳》，特闕《繫辭》，留心訪求，遂得南軒解説《易繫》，繕寫家藏，好玩如寶。聖人之言："無有師保，如臨父母。"欽哉欽哉！儻合以並傳，斯爲完書。乃出示知事吳將仕及路學宿儒，議若命工刊之學宮，以補遺闕，使與《周易程氏傳》大字舊本並行於世，可乎？將仕泊諸儒復命曰：斯文也，蓋有待於今日也，後之學者幸莫大焉！順父承命校正，敬錄以付匠氏，並序其概於後。是歲季冬既望，贛州路儒學學正權管學事胡順父序。

[宋] 張栻《南軒易説》卷首，清，枕碧樓叢書本

南軒易說跋

[清] 沈家本

《南軒易説》五卷，抄本，起《繫辭》"天一地二"節至《雜卦傳》止，朱竹垞《經義考》云："十一卷，未見"，是傳本甚希。董真卿元初人，已言《乾》《坤》闕。此本從胡順父本寫出。胡本刊於至元壬辰，與真卿約略同時，但稱《易繫》，是原無六十四卦。此本無上傳之半，蓋又殘闕矣。

　　南軒先生爲胡五峰宏門人。五峰《易外傳》一卷載《五峰集》，自《屯》至《剝》多引史事。董真卿言南軒先生《易説》學本五峰胡氏，以周、程爲宗。然周、程言理，胡徵史，其宗旨微不同。此五卷中，言理多而徵史者絶少，與五峰《外傳》宗旨不合，特未知亡卷内所言何如耳。《程傳》言"天一"至"地十"，合在"天數五"上，初未移其次第；朱子《本義》始連"天數五"一節移於"大衍之數"一節之前。此書次第與《本義》合。"能研諸侯之慮"不解"侯之"二字，當必以爲衍文，亦與《本義》合。是其書用《本義》本也。其《雜卦》注云："《易》之《雜卦》乃言卦畫反對，各以類而言，非雜也。"又云："《雜卦》乃以其類相生，惟《乾》《坤》《坎》《離》《小過》《大過》《中孚》《頤》八卦反對。此圣人之精意，惟穆伯長、老蘇明之，諸家並不達此。"則其所推重者不獨周、程二家。伯長，穆修字，其《易説》不傳，語無可考。《東坡易傳》紹述父書，老蘇之語自在其中。朱子嘗駁蘇氏之説，而南軒之意甚推重之。南軒與朱子爲友，而立説不苟同如此。注中謂"鄭康成溺於緯書，乃云《河圖》有九篇，《洛書》有二篇，而孔安國又以《河圖》爲八卦，《洛書》爲九疇，此皆蕪穢聖經者"，是圖書之説亦所不取，與談漢學者之宗旨殊矣。

　　原本首卷有曹溶"鉏菜翁""吳城""繡谷亭""續藏書"四朱記，卷中有"吳城""敦復"各朱記，卷首又有翰林院印。曹倦圃晚年自號鉏菜翁，好收宋元人文集，有《静惕堂書目》。吳焯，錢唐人，字尺鳧，構亭曰繡谷，自號繡谷老人。其長子名城，字敦復。此書卷末跋語云："《静惕堂古林書目》有此，此即其藏本也，從湖州書賈得之，識數語以志喜。"當爲吳敦復所記。後亦有"繡谷亭""續藏書"朱記，當爲敦復續獲之本，故以"續藏"爲别。以此推之，此書原爲倦圃所藏，後歸吳氏。

　　乾隆間四庫館開，城弟玉墀恭進書一百數十種，此書當即在其中。《四庫目録》於各書中注明浙江吳玉墀家藏本，皆爲其所進之書，而此書獨注云"内府藏本"，殆編録之偶誤歟？書會入四庫館，故有翰林院印。胡序末有鉤摹三小印，一作"謙卦"，一曰"贛州胡氏"，一曰"和卿"，并同《總目》所説，知確爲當時真本。此流傳之蹤迹，可以考見者也。不知何時流落人間。

同治甲戌，余於廠肆見而購歸，雖係殘帙，實有宋説《易》者之一家。《四庫》本既未流布於世，各家書目暨各叢書亦罕見此編，付諸手民，庶不至終淪於蟫蠹。原本分五卷，館本併《序卦》《説卦》《雜卦》爲一卷，故作三卷，茲仍五卷之舊第。原題曰"南軒先生張侍講易説"，今改定曰"南軒易説"，從館本也。

宣統庚戌春二月，沈家本跋。

［宋］張栻《南軒易説》卷首，清枕碧樓叢書本

論　語　解

四庫總目癸巳論語解提要

《癸巳論語解》十卷　浙江汪啓淑家藏本

宋張栻撰。其書成於乾道九年，是年歲在癸巳，故名曰《癸巳論語解》。考《朱子大全集》中，備載與栻商訂此書之語，抉摘瑕疵多至一百一十八條，又訂其誤字二條。以今所行本校之，從朱子改正者僅二十三條，餘則悉仍舊稿，似乎齗齗不合。然"父在觀其志"一章，朱子謂舊有兩説，當從前説爲順，反覆辨論，至於二百餘言。而後作《論語集註》，乃竟用何晏《集解》所引孔安國義，仍與栻説相同。蓋講學之家於一字一句之異同，務必極言辨難，斷不肯附和依違，中間筆舌相攻，或不免於激而求勝。迨學問漸粹，意氣漸平，

乃是是非非，坦然共白，不復回護其前説，此造詣之淺深，月異而歲不同者也。然則此一百一十八條者，特一時各抒所見，共相商榷之言，未可以是爲栻病。且二十三條之外，栻不復改，朱子亦不復争，當必有涣然冰釋，始異而終同者，更不必執《文集》舊稿，以朱子之説相難矣。

《欽定四庫全書總目》卷三十五，中華書局點校本，一九九七年

論 語 説 序

［宋］張栻

　　學者，學乎孔子者也。《論語》之書，孔子之言行莫詳焉，所當終身盡心者，宜莫先乎此也。聖人之道至矣，而其所以教人者大略則亦可睹焉。蓋自始學，則教之以爲弟爲子之職，其品章條貫，不過於聲氣容色之間，灑掃應對進退之事。此雖爲人事之始，然所謂天道之至賾者，初不外乎是，聖人無隱乎爾也。故自始學則有致知力行之地，而極其終則有非思勉之所能及者，亦貴於行著習察，盡其道而已矣。

　　孔子曰：“道之不行也，我知之矣，知者過之，愚者不及也。道之不明也，我知之矣，賢者過之，不肖者不及也。”秦漢以來，學者失其傳，其間雖或有志於力行，而其知不明，摘埴索塗，莫適所依，以卒背於中庸。本朝河南君子始以窮理居敬之方開示學者，使之有所循求，以入堯舜之道。於是道學之傳，復明於千載之下。然近歲以來，學者又失其旨，曰吾惟求所謂知而已，而於躬行則忽焉。故其所知特出於臆度之見，而無以有諸其躬，識者蓋憂之。此特未知致知力行互相發之故也。

　　孔子曰：“學而不思則罔，思而不學則殆。”歷考聖賢之意，蓋欲使學者於此二端兼致其力，始則據其所知而行之，行之力則知愈進，知之深則行愈達。是知常在先，而行未嘗不隨之也。知有精粗，

必由粗以及精；行有始終，必自始以及終。内外交正，本末不遺，條理如此，而後可以言無弊。然則聲氣容色之間，灑掃應對進退之事，乃致知力行之原也，其可舍是而他求乎！顧某何足以與明斯道，輒因河南餘論，推以己見，輯《論語説》，爲同志者切磋之資，而又以此序冠於篇首焉。

[宋] 張栻《南軒集》卷十四，文淵閣《四庫全書》本

孟 子 説

四庫總目癸巳孟子説提要

《癸巳孟子説》七卷　浙江汪啓淑家藏本

宋張栻撰。是書亦成於乾道癸巳。於王霸之辨、義利之分，言之最明。自序稱"歲在戊子，綴所見爲《孟子説》。明年冬，會有嚴陵之命，未及終篇。辛卯歲，自都司罷歸，秋冬行大江中，讀舊説，多不滿意，從而删正之。還抵故廬，又二載始克繕寫。"蓋其由左司員外郎出知嚴州，退而居家時作也。栻之出也，以諫除張説爲執政，故是編於"臧倉沮孟子"及"王驩爲輔行"兩章，皆微有寄托於時事。至於解"交鄰"章云："所謂畏天者，亦豈但事大國而無所爲也？蓋未嘗委於命而已。故修德行政、光啓王業者，太王也；養民、訓兵卒、殄寇讐者，勾踐也。"末及周平王，惟不怒驪山之事，故東周卒以不振。其辭感憤，亦爲南渡而發。然皆推闡經義之所有，與胡安國《春秋傳》務於借事抒義而多失筆削之旨者，固有殊焉。

《欽定四庫全書總目》卷三十五，中華書局點校本，一九九七年

孟子講義序①

［宋］張栻

　　學者潛心孔孟，必得其門而入，愚以爲莫先於義利之辯。蓋聖學無所爲而然也。無所爲而然者，命之所以不已，性之所以不偏，而教之所以無窮也。凡有所爲而然者，皆人欲之私，而非天理之所存，此義利之分也。自未嘗省察者言之，終日之間鮮不爲利矣，非特名位貨殖而後爲利也。斯須之頃，意之所向，一涉於有所爲，雖有淺深之不同，而其狥己自私則一而已。如孟子所謂内交要譽、惡其聲之類是也。是心日滋，則善端遏塞，欲邁聖賢之門牆以求自得，豈非却行以望及前人乎？使談高説妙，不過渺茫臆度，譬猶無根之木，無本之水，其何益乎？學者當立志以爲先，持敬以爲本，而精察於動静之間，毫釐之差，審其爲天壤之判，則有以用吾力矣。學然後知不足。平時未覺吾利欲之多也，灼然有見於義利之辨，將日救過之不暇，由是而不舍，則趣益深，理益明，而不可以已也。

　　孔子曰：“古之學者爲己，今之學者爲人。”爲人者無適而非利，爲己者無適而非義。曰利，雖在己之事，亦爲人也；曰義，則施諸人者，亦莫非爲己也。嗟乎！義利之辨大矣，豈特學者治己之所當先，施之天下國家一也。王者所以建立邦本，垂裕無疆，以義故也。而伯者所以陷溺人心，貽毒後世，以利故也。孟子當戰國橫流之時，發揮天理，遏止人欲，深切著明，撥亂反正之大綱也。其微辭奧義，備載七篇之書。如某者雖曰服膺，而學力未充，何足以窺究萬一。試以所見與諸君共講之，願無忽深思焉。

［宋］張栻《南軒集》卷十四，文淵閣《四庫全書》本

---

① 《南軒孟子説》卷首，收此文，題作《講義發題》，時在戊子年。兩者文字稍異。

孟子講義序①

[宋] 張栻

　　學者潛心孔孟，必得其門而入，余以爲莫先於義利之辯。蓋聖學無所爲而然也。無所爲而然者，命之所以不已，性之所以不偏，而教之所以無窮也。自非卓然先審夫義利霄壤之判，審思力行，不舍晝夜，其能真有得乎？蓋自未嘗省察者言之，終日之間鮮不爲利矣，非特名位貨殖之慕而後爲利也。此其流之甚著者也。凡處君臣、父子、夫婦以至朋友、鄉党之間，起居話言之間，意之所向，一涉於狥己自私，是皆利也。其事雖善，而内交要譽，惡其聲之念或萌於中，是亦利而已矣。方胸次營營膠擾不暇，善端遏塞，人僞日滋，而欲邇聖賢之門牆以求自得，豈非却行以望及前人乎？縱使談高說妙，不過渺茫臆度，譬猶無根之木，無本之水，其何益乎？諸君果有意乎，則請朝夕起居，事事而察之，覺吾有利之之意，則願深思所以消弭之方。學然後知不足。平時未覺吾利欲之多也，慨然有志於義利之辯，將自求過不暇矣。由是而體認，則良心發見，豈不可識乎？涵濡之久，其趣將益深，而所進不可量矣。

　　孔子曰："古之學者爲己，今之學者爲人。"爲人者無適而非利，爲己者無適而非義。曰利，雖在己之事，亦爲人也；曰義，則施之人者，皆爲己也。爲己者，無所爲而然者也。嗟夫！義利之説大矣，豈特學者之所當務，爲國家者而不明乎是，則足以召亂釁而起禍原。王者之所以建立邦本，垂裕無疆，以義故也。而伯者所以陷溺人心，流毒後世，以利故也。孟子生於變亂之世，發揮天理，遏止人欲，深切著明，撥亂反正之大綱也。其微辭奧義，備載七篇之書。如某者雖曰服膺，而學力未充，何足以窺萬一。試以所見與諸君共講之，願毋忽深思焉。

[宋] 魏齊賢、葉芬同輯《五百家播芳大全文粹》卷一百七，

文淵閣《四庫全書》本

---

　　① 洪波按：此序宋代即有兩個版本傳世，一爲朱熹所定《南軒文集》本，一爲魏齊賢、葉棻所輯《五百家播芳大全文粹》本。兩本所差較大，茲並收於此，以資參考。

癸巳孟子説原序

［宋］張栻

歲在戊子，栻與二三學者講誦于長沙之家塾，輒不自揆，綴所見爲《孟子説》。明年冬，會有嚴陵之命，未及終篇。辛卯歲，自都司罷歸，秋冬行大江，舟中讀舊説，多不滿意，從而删正之，其存者蓋鮮矣。還抵故廬，又二載，始克繕寫。撫卷而歎曰：

嗟乎！夫子之道至矣，微孟子其孰能發揮之？方戰國之際，在上者徒知以强大威力爲事，而在下則異端並作，充塞仁義。孟子獨以身任道，從容乎其間，其見於用則進退辭受無往而不得，見於言則精微曲折無一之不盡。蓋其篤實輝光，左右逢原，莫非天理之所存也。使後之人知夫人皆可以爲聖人，而政必本於王道，邪説暴行無所遁其迹，而人之類免于夷狄禽獸之歸，其於聖門豈小補哉！今七篇之書廣大包含，至深至遠，而循求有序，充擴有方，在學者篤信力行何如爾。雖然，予之於此蓋將終身焉，豈敢以爲成説以傳之人哉？特將以爲同志者講論切磋之資而已。題曰《癸巳孟子説》云者，蓋將斷此而有考於異日也。

乾道九年十月二十日，廣漢張栻序。

［宋］張栻《孟子説》卷首，道光己酉年綿邑南軒祠重刊《張宣公全集》本

經 世 紀 年

直齋書録解題經世紀年提要

《經世紀年》二卷，侍講廣漢張栻敬夫撰。用《皇極經世譜》編，有所發明則著之。其言邵氏以數推知，去外丙、仲壬之年，乃合於《尚書》成湯既没太甲元年之説。今按：孔氏《正義》正謂劉歆、班固不見古文，謬從《史記》，而章衡《通載》乃云以紀年推之外丙、

仲壬合於歲次，《尚書》殘缺，而《正義》之説誤。蓋三代而上，帝王歷年遠而難考類如此，劉道原所謂疑年者也。然孟子亦有明文，不得云《史記》謬。

　　　［宋］陳振孫《直齋書録解題》卷四，上海古籍出版社點校本，一九八七年版

經世紀年序①

［宋］張栻

　　太史遷作《十二國世表》，始記甲子，起於成周共和庚申之歲。庚申而上，則莫紀焉。歷世寖遠，其事雜見於諸書，靡適折衷，則亦傳疑而已。本朝嘉祐中，康節邵先生雍出於河南，窮往知來，精極於數，作《皇極經世書》，上稽唐堯受命甲辰之元，爲《編年譜》。如云外丙、仲壬之祀，康節以數推知之，乃合於《尚書》："成湯既没，太甲元年"之説。因康節之譜編自堯甲辰，至皇上乾道改元之歲，凡三千五百二十有二年，命之曰《經世紀年》，以便觀覽。

　　間有鄙見，則因而明之。如《孟子》謂堯舜三年之喪畢，舜禹避堯舜之子而天下歸之，然後踐天子位，此乃帝王奉天命之大旨，其可闇而弗章？故皆書其服喪踐位之實焉。夏后相二十有八載，寒浞弑相，明年少康始生于有仍氏，凡四十年，而後祀夏配天，不失舊物。故於此四十載，獨書少康出處，而紀元載於復國之歲，以見少康之君臣經營宗祀，絕而復續，足以爲萬代之冠冕。於新莽之篡，缺而不書，蓋呂氏不可間漢統，而所假立惠帝子亦不得而紀元。故獨以稱制書也。以至周文王之稱王，武王之不紀元於國，皆漢儒傳習之繆，先覺君子辨之詳矣，故皆正而書之。漢獻之末，曹丕雖稱帝，而昭烈以正義立于蜀，諸葛亮相之，則漢統烏得爲絕？故獻帝之後，即係昭烈年號，書曰蜀漢，逮後主亡國，而始繫魏。凡此，皆節目之大者。

　　嗟乎，世有古今，而古今不間於一息；事有萬變，而萬變卒歸

---

　　①　洪波按：此序宋代即有兩個版本傳世，一爲朱熹所定《南軒文集》本，一爲魏齊賢、葉棻所輯《五百家播芳大全文粹》本。兩本所差較大，茲並收於此，以資參考。

於一原。蓋理義根乎天命，而存乎人心者，不可没也。是故《易》本太極，《春秋》書元，以著其體用，其示後世至矣。然則大《易》《春秋》之義，其可以不明乎！

乾道三年正月甲子謹序。

[宋]張栻《南軒集》卷十四，文淵閣《四庫全書》本

經世紀年序

[宋]張栻

太史遷作《十二國世表》，始紀甲子，起於成周共和庚申之歲。庚申而上，則莫紀焉。歷世寖遠，其事雜見於諸書，靡適折衷，則亦傳疑而已。本朝嘉祐中，康節邵先生雍出於河南，窮往知來，精極於數，作《皇極經世書》，上稽唐堯受命甲辰之元，爲《編年譜》。如云外丙、仲壬之祀，康節以數推之，乃合於《尚書》"成湯既没，太甲元年"之説。成湯之後，蓋實傳孫，《孟子》所記，特以太丁未立而卒。方是時，外丙生二年，仲壬生四年耳。又正武王伐商之年，蓋武王嗣位十一年矣，故《書序》稱十有一年矣，而復稱十有三年，字之誤也。是類皆自史遷以來傳習之繆，一旦使學者曉然得其真，萬世不可改者也。某不自揆，輒因先王之歷，考自堯甲辰，至皇上乾道改元之歲，凡三千五百二十有二年，列爲六國，命之曰《經世紀年》，以便觀覽。間有鄙見，則因而明之，其大節目有六。

蓋孟子爲堯舜三年之喪畢，舜禹避堯舜之子而天下歸之，然後踐天子位，此乃奉天命之大旨，其可闇而弗章？故於甲申書服堯舜之喪，乙酉踐位之實，丙戌書元載，格於文祖。自乙酉至丁巳，是踐位三十有三載也，則書薦禹於天，與《尚書》命禹之詞合。自丁巳至癸巳，是薦禹十有七載也，與《孟子》之説合。於是禹受命之際，書法亦然。然後而《書》稱舜在位五十載，陟方乃死，則是史官自堯崩之明年，通數之耳。夏后相二十有八載，寒浞殺相。明年，少康始生於有仍氏，凡四十年而後祀夏配天，不失舊物。寒浞豈可使間有夏之統？故缺此四十載，獨書少康出處，而紀元載於復國之

歲，以見少康四十年經營，宗祀絶而復續，足以爲萬代中興之冠冕。於新莽之篡，缺其年，亦所以表光武之中興也。漢吕太后稱制，既不得係年，而所立少帝乃他人子，又安得承統，故復缺此數年，獨書曰："吕太后臨朝稱制"，亦范太史祖禹係嗣聖紀年之意也。漢獻之末，曹丕雖稱帝。而昭烈以正義立於蜀。不改漢號，則漢統烏得爲絶？故獻帝之後，即昭烈年號，書曰"蜀漢"。逮後主亡國，而始繫魏。凡此皆節目之大者，妄意明微扶正，不自知其愚也。其他如夏以上稱載，商稱祀，周始稱年，皆考之《書》可見，而《周書·洪範》獨稱祀者，是武王不欲箕子尚存商曆，箕子之志也。由魏以降，南北分裂，如元魏、北齊、後周，皆夷狄也，故統獨繫於江南。五代迭揉，則都中原者，不得不繫之。

嗟乎，世有今古，太極一而已矣。太極立則通萬古於一息，會中國爲一人。雖自堯而上，六闕逢無紀，然上聖惟微之心，蓋未嘗不周流該徧，亘乎無窮而貫於一也。是以《春秋》書元，以著其妙用，成位乎其中者也。大君明斯義，則首出庶物，天地交泰，裁成輔相之妙矣。爲人臣而明斯義，則有以成身而佐其主矣。若夫《易》《春秋》之用不明，則經世之旨不幾於息乎？

乾道三年正月甲子謹序。

[宋]魏齊賢、葉芬同輯《五百家播芳大全文粹》卷一百七，
文淵閣《四庫全書》本

諸葛武侯傳

直齋書録解題諸葛武侯傳提要

《諸葛武侯傳》一卷，侍講張栻撰。以陳壽作史私且陋，哀集他傳及裴松之所注爲此傳，而削去管樂自許一則。朱晦翁以爲不然，又爲後論，以達其意。謂其體正大而學未至，使得游洙泗之門，所

就不止此。

[宋]陳振孫《直齋書録解題》卷七，上海古籍出版社點校本，一九八七年版

書諸葛忠武侯傳後

[明]程敏政

　　右《漢丞相諸葛忠武侯傳》一卷，宋南軒先生張宣公之所訂者。板刻在南京國子監，有甲乙兩本，皆殘缺不完，文亦小異。予嘗攜入史館，請閣本參校之，手自鈔補如上，而乙本殘缺爲甚，不復成編矣。然乙本有附録一卷，得可屬讀者，《南軒先生論記贊詩》四篇，論雖復出，而不可芟也，輒校以附甲本之後。予嘗見朱子有《與何叔京書》及《武侯贊》《跋卧龍菴詩》，多與南軒此傳相發，輒録以附。宋季有清江胡洵直者，嘗考訂《出師表》中脱誤數處及補亡七字，見《蘆浦筆記》，而人多未之知也，又録以附，將寄南監補刻以傳。

　　惟南軒先生以丞相忠獻公之長子，當宋社之南，力排和議，倡復讎之舉，其心事實與武侯同，故惓惓訂此傳以見志。且力非武侯之子瞻身兼將相，不能力諫以去黄皓，又不能奉身而退，冀主之一悟，兵敗身死，僅勝於賣國者爾。故止書子瞻嗣爵，以微見善善之長，而餘固不足書也。爲法嚴、立義精如此，是豈陳壽輩所能窺其萬一？至求其旨意所在，直將以拯天綱、紓國難，而不墜其世烈，不撓于一毫功利之私，則去今雖數百載，而讀之猶有生氣也。非有得于聖門正誼明道之説，惡足以與此哉！朱子以韓侂胄柄國殺趙忠定公，乃注《楚詞》，傷宋國之亡；以蔡西山之竄，決道之不行，乃注《參同契》，致長往不反之意。皆大賢君子之心事，非得已者，而世猶疑其長詞華之習，倡導引之端，所謂淺之爲丈夫者類如此。因併及之，以見斯傳之非徒作云爾。

[明]程敏政《篁墩文集》卷三十六，文淵閣《四庫全書》本

通 鑑 論 篤

直齋書録解題通鑑論篤提要

《通鑑論篤》三卷，侍講廣漢張栻敬夫撰。取《通鑑》中言論之精確者，表而出之，多或全篇，少至一二語，去取甚嚴，可以見前輩讀書眼力之高。

［宋］陳振孫《直齋書録解題》卷四，上海古籍出版社點校本，一九八七年版

南 軒 奏 議

直齋書録解題南軒奏議提要

《南軒奏議》十卷，張栻撰。

［宋］陳振孫《直齋書録解題》卷二十二，上海古籍出版社點校本，
一九八七年版

張 宣 公 帖

郡齋讀書志張宣公帖提要

《張宣公帖》四卷

右南軒先生帖，遺表終焉。表云："再世蒙恩，一心報國。大命至此，厥路無由。猶有微誠，不能自己。伏願陛下親君子，遠小人，信任防一己之徧，好惡公天下之理，永清四海，克鞏丕圖。臣死之日，猶生之年。臣栻。"

［宋］晁公武《郡齋讀書志》卷五下，上海古籍出版社，一九九○年版

洙 泗 言 仁

洙泗言仁序

〔宋〕張栻

　　昔者夫子講道洙泗，示人以求仁之方。蓋仁者天地之心，天地之心而存乎人，所謂仁也。人惟蔽於有己，而不能以推，失其所以爲人之道，故學必貴於求仁也。自孟子没，寥寥千有餘載間，《論語》一書，家藏人誦，而真知其旨歸者何人哉？至本朝伊洛二程子始得其傳，其論仁亦異乎秦漢以下諸儒之説矣，學者所當盡心也。某讀程子之書，其間教門人取聖賢言仁處，類聚以觀而體認之，因哀《魯論》所載，疏程子之説於下，而推以己見，題曰《洙泗言仁》，與同志者共講焉。

　　嗟乎！仁雖難言，然聖人教人求仁，具有本末。譬如飲食，乃能知味，故先其難而後其獲，所以爲仁。而難莫難於克己也，學者要當立志尚友，講論問辯於其所謂難者，勉而勿舍。及其久也，私欲浸消，天理益明，則其所造將有不可勝窮者。若不惟躬行實踐之務，而懷蘄獲之心，起速成之意，徒欲以聰明揣度於語言求解，則失其傳爲愈甚矣。故愚願與同志者共講之，庶幾不迷其大方焉。

〔宋〕張栻《南軒集》卷十四，文淵閣《四庫全書》本

四 家 禮 範

直齋書録解題四家禮範提要

　　《四家禮範》五卷，張栻、朱熹所集司馬、程、張、吕氏諸家，而建安劉珙刻於金陵。

〔宋〕陳振孫《直齋書録解題》卷六，上海古籍出版社點校本，
一九八七年版

希 顔 録

跋 希 顔 録

［宋］張栻

　　某己卯之歲，嘗裒集顔子言行，爲《希顔録》上下篇，今十有四年矣。回視舊編，去取倫次多所未善，而往往爲朋友所傳寫，於是復加考究，定著爲一卷，又附録一卷。

　　蓋顔子之事，獨載於《論語》《易》《中庸》《孟子》之書，其間顔子之所白言，與夫見於問答者，抑鮮矣。特聖人之所稱，及曾子、孟子之所推述者，其詳蓋可以究知也。自孟子之後，儒者亦知所尊仰矣，而識其然者，則或寡焉。逮夫本朝濂溪周先生、橫渠張先生出，始能明其心，而二程先生則又盡發其大全。於是孔子之所以授於顔子，顔子之所以學乎孔子，與學者之所當從事乎顔子者，深切著明，而無隱於來世者矣。故今所録，本諸《論語》《易》《中庸》《孟子》所載，而參之以二程先生之論，以及於濂溪、橫渠與夫二先生門人高弟之説，列爲一卷。又采《家語》所載顔子之言有近是者，與夫揚子雲《法言》之可取者，并史之所紀者，存之於後。蓋亦曰學者之所當知而已。

　　既已繕寫，則撫而歎曰：嗟乎，顔子之所至亞於聖人，孔門高弟莫得而班焉。及考《魯論》，師友之所稱，有曰："不遷怒，不貳過"而已；有曰："以能問於不能，以多問於寡，有若無，實若虛，犯而不校"而已。自學者觀之，疑若近而易識，然而顔子之所以爲善學聖人者，實在乎此。則聖門之學，其大略亦可見矣。必實用其力而後知其難，知其難而後有可進之地也。然則後之學者，貪高慕遠，不循其本者，終何所得乎？故予願與同志之士以顔子爲準的，致知力行，趨實務本，不忽於卑近，不遺於細微，持以縝密，而養以悠久，庶乎有以自進於聖人之門牆，是録之所爲作也。

　　乾道元年八月九日謹書。

［宋］張栻《南軒集》卷三十三，文淵閣《四庫全書》本

南 軒 語 録

直齋書録解題南軒語録提要

《南軒語録》十二卷，蔣邁所記張栻敬夫語。

［宋］陳振孫《直齋書録解題》卷九，上海古籍出版社點校本，

一九八七年版

南軒先生問答

郡齋讀書志南軒先生問答提要

《南軒先生問答》四卷

　　右張宣公栻敬夫答門人之所問也。敬夫，魏國忠獻公之嗣子也。忠獻都督諸軍事，奏以公書寫機宜文字。以軍事入見，天子異其言，詔以爲直秘閣。劉珙薦公學行志業，遂與郡召爲吏部員外郎，兼侍講，除左司，知静江。治狀上聞，特轉承事郎，除修撰，爲湖北運副，知江陵而卒。且死，猶手草遺表，寫畢而絶。學者稱爲南軒先生。嘉定八年賜謚。

［宋］晁公武《郡齋讀書志》卷五下，上海古籍出版社，一九九〇年版

伊 川 粹 言

四庫總目伊川粹言提要

《伊川粹言》二卷　　江蘇巡撫采進本

舊本題宋張栻編。考宋濂《潛溪集》有此書跋，謂前序不著姓氏，相傳爲張南軒栻撰。則明初此書尚不著栻之名。此本當爲後人據濂語補題也。其序題乾道丙戌正月十有八日。然栻《南軒集》但載《二程遺書跋》，而無此序。使果栻作，不應諱而削之也。蓋併編次之説，皆在影響之間矣。

《欽定四庫全書總目》卷九十五，中華書局點校本，一九九七年

南 軒 集

直齋書録解題南軒集提要

《南軒集》三十卷，侍講廣漢張栻敬夫撰。魏忠獻公浚之長子。當孝宗朝，以任子不賜第入西掖者韓元吉、劉孝韙，其入經筵則栻也。

［宋］陳振孫《直齋書録解題》卷十八，上海古籍出版社點校本，
一九八七年版

四庫總目南軒集提要

《南軒集》四十四卷　　浙江鮑士恭家藏本

宋張栻撰。栻字敬夫，廣漢人。丞相浚之子，以蔭補官。孝宗

時歷左司員外郎，除秘閣修撰，終於荆湖北路安撫使。事迹具《宋史·道學傳》。栻殁之後，其弟杓裒其故稿四巨編，屬朱子論定。朱子又訪得四方學者所傳數十篇，益以平日往還書疏，編次繕寫，未及蕆事，而已有刻其別本流傳者。朱子以所刻之本多早年未定之論，而末年談經論事、發明道要之語，反多所佚遺，乃取前所蒐輯參互相校，斷以栻晚歲之意，定爲四十四卷，併詳述所以改編之故，弁於書首，即今所傳淳熙甲辰本也。

栻與朱子交最善，集中與朱子書凡七十有三首，又有答問四篇，其間論辨斷斷，不少假借。如第二札則致疑於辭受之間，第三札辨墓祭、中元祭，第四札辨《太極圖説註》，第五、六、七札辨《中庸註》，第八札辨游酢《祠記》，第十札規朱子言語少和平，第十一札論社倉之弊，責以偏袒王安石，第十五札辨胡氏所傳二程集不必追改，戒以平心易氣，第二十一札辨論仁之説有流弊，第四十四札論山中諸詩語未和平，第四十九札論《易説》未安，是從來許多意思未能放下，第五十四札規以信陰陽家言擇葬地。與胡季隨第五札，又論朱子所編《名臣言行録》未精細，朱子並録之集中，不以爲忤。又栻學問淵源本出胡宏，而與朱子第二十八札，謂胡寅《讀史管見》病敗不可言，其中有好處，亦無完篇。又第五十三札謂胡安國《春秋傳》其間多有合商量處，朱子亦並録之集中，不以爲嫌。足以見醇儒心術光明洞達，無一毫黨同伐異之私。後人執門户之見，一字一句無不回護，殊失朱子之本意。

至朱子作《張浚墓誌》，本據栻所作行狀，故多溢美，語録載之甚明。而編定是集，乃削去浚行狀不載，亦足見不以朋友之私，害是非之公矣。論張浚者，往往遺議於朱子，蓋未核是集也。劉昌詩《蘆浦筆記》駁栻《堯廟歌》指堯廟在桂林，失於附會。其歌今在集中，蓋取其尊崇帝德而略其事實。昌詩又録栻《愙齋銘》，稱栻奉其父命爲其弟杓作，本集不載，檢之良然。然栻集即杓所輯，不應反漏。考高斯得《恥堂存稿》有《南軒永州諸詩跋》曰："劉禹錫編《柳子厚集》，斷至永州以後，少作不録一篇。南軒先生永州所題三亭、陸山諸詩，時方二十餘歲，興寄已落落穆穆如此，然求之集中則咸無焉，豈編次者以柳集之法裁之乎？"然則栻集外詩文，皆朱子刪其少作，非偶佚矣。

《欽定四庫全書總目》卷一百六十一，中華書局點校本，一九九七年

張南軒文集序

［宋］朱熹

孟子没，而義利之説不明於天下。中間董相仲舒、諸葛武侯、兩程先生屢發明之，而世之學者莫之能信，是以其所以自爲者，鮮不溺於人欲之私，而其所以謀人之國家，則亦曰功利焉而已爾。爰自國家南渡以來，乃有丞相魏國張忠獻公唱明大義以斷國論，侍讀南陽胡文定公誦説遺經以開聖學，其託於空言，見於行事，雖若不同，而於孟子之言，董、葛、程氏之意，則皆有所謂千載而一轍者。若近故荆州牧張侯敬夫者，則又忠獻公之嗣子，而胡公季子五峰先生之門人也。自其幼壯，不出家庭而固已得夫忠孝之傳。既又講於五峰之門以會其歸，則其所以默契於心者，人有所不得而知也。獨其見於論説，則義利之間，毫釐之辨，蓋有出於前哲之所欲言而未及究者。措諸事業，則凡宏綱大用、巨細顯微，莫不洞然於胸次，而無一毫功利之雜。是以論道於家，而四方學者爭鄉往之，入侍經帷，出臨藩屏，則天子亦味其言，嘉其績，且將倚以大用，而敬夫不幸死矣。

敬夫既没，其弟定叟裒其故稿，得四巨編以授予曰："先兄不幸蚤世，而其同志之友亦少存者。今欲次其文以行於世，非子之屬而誰可？"予受書愀然，開卷亟讀，不能盡數篇，爲之廢書，太息流涕而言曰："世復有斯人也耶！無是人而有是書，猶或可以少見其志。然吾友平生之言，蓋不止此也。"因復益爲求訪，得諸四方學者所傳

凡數十篇。又發吾篋，出其往還書疏讀之，亦多有可傳者。方將爲
之定著繕寫，歸之張氏，則或者已用別本摹印而流傳廣矣。邊取觀
之，蓋多向所講焉而未定之論。而凡近歲以來談經論事、發明道要
之精語，反不與焉。予因慨念敬夫天資甚高，聞道甚蚤，其學之所
就既足以名於一世，然察其心，蓋未嘗一日以是而自足也。比年以
來，方且窮經會友，日反諸心而驗諸行事之實，蓋有所謂不知年數
之不足者，是以其學日新而無窮。其見於言語文字之間，始皆極於
高遠，而卒反就於平實。此其淺深疏密之際，後之君子其必有以處
之矣。顧以序次之不時，使其說之出於前而弃於後者，猶得以雜乎
篇帙之間，而讀者或不能無疑信異同之惑，是則予之罪也已夫。於
是乃復亟取前所蒐輯，參伍相校，斷以敬夫晚歲之意，定其書爲四
十四卷。

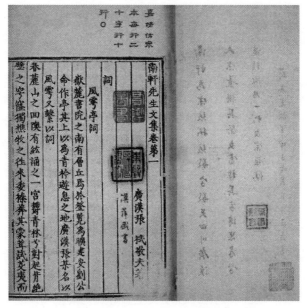

明嘉靖仿宋刻《南軒集》書影

嗚呼！使敬夫而不死，則其學之所至，言之所及，又豈予之所得而知哉！敬夫所爲諸經訓義，唯《論語説》晚嘗更定，今已別行。其它往往未脱稿時，學者私所傳録，敬夫蓋不善也，以故皆不著。其立朝論事，及在州郡條奏民間利病，則上意多鄉納之，亦有頗施行者，以故亦不著。獨取其《經筵口義》一章，附於表奏之後，使敬夫所以堯舜吾君，而不愧其父師之傳者，讀者有以識其端云。

淳熙甲辰十有二月辛酉，新安朱熹序

［宋］朱熹《朱文公集》卷七十六，《四部叢刊》本

南軒集鈔序
［宋］方回

孟軻氏没，由秦漢以来，士未有知道之爲何物，而學之爲何事者也。韓愈氏能言道之用，而未得其要，其學由文而入。至本朝諸大儒出，而後道與學之要大明於天下。衣冠南渡，得其傳而尤親切者，吾晦菴與南軒爾。且道何物也？仁、義、禮、智是也，即天之元、亨、利、貞也。元者善之長，即仁之所以首四德、包萬善者也。人而能全其本心之仁，則道在是矣。故曰：仁者道之要，學所以學是道也。世之爲學者，其説千蹊萬端，大者放漫倡狂，小者破碎纖巧，而其歸卒無所得。先儒獨得其説，以敬爲主，而又推廣其義，曰："主一之謂敬，無適之謂一。"人能終始乎此敬，而仁在是矣。故曰："敬者學之要。"

南軒平生守此二者爲之準的，所謂《言仁録》《主一箴》者，皆知要之言也。是故能以其身方駕並驅於千古之上，爲一世道學之宗主，夫豈偶然也哉？然則道之準的在乎仁，學之準的在乎敬。敬則仁，仁則道，此不可易之要也。而其所以漸磨視效者，猶有人焉。南軒以魏國忠獻公爲之父，以胡文定五峰爲之師，以晦菴、東萊爲之友，而又取諸古人。其修身也，期以顔子爲準的，著《希顔録》；

其治世也，欲以孔明爲準的，著《諸葛忠武侯傳》。上下古今，内外體用，學莫不得其要以守之，其親切可概見者蓋如此。予節鈔《南軒集》，分類以觀，著是説於前，將以示士大夫之有志於道學者，宜不可不得其要以爲之準的也。

《新安文獻志》卷三十五，文淵閣《四庫全書》本

重刊南軒先生文集叙

［明］沈暉

右《南軒先生張宣公詩文集》四十四卷，其弟龍圖學士定叟所編輯，晦翁朱子再加校正而叙以傳世者也。但歷年既久，舊板磨滅，天下少見其書。余家藏有晦翁所和先生《城南二十詠》墨迹，元儒楊維禎跋云：適於宣公集中檢得原倡，遂補書于後。乃知宣公集尚存，而恨未得一見。自出仕以來，徧求兩京國學及各省書坊，皆無此書。近年承乏湖湘，嘗躬謁嶽麓、石鼓諸書院，訪尋先生與晦翁講道遺迹及其遺書，竟亦未得。一日，偶與提學僉憲楊君春道及此書，楊君蘯然起曰：“吾家有祕閣鈔本留蜀中，當亟取以奉覽。”余喜而諾之。又數閱月，始携至，乃齋沐莊誦數四。考其卷數，正與龍圖公所編者合，第次序錯亂，字多舛譌，且晦翁叙文亦不載。因屬楊君同加校勘，取原叙文置諸首，命庠生邵性輩繕寫成編，授方伯李君潘督工刊行。

既而二君來請叙其始末，暉乃竊歎曰：自孟氏没，而斯道失其傳，歷千餘年而後，有濂谿周子、河南二程子。二程没又百餘年，而後有晦菴朱子。朱子同時倡道者雖多，然志同道合、心所推許者，惟先生與東萊吕成公而已。蓋先生少師事五峰胡氏，因私淑二程，得聞孔門親切之訓，遂作《希顏論》及《洙泗言仁録》以自勵。五峰稱之曰：聖門有人。及與晦翁、成公互相切磨，講明理義，乃益造于高明，會斯道大中至正之妙。故其居家、立朝、事親、事君、

治民，凡見諸行事者，純乎王道而未嘗雜以一毫功利之私。至其發爲文章者，亦藹然仁義之言，足以羽翼六經而辯正百氏，可謂有功於斯道者矣，豈但文而已哉！是其書晦于昔而顯于今，固有鬼神默相于其間，而非人力所能預也。讀是書者，誠能因其言以求其心，因其心以求其道，則自此進于晦菴、濂洛，以上遡洙泗，皆可馴致矣。敬書此于簡末，幸與四方同志者共勉之。

時弘治十一年夏四月，後學宜興沈暉叙。

[宋]張栻《南軒先生文集》，朝鮮古活字本。

校宋本南軒先生文集跋
傅增湘

宋刊本《南軒先生文集》存卷五至三十二，凡二十八卷。舊爲清宮所藏，《天禄琳瑯》前、後目未經著録，今圖書館檢出，庋存於壽安宮。每半葉十行，每行十七字，白口，左右雙闌。前有朱子行書序，半葉七行。貞、桓、敦、擴皆缺末筆。刊工姓名列板心下方，有鄭春、江漢、江浩、方中、方淳、方茂、方忠、徐大中諸人。有"曲阿孫氏七峰山房圖籍私篆"長方朱文大印，"朱文石史""青霞館""曲阿孫仲子"朱文各印。昔人以卷二十九至三十二剜改爲第一至第四，以充全帙，當時典籍者竟未之察也。

余請於圖書館，持蜀中翻華刻本對勘，凡八日而畢。補卷五《自西園登山》五律一首，卷十一《敬齋記》一首，卷十《道州重建濂溪周先生祠堂記》脫文二十四行，卷三十答《陳平甫書》中條答五則。其文字詳略視世行本迥異者，爲《潭州重修嶽麓書院記》《經世紀年序》《孟子講義序》《胡子知言序》各篇。其餘奪文訛字，殆不可計，余別撰校記存之，此不贅述也。

丁卯七月十二日，藏園居士記。時逭暑暘臺山清水院中。

傅增湘《藏園群書題記》卷十五，上海古籍出版社，一九八九年

景印宋刊本南軒文集序

蔣復璁

　　夫文所以載道，文而不載道，非君子之文也。故志於道，據於德，依於仁，而後始可游於藝。有宋張南軒先生，丞相魏國忠獻公浚之子，穎悟夙成，自幼學庭訓，以仁義忠孝爲人之大本。及長，師事胡文定五峰先生，與朱子及呂東萊交游，所往來倡導，悉皆孔孟論仁親切之旨。平生嚴去取，嘗曰：學莫先於義利之辨，而其修身則以仁敬爲主。蓋仁者道之宗，敬者學之要，由敬而仁，由仁而道，依此準的，發乎行事，庶得其宜，出而立言，則得其要。及試於政，知嚴、袁二州，暨靜江、江陵二府，悉以正禮俗，明倫紀爲先，民皆仰慕而從之化焉。南軒先生學業行誼，實足爲後世所楷則。今觀乎其文集，精確深遠，議論皆本仁義，亦一代文宗鉅儒。晦庵稱其"家傳忠孝，學造精微"，又謂其"道學之懿，爲世醇儒"，洵不誣也。《易》有言曰："觀乎人文，以化成天下。"文章足以輔佐教化，而移風易俗大矣。

　　今我等勵精圖治，倡導文化復興，凡我先聖賢哲，裨益教化之作，實宜定訂先後，刻而傅之，俾方便取誦，使其教化得盡顯於時也。本院負重要文化財寶典守之責，素重視文化之宣揚，自創梓《善本叢刊》於今，已逾十載。特取院藏宋版《南軒文集》景印行世，庶幾於景仰前賢之餘，於振興文化或不無涓埃之助也。《南軒先生文集》，宋世流傳凡二本，一本三十卷，一本四十四卷。後代雖遞有傅刻，而原本早已湮沒。本院所藏此帙，乃天壤間僅存之孤本秘笈。至若是書之版刻時地、校讎得失，具詳昌彼得兄跋，茲不贅。

　　一九八一年元旦，海寧蔣復璁謹識。

　　《景印宋刊南軒文集》，臺北"故宮博物院"印行，一九八一年

宋槧南軒先生文集跋

昌彼得

　　《南軒先生文集》殘存二十八卷，宋張栻撰，宋寧宗間浙江刊本。版匡高二〇·八公分，寬一六·三公分，每半葉十行，小註雙行，行均十七字。左右雙欄，版心白口，雙魚尾。上魚尾下題"南軒集某（類）卷幾"，亦偶有省書名但題類名及卷數者；下魚尾下記每卷葉次，再下記刻工：鄭春、江漢、方中、方淳、方茂、吳津、江浩、方忠、徐大中等，或單記名或姓。宋諱慎、敦、擴諸字，偶缺末筆，不甚謹嚴。卷二第十一葉、卷六第三葉及第十八葉之後半葉、卷二五第十葉、卷二七第十三葉等四葉又半缺佚，乾隆中內府仿原式抄配。首冠淳熙甲辰（十一年）朱熹序及總目。每卷首行頂格大題"南軒先生文集卷第幾"，次行低二字題類目，第三行低四字題篇題，第四行起正文則頂格書。每卷末尾題以隔二行刻爲率，亦間有隔三四行不等者。

　　栻字敬夫，號南軒，四川廣漢人，徙居衡陽，中興丞相魏國公浚長子。穎悟夙成，少師胡五峰宏，宏告以孔門論仁親切之旨，乃益自奮勵，以古聖賢自期，作《希顏錄》以見志。以廕補官，除直秘閣。以劉珙薦知嚴州，改吏部員外郎，迭知袁州及靜江、江陵二府。所至郡，大抵以正禮俗、明倫紀爲先，斥異端，毀淫祠，而崇社稷山川古先聖王之祀。調右文殿修撰提舉武夷山冲佑觀，淳熙七年病卒，年僅四十八，謚曰宣。朱熹祭其文有云："家傳忠孝，學造精微。外爲軍民之所屬望，內爲學者之所依歸。治民以寬，事君以敬，正大光明，表裡輝映"（《朱文公集》卷八七）。實足以表其一生之學問事功。熹又稱其"道學之懿，爲世醇儒"（卷八一《跋張敬夫所書城南書院詩》），故《宋史》列之《道學傳》。栻一生事迹具載朱熹所撰《神道碑》（《朱子集》卷八九）及楊萬里撰《張左司傳》（《誠齋集》卷一一五）。所著有《南軒易說》《癸巳論語解》《癸巳孟子說》

《諸葛忠武侯傳》《南軒文集》等，俱傳於世。《南軒文集》，宋世流傳凡有兩本，一本三十卷，見《直齋書錄解題》著錄，一本四十四卷，見趙希弁《郡齋讀書志附志》著錄。按朱子序稱：栻没之後，其弟杓裒得故藁四巨册，請朱子論定。朱子以其中所錄多非晚年論定之作，乃訪得四方學者所傳數十篇，又益以平日往還書疏，於淳熙十一年定著爲四十四卷，尚未繕寫藏事，而已有用別本摹印而流傳者。陳錄所載之《南軒集》三十卷，殆即以張杓所輯之故藁別本而刻傳者。此三十卷本僅見於明季陳第世善堂及錢謙益絳雲樓兩家書目著錄，後此未再見有收藏者。

　朱子編定之四十四卷本，係依體分。卷一至三古詩，附詞、賦，四至七律詩，八表，九至十三記，十四至十五序，十六至十七史論，十八説，十九至廿八書，廿九至卅二答問，卅三至卅五題跋，卅六銘、箴、贊，卅七至四一墓誌，四二祝文，四三至四四祭文。熹曾序之，序文除冠傳世書首外，見載《朱文公集》卷七六。趙希弁云："朱文公校定而爲之序，然紫巖、某圖跋語之類，皆不載於集中。"則是朱子於故藁有所刊削也。其本自元以降，遞經翻刻。《四庫簡目》邵懿辰標注謂路小洲家藏有元刊本，惟未見諸家著錄。明代有弘治、嘉靖中京兆劉氏翠巖堂及明季繆補之三家刻本，清代則有康熙中無錫華氏及道光、咸豐中四川兩次遞翻華氏本，明清諸刻本今俱傳世。南軒道學醇儒，故後世亦有輯其集中道學之文以單行者。可考者，最早有元初虛谷方回所輯《南軒集抄》，其本無傳，僅存方氏序文，載其《桐江集》卷一。於明則吳郡聶豹嘗輯《南軒文集節要》八卷，有嘉靖刻本傳世。於清則張伯行輯《張南軒文集》七卷，通行有正誼堂全書本。

　宋代刻本僅清初季滄葦曾藏一帙，尚是四十四卷足本，載其書目，後代迄未見於諸家著錄。本院所藏殘帙，則是天壤間僅存之宋槧。此本僅冠朱序，別無刻書序跋，不詳何人何時所梓。考其刻工中，如江浩、江漢、方茂、方淳、方忠諸人，俱見於寶禮堂及日本静嘉堂藏淳熙三年嚴州官刻本《通鑑紀事本末》，復以書中避宋諱止於擴字，故吳君哲夫撰本院宋本圖録，定此本爲南宋寧宗時嚴州刻本。然考此本刻工方中及鄭春二人，又於孝宗時嘗參與雕鐫所謂衢州本蘇轍《古史》，見《寶禮堂宋本書録》，本院亦藏其本；鄭春復見於本院藏黄唐本《周禮注疏》及寶禮堂著録之南宋監本《公羊疏》二書，光寧之際修補刻工中。又刻工方茂亦復參與慶元六年雕刻之八行本《春秋左傳正義》，見《中國版刻圖録》。八行本《周禮註疏》《春秋左傳正義》二書刻於紹興府，而監本當付梓於臨安。故此諸刻工多屬南宋中葉浙江地區之名匠，鄰近地區雕版，多延聘通力合作，因之此本是否即刻於嚴州，在尚未獲積極之史料或刻書序跋以證明，尚未敢必也，然其爲浙江官刻，應可無疑。按元陳袤《重整西湖書院書目》中，載有《張南軒文集》之書版。元世祖下臨安，盡取浙江及江西諸郡官版，即宋國子監舊址，設置西湖書院以掌管之。此書版既列載其目中，應是官刻，但未能定何郡耳。

　　此帙殘存卷五至三十二凡二十八卷，估人欲充全帙，遂剜改卷二十九至三十二答問四卷爲卷一至卷四，並抽換删削總目及剜改朱熹序文四十四卷爲二十八卷，以泯其迹。遂至總目及正文不能相應，僞迹顯然，適徒見其心勞力拙也。首四卷大題剜改卷次上鈐有朱文石史印記，則作僞者尚出之前明坊估也。昔傅沅叔嘗取此帙以校清蜀中翻無錫華氏本，舉其異同云：可"補卷五《西園登山》五律一首，卷十一《敬齋記》一首，卷十《道州濂溪祠堂記》脱文二十四行，卷三十《答陳平甫書》中條答五則。其文字詳略，視世行本迥異者爲《潭州嶽麓書院記》《經世紀年序》《孟子講義序》《胡子知言序》各篇。其餘奪文訛字，殆不可計"。見《藏園群書題記續集》。吳君哲夫曾以此本校本院別藏明弘治及文淵閣四庫本，謂此本卷七較少律詩三首，卷二五少答二篇，遂以爲末世各本別有所據。竊以傳世古本編次悉同此本，其自宋本出實無可疑。或所據係出傳録抄本，偶有訛亂，遂補録各類之後，如卷七多出之《西園登山》一首，

實即卷五所少該題律詩之第二首，補刻於後者。因此本不全，尚無
從斷其是非。僅就所存各卷，於諟正傳本之訛奪，有莫大之藉助焉。

　　是帙原裝爲二函十六册，藏置壽安宮。乾隆時整理各宮藏書時，
遂補録缺葉，去襯紙，重裝爲一函四册。今函中尚附四十五年抄補
改裝記録籤條二紙，唯無寶璽，蓋尚未選入昭仁殿天禄琳琅書藏中。
書中每卷首尾鈐有“曲阿孫氏七峰山房圖籍私篆”朱文長方印、“朱
文石史”朱文方印，又別偶鈐有“曲阿孫仲子”“青霞館”二朱文方
印。孫育字思和，號七峰，江蘇丹陽人，行二。由文士貢太學，游
王鏊、楊一清、靳貴之門，皆愛其才，以賈洛陽稱之。搆七峰山房，
工詩文翰墨，與唐寅、祝允明齊名。屢困場屋，以筆札取士官直文
華殿中書。有《七峰山房集》六十卷，見清光緒《丹陽縣志・文苑
傳》。“朱文石史”乃華亭朱大韶藏章。大韶字象玄，舉嘉靖二十六
年進士，選庶吉士，授檢討，改南雍司業。性好藏書，廣蓄宋板，
搆樓城東北，置圖史，朝夕觀覽。事迹具《國朝獻徵録》王弘誨撰
《行狀》。“青霞館”印不詳何人所鈐，疑爲明吳縣湯承彝，生平無考。

《景印宋刊南軒文集》，臺北“故宮博物院”印行，一九八一年

張南軒集序

［清］張伯行

　　道之在天下也，有一二人開之於先，而統系相承，遂有知所向
往以成其學者。固其人之克自振拔，亦良師友與有力焉。自鄒魯既
遠，聖學不明，异端浸熾，至宋伊洛夫子出，始得其宗於數千載之
下，相與講心性之微，嚴義利之辨，而陷溺已深，信從者寡。高者
競尚頓悟，多入於禪，而其卑者則不過掇拾詞章，以弋聲名、取爵
禄。習俗移人，賢者不免，蓋當其爲學時，而本原早已非矣。又況
貴胄公子，口厭膏粱，心熏勢利，欲其親師取友，日磨厲於道德之
林，而卓然不爲流俗所惑，誠知其難也。

獨張南軒先生爲忠獻公嗣子，幼習庭訓，已得忠孝家傳。及長，師事五峰，慨然以聖賢自期，著《希顏錄》表明己志。其平日之講究心性者，蓋深契乎伊洛之遺言，而上接鄒魯之統。而其所得力，則尤在辨晰義利，不使有毫釐之差，故胸次灑然，光明坦蕩，純乎天理。至於入侍經幄，出典名藩，無非本此而措之，蓋有古大儒之學，純臣之風焉。且與考亭夫子志同道合，往來切磋，舉凡天道之精深，聖言之奧妙，德業之進修，行藏之大義，莫不有以共悉其源流，而一歸於正大。朱子嘗亟稱之，以爲天資甚高，聞道甚早，其學問日新無窮，其議論出人意表，此亦可以見先生之不可及矣。夫以先生之克自振拔，而又得良師友如是，使天假之以年，則其作爲文章，播諸事業者，夫詎可量。而享壽不永，弗獲竟作聖之功。惜夫！今其書具在，予懼傳之不廣也，因爲校選以付棗梨，俾後之讀先生之書者，曉然於義利之介，不可不明，而嚴辨於幾微之間，以不迷於所往。然後知行交進，敬義夾持，實求其所爲心性者。而且親師取友，相與輔成德器，亦如先生之以聖賢自期焉。斯道之傳，聖學之彰，實嘉賴之，不佞將拭目以竢。

康熙四十八年歲次己丑季秋，儀封後學張伯行題於榕城之正誼堂。

[宋] 張栻《張南軒集》，清刻《正誼堂全書本》

南嶽酬唱集

四庫總目南嶽酬唱集提要

《南嶽酬唱集》一卷附錄一卷　　編修汪如藻家藏本

宋朱子與張栻、林用中同游南嶽倡和之詩也。用中字擇之，號東屏，古田人，嘗從朱子游。是集作於乾道二年十一月。前有栻序，稱："來往湖湘二紀，夢寐衡嶽之勝。丁亥秋，新安朱元晦來訪予湘水之上，偕爲此游。"而朱子詩題中亦稱栻爲"張湖南"，蓋必栻當時官於衡湘間，故有此稱。而《宋史》本傳止載栻孝宗時任荆湖北路轉運副使，後知江陵府，安撫本路，不言其曾官湖南。疑史有脱漏也[①]。其游自甲戌至庚辰，凡七日。朱子《東歸亂藁序》稱得詩百四十餘首。栻序亦云百四十有九篇。今此本所録止五十七題。以《朱子大全集》參校，所載又止五十題，亦有《大全集》所有而此本失載者。又每題皆三人同賦，以五十七題計之，亦不當云一百四十九篇，不知何以參錯不合。又卷中聯句，往往失去姓氏標題。其他詩亦多依朱子集中之題，至有題作次敬夫韻，而其詩實爲栻作者。蓋傳寫者訛誤脱佚，非當日原本矣。後有朱子與林用中書三十二篇，用中遺事十條及朱子所作字序二首，皆非此集所應有，或林氏後人所附益歟？然以南嶽標題，而泛及別地之尺牘；以唱酬爲名，而濫載平居之講論；以三人合集，而獨贄[②]用中一人之言行，皆非體例。姑以原本所有，存之云爾。

《欽定四庫全書總目》卷一百八十七，中華書局點校本，一九九七年

南嶽唱酬序

［宋］張栻

某來往湖湘踰二紀，夢寐衡嶽之勝，亦嘗寄迹其間，獨未得登絶頂爲快也。乾道丁亥秋，新安朱熹元晦來詢予湘水之上，留再閱月，將道南山以歸，廼始偕爲此游，而三山林用中擇之亦與焉。

---

① 洪波按：張栻生於四川綿竹，自小隨父張浚生活於湖湘間，卒葬長沙府寧鄉縣大溈山，故史有張栻生於西蜀，長於湖湘之説。紹興末栻構城南書院於長沙，乾道初主講嶽麓書院，大張其師胡宏之學，朱熹聞而來訪。訪學結束，遂同游南嶽。朱熹稱栻爲張湖南，當本於其一生大半活動於湖南並定居寧鄉之事實，而不在"曾官湖南"。《總目》之疑，似屬臆測。

② "贄"，浙、粤本作"載"。

　　粵十有一月庚午，自潭城渡湘水。甲戌，過石灘，始望嶽頂。
忽雲氣四合，大雪紛集，湏臾深尺許。予三人者飯道旁草舍，人酌
一巨盃，上馬行三十餘里，投宿草衣巖。一時山川林壑之觀，已覺
勝絕。乙亥抵嶽後，丙子小憩，甚雨，暮未已，從者皆有倦色。湘
潭彪居正德美來會，亦意予之不能登也。予獨與元晦決策，明當冒
風雪亟登。而夜半雨止，起視，明星爛然。比曉，日升暘谷矣。德
美以怯寒辭歸。予三人聯騎渡興樂江，宿霧盡卷，諸峰玉立，心目
頓快。遂飯黄心，易竹輿，由馬迹橋登山。

　　始皆荒嶺彌望，已乃入大林壑，崖邊時有積雪，甚快。溪流觸
石，曲折有聲琅琅。日暮抵方廣，氣象深窈，八峰環立，所謂蓮花
峰也。登閣四望，霜月皎皎，寺皆版屋，問老宿，云用瓦輒爲水雪
凍裂。自此如高臺、上封皆然也。戊寅明發，穿小徑，入高臺寺。
門外萬竹森然，間爲風雪所折，特清爽可愛。住山了信有詩聲，云
良夜月明，窗牖間有猿嘯清甚。出寺，即行古木寒藤中。陰崖積雪，
厚幾數尺，望石凛如素錦屏，日影下照林間，冰墮鏘然有聲。雲陰
驟起，飛霰交集，頃之乃止。出西嶺，過天柱，下福巖，望南臺，
歷馬祖庵，由寺背以登，路亦不至甚狹，遇險輒有石磴可步陟。蹜
二十餘里。過大明寺，有飛雪數點自東嶺來。望見上封寺，猶縈迂
數里許乃至。山高，草木堅瘦，門外寒松皆拳曲擁腫，樛枝下垂，
冰雪凝綴，如蒼龍白鳳然。寺宇悉以版障蔽，否則雲氣噓吸其間，
時不辨人物。有穹林閣，侍郎胡公題榜，蓋取韓子"雲壁潭潭，穹
林攸擢"之語。

　　予與二友始息肩，望祝融絕頂，褰裳徑往。頂上有石，可坐數
十人。時煙靄未盡澄澈，群峰峭立，遠近異態，其外四望渺然，不
知所極，如大瀛海環之，真奇觀也。湘水環帶山下，五折乃北去。
寺僧指蒼莽中云，洞庭在焉。晚歸閣上，觀晴霞，橫帶千里。夜宿
方丈，月照雪屋，寒光射人，泉聲隔窗，冷然通夕，恍不知此身踞
千峰之上也。己卯，武夷胡實廣仲、范念德伯崇來會，同游仙人橋。

路並石，側足以入。前崖挺出，下臨萬仞之壑，凜凜不敢久駐。再上絕頂，風勁甚，望見遠岫次第呈露，比昨觀殊快。寒威薄人，呼酒，舉數酌，猶不勝，擁氈坐乃可支。須臾雲氣出岩腹，騰湧如饋鎦，過南嶺，爲風所飄，空濛杳靄，頃刻不復見。是夜風大作。庚辰未晚，雪擊窗有聲，驚覺。將下山，寺僧亦謂石磴冰結，即不可步，遂亟由前嶺以下。路已滑甚，有跌者。下視白雲瀲浮彌漫，吞吐林谷，真有蕩胸之勢。欲訪李鄴侯書堂，則林深路絕，不可往矣。行三十里許，抵嶽市，宿勝業寺勁節堂。

蓋自甲戌至庚辰凡七日，經行上下數百里，景物之美不可殫叙。間亦發於吟詠，更迭唱酬。倒囊得百四十有九篇。雖一時之作不能盡工，然亦可以見耳目所歷與夫興寄所託，異日或有考焉，乃衷而錄之。方己卯之夕，中夜凜然，撥殘火相對，念吾三人是數日間，亦荒於詩矣。大抵事無大小美惡，流而不返，皆足以喪志，於是始定要束，翼日當止。蓋是後事雖有可歌者，亦不復見於詩矣。嗟乎，覽是編者，其亦以吾三人者自儆乎哉！作《南嶽唱酬序》，廣漢郡張某敬夫云。

[宋]張栻《南軒集》卷十五，文淵閣《四庫全書》本

各地紀念張栻書院資料

建康南軒書院

　　大使馬公光祖重修南軒祠，在南門外長干寺之東。依山爲祠，由寺而入，蓋宣公舊讀書所也。杜公杲爲尹時，嘗撥田百畝屬於學奉祠祀，且設前漕使西山真文忠公像于旁，春秋仲丁，校官率諸生行舍菜禮，亭其上曰："仰宣"，示不忘也。然歲僅兩至，平時足迹所不到，棟橈簷頹，求像設于煙煤蛛網之中，甚非所以崇教化而勵風俗也。咸淳丁卯夏五月，鼎新修繕，視舊有加。大使又念儒先明道之地，不可與緇流之室相混淆，乃芟荊榛，闢正路，作高門，俾學士大夫之出入是塗者，知所宗嚮。仍屬兩校官朔望一謁祠下，置閽人以司啓閉，再撥田四十畝有奇，俾葺治無壞，而不負仰宣之意云。

　　南軒，舊傳在保寧寺方丈。今皆指天禧寺方丈旁小室，是南軒張宣公讀書處。

　　考證：祝穆編《方輿勝覽》謂，張魏公開督府時，其子讀書于保寧寺方丈小室，號南軒。西山真公德秀建南軒先生祠堂于天禧寺方丈後，蓋以此爲張宣公讀書南軒之舊址。王潛齋塈又設西山像，侑食祠中，作亭其旁，扁曰仰宣。羅北谷詩："萬松盤嶺勢回環，才抱清溪浸碧山。莫道南軒專一壑，古今天下共曾顏。"

　　　　　　　［宋］周應合《景定建康志》卷二十二，文淵閣四庫全書本

南軒書院，宋咸淳四年創立。大德元年起，蓋南軒先生華陽伯張宣公祠堂。今省設山長一員，主領錢粮教事。

［元］張鉉《至大金陵新志》卷六上，文淵閣四庫全書本

南軒書院，祠南軒先生張栻，本設精舍，後移城東，爲今書院。淳祐三年，杜杲記曰：天禧寺側屋六七楹，曰南軒，實先生講習之地，日就傾圮，甚至春時爲游宴之所。杲昨在江淮幕下，猶扃閉空□，心竊念之，告之長而莫之聽。兹冐闔事，比至不可舉目，於是治葺之，繪像於中，礲石琢詞六。《景定志》：天禧寺方丈後，張宣公讀書處也。真文忠公爲轉運使，建祠屋於舊址。其後，總領所以爲魁酤之場。知府杜杲爲屋六七楹，撥田百畝爲祀事。咸淳中，馬光祖建主一堂，求仁、任道、明理、潛心四齋，極高明樓，爲屋九十二間，闢路前除，命两校朔望虔謁，又撥田四十畝入焉。歸附後，移於城東儀賓館，在明道書院西南。

［元］張鉉《至大金陵新志》卷九，文淵閣四庫全書本

南軒書院，遷舊儀賓館地基。大德元年，剏盖南軒先生華陽伯張宣公祠堂。

［元］張鉉《至大金陵新志》卷九，文淵閣四庫全書本

南軒書院，舊在天禧寺。宋南軒張栻嘗讀書於此，轉運使真德秀爲立祠。後馬光祖建主一堂，求仁、任道、明理、潛心四齊，極高明樓，且增撥田入焉，以惠學者。元移置於城東明道書院之西南。

《明一統志》卷六，文淵閣四庫全書本

南軒書院，在府城天禧寺方丈後。本宋張栻講習之地，真德秀建祠祀焉。至元中，遷於城東。大德元年，重建舊地。今圮。

乾隆《江南通志》卷九十，文淵閣四庫全書本

重修張南軒祠記

［宋］杜杲

人之生有此心，則有此知。堯舜之聖，此心此知也。夫婦之愚，無以異於堯舜，以天而不以人則明，以人而不以天則昏。夫尊賢而賤不肖，好善而惡惡，此人之本心，與生俱生，天地之自然也。比小人，嫚君子，趨惡而違善，此習之而不知人欲之使然也。何以言之？匹夫信義行於里閈，蓋有盜賊斂干戈而過其間者，烈婦毅然而不可奪世俗，固有立祠宇以奉之者，是孰使之天，實爲之人心之良知也。降周，訖孔至孟氏，而道統不傳，天理幾泯，人心日晦。由漢而下，上下之間，莫有任此責者。至於我宋，尊道重德，已見於削平肇造之初，其後濂溪、二程先生出，而發聖賢之秘，孟氏始得其傳，道統於是乎有宗。高宗以來，文公朱先生以身任道，開明人心。南軒先生張氏，文公所敬，二先生相與發明，以續周程之學。於是，道學之盛，如日之升，如江漢之沛。婦人、孺子聞先生之名，皆知其賢，譬之景星麟鳳，不以爲瑞者妄人也。凡講習之地，皆有祠宇，崇尚嚴潔，足以啓人之敬仰。百年之間，儒風彬彬，豈無自而然。

獨金陵天禧寺之側，有屋六七楹，曰南軒，實先生講習之地，想其朝思夕維，參前倚衡，天地之運化，聖賢之傳授，講求乎尊君救世之策，發揮乎垂世立教之序。闖百聖而不違，通萬世而無媿。是軒也，豈容使之荒蕪而不治？惜乎！歲久希重道之士，日就傾圮，甚而春時爲游宴之所。杲作贅江淮幕，猶扃閉空閴，未至若今之狼籍，心竊念之。告之邑長而莫我聽，近冒閫事，欲因舊而增新之。比至殆不可舉目。於是命工治葺，内外整齊，繪先生之像於中，使承學之士載瞻祠宇，人亡道在，如將見之興起良知，有躍然不自已者。嗚呼！閭有當式者，墓有當拜者，此軒之當新，庸非守邦者之責，尚冀來者之不忘也。繫之辭曰：

孟氏日遠，吾道日昏。道之明昏，儒之疵醇。學焉而疵，韓董楊荀。自時厥後，疵亦靡聞。我宋立極，曰義與仁。教風德雨，太和蒸薰。篤生鉅儒，濂溪二程。文公宣公，道鳴中興。伊昔宣公，講學斯軒。南軒之名，與道俱尊。奚未百年，棟宇摧傾。今我來斯，載瞻載嘆。爰命匠氏，斬然一新。有隆斯堂，鏘鏘其門。像圖惟肖，奠位安神。遂使先師，不窨寒溫。牢醴時薦，觴豆序陳。豈軒之新，軒存敬存。礱石琢詞，以告後人。

《江南通志》卷三十七，文淵閣四庫全書本

杜子問赴建康南軒祠長（祠前花木可愛）

［元］戴表元

一席清溪上，深衣雪鬢翁。揮犀談孔氏，釋菜禮宣公。堂饌淮鮮白，賓筵楚醴紅。花臺無恙否，回首幾春風。

［元］戴表元《剡源文集》卷二十九，文淵閣四庫全書本

袁州南軒書院

南軒書院，在東湖上，中有張南軒栻祠，歲時祀之。

《明一統志》卷五十七，文淵閣四庫全書本

南軒書院，在（袁州）府城東湖上。本南軒祠，宋端平中，州守彭方建。元至元間，總管張熙祖重修，虞集記。

雍正《江西通志》卷二十一，文淵閣四庫全書本

南軒書院講義

［宋］陳文蔚

《中庸》一書，約而精微之理，泛而日用之事，無所不備。然其切要者，不越乎人倫之常，故曰：天下之達道五。夫所謂達道者，

乃古今通行之理。故堯之命舜曰謹徽五典，舜之命契曰敬敷五教。
夫所謂五典、五教者，即此《書》之達道，君臣、父子、夫婦、兄
弟、朋友之交是也。自古聖賢心相授受，垂訓立教，如出一轍，世
之學者其可外是而他求哉！

　　然達道之行，必在乎達德。達德者三，知、仁、勇是也。知足
以知之，仁足以守之，勇足以決之。無是三者，雖有達道，不能行
也。是三者，人之所同得，苟非誠，則三者之行無其實矣。所謂一
者，誠是也。誠者，實此三者而已，非三者之外別有誠也。然德雖
人之所同得，而資稟則有異矣。或生而知之，或學而知之，或困而
知之，或安而行之，或利而行之，或勉强而行之。三知、三行雖不
同，及其知之成功則一也。苟以生知安行爲不可及，而甘於自暴自
棄，則終於爲愚爲不肖而已，可勝惜哉！在乎人十己百，人百己千，
卓然自立，以變化其氣質，則愚可使明，柔可使强，而聖賢之域可
至也。故聖人不以資稟而絶人，蓋謂降衷秉彝，天之所以賦與人者
未嘗不一，人不可以負天之所賦與，而自暴自棄可也。

　　聖人至此，其仁天下亦深矣。繼此又曰：好學近乎知，力行近
乎仁，知恥近乎勇。蓋謂雖未能知，而好學則近乎知矣，好學足以
破愚故也；雖未能仁，而力行則近乎仁矣，力行足以克己故也；雖
未能勇，知恥則近乎勇矣，知恥足以起懦故也。知斯三者，則知所
以脩身；知所以脩身，則知所以治人；知所以治人，則知所以治天
下國家矣。成效至此，亦庶幾於知之成功一也。然必先知之而後行
之，如《大學》之道，亦必自格物致知始。蓋不知之，則義理不能
明，物欲不能去，雖萬善皆備於吾身，而亦不能爲己有。故《中庸》
又曰：不明乎善，不誠其身矣。《大學》《中庸》，其義一也。學者誠
能以致知爲力行之本，以力行盡致知之實，交用其力，無敢偏廢，
則達德以全，達道以行，《中庸》在我矣。

　　　　　　　　　[宋]陳文蔚《克齋集》卷八，文淵閣四庫全書本

南軒書院新建藏書閣記

［元］虞集

　　袁州路南軒書院者，祠廣漢張子宣公而列於學官者也。故宋□□時，宣公之弟构定叟守宜春，宣公至焉，郡人士思宣公而不敢忘也。端平丙申，郡守廬山彭方度地於東湖之上，始創書院。又七年而後成，彭守時爲尚書兵部侍郎，記之。

　　內附國朝以來，莫之改也。近歲水齧其北址，藏書之閣圯焉，其勢未已，講堂且危。仍改至元之三年，山長廬陵趙某始至，慄然憂之，告諸大府，請加完繕。大府聽其言，思有所屬焉。幕府之長嚴君仲毅進曰：仲毅之在此，不可使學校有所遺缺也。明年，前太守真定張侯宗顏去爲漕，今太守廣信張侯熙祖始來，同寅協和，民以無事，仲毅得以致其力焉。然書院之田不足以供祭祀、廩稍之用，是以營繕有所未遑也。乃出月俸爲之先，而上下應之。即書閣之舊址，斲松爲枋，沉布水底，加曾石焉，延十有五丈，廣百步，崇二丈，畚石加土，平接講堂之址，凡若干尺，堂始無虞。是時，郡學新作尊經閣，舊閣之材尚有堅完者，以今侯之意，與書院奠諸新陞之上，復藏書之舊觀。閣凡三層，皆出飛簷以遠風雨，奉宣公之像於閣下以爲祠。又作東西廡以屬諸講堂，作詠歸亭與立雪亭對大門之東，與老氏之宮接，正其界爲亭以表之。至元五年某月某日告成。又作水櫃於上流，以防衝突之及。是役之始終，嚴君日至，而趙某、譯史鄧某、府吏胡某、直學趙某皆勤敏覈實，克相其功。屬予記其事如此。

　　嗟夫，使幕府之佐其長身任其勞而不辭，則府安有缺事哉！然予不敢徒書其土木之功也。蓋聞之聖人既遠，周子興焉，作爲圖書以發不傳之秘，兩程子繼之，而其道大行。龜山楊氏之歸閩，叔子固歎其道之南矣，其傳諸豫章、延平者得朱子。而張子得於五峰胡氏者，生同時而學同源也，斯世斯文之所係者重矣。張子以丞相魏公之元子，天資粹美，異於常人，自其弱冠已知求學聖人之道，及得所傳，遠有端緒，察乎幾微萌動之端，以博極乎求仁之道，玩心神明，不舍晝夜。極講明問辨之功，從容以和而不激；極舒遲溫厚之意，端嚴以正而不阿。朝進暮繹，同歸一致，任重道遠，死而後已。及夫蟬蛻人欲之私，春融天理之妙，其所至盛矣哉。以之事上泝民，以之立言垂教，百世之下，學者可考焉。

　　昔在魏公相思陵於艱難之中，屢屈於險姦之手，大忠大義，時人比之諸葛武侯。宣公以爲武侯王佐之才，而自比於管樂，必不然也，取舊傳而更定之，蓋以明其父之心焉。定叟之爲弟也，才略幾有父風。治袁之日，宣公閒暇而過之，所以端其爲政之本原，以見諸行事，其民被其德而不知者多矣。當彭守時，其殘墨餘論之猶存，而今不復可見，豈不重可歎哉！遺像儼然，衣冠咨色之在於斯也，學者想見其冲和純粹之氣，洋溢充滿，反求諸已，知其所不及，以自致其變化焉，則固君子之所望也。

［元］虞集《道園學古録》卷三十六，四部叢刊本

衡山南軒書院

　　南軒書院，張栻、朱熹講學處。

《明一統志》卷六十四，文淵閣四庫全書本

　　南軒書院，在衡山縣南嶽後。張栻父浚，三奉詔居永州，栻往來省侍，受學於五峰胡宏之門。又與朱子同游講學，置書院于嶽山後。今基存。

雍正《湖廣通志》卷二十三，文淵閣四庫全書本

寧鄉南軒書院

張南軒祠，在儒學右，明弘治中建，地方官春秋致祭。嘉靖中，知縣胡明善撥付官地，以租備祀費。後祠廢。萬曆中，知縣沈震龍移建于桂香嶺文昌殿之左。明季燬於兵。

民國《寧鄉縣志·故事編》，民國三十年鉛印本

南軒墓祠，明地方官建，在縣西北四十里官山。後廢。知縣胡明善訪得之，以貲贖墓地于民，建祠四楹，祠右建南軒書院，置祭田四十畝。大學士楊廷和撰祠記。嘉靖十九年，分巡楊祐重修。崇禎間，田没祠祀，陶汝鼐令一蜀僧守墓，助築祠堂五間。清順治戊子復燬，僧別爲奉賢廬于山間，奉二公祀。康熙某年，知縣蔣應泰觀弔祠墟，見神道碑仆地，特植之。康熙四十三年，署縣鍾靈秀清復南軒原有墓田，修祠設奠，詳請巡撫趙申喬、學使潘宗洛，每歲春秋飭學官親往致祭，並令後裔輪裏祀典，申喬旋上"濂源泗水"匾額。五十五年，裔孫啓禹、啓斌倡修墓前饗堂。五十六年，教諭王玉章定春秋二祀，以兩仲末丁兼祀魏公。雍正九年，觀風整俗使李徵謁墓祠，上"濂洛聞知"匾額。十三年，啓禹、啓斌重修神道碑。乾隆十二年，巡撫楊錫紱奏設奉祀生一名。二十一年，巡撫陳宏謀飭免奉祀生雜役。咸豐五年，知縣耿維中重修中進主堂及前庭。同治中，知縣郭慶颺修後進主堂。其奉祀生，自張志潔後，有鳴瑞、茂倫、廣榮及廣東。按察使張銑上"忠孝勤儉"匾額。光緒二十八年，學使張預題聯上之。

民國《寧鄉縣志·故事編》，民國三十年鉛印本

光緒《省志·典禮四》云：張魏公祠，一在縣儒學左，一在縣西潙山墓前。此因楊廷和記首從魏公立論，故稱祠以祀魏公爲主，其實祠本祀南軒，乃崇祀魏公，如孔廟之有崇聖祠也。康熙《志》云學右，疑手民字誤。《省志》作左爲是。

民國《寧鄉縣志·故事編》，民國三十年鉛印本

靈峰南軒二書院紀略

〔清〕張思炯

靈峰書院，今名玉堂山，舊名道山書院。縣東三十里，林谷清幽，江流環繞，今其遺址尚在。緣宋高宗紹興中，胡仁仲宏五峰先生游潭州，過靈峰而悦之，乃築書院於其下講學，張南軒師之。考南軒於五峰初惟以書質疑求益，未嘗見也。比紹興三十一年辛巳，隨父紫巖判潭州，始得拜於書堂，亦僅一再見而五峰没。是時，南軒年二十九歲，當其以書質疑求益，或在隨父永州居住之日，而往來於衡山靈峰間乎？觀《南軒集》《洙泗求仁》及麓山與朱子剖明太極之蘊，其得統於五峰者不綦微哉！後之人覽其遺址，可以興矣。

南軒書院，縣西一百五十里，南軒父子墓下。明嘉靖三年甲申，邑令胡明善就墓下建祠，右爲書院，置祠田四十畝，太學士蜀人楊廷和作記。明末，祠院俱廢。考其制殊狹，蓋苐美其名，未嘗以講學也。（本舊志）

> 按：新、舊《邑志》暨《南軒輯略》所載：南軒舊有祠堂，在儒學右，弘治年間改東齋後梓童廟爲之。萬曆三十年，知縣沈震龍鼎建祠宇於桂香嶺文昌殿之左，肖像事之，清出縣前鋪地四十間，北門鋪地廿間，及桑棗園等處地租銀，每年共收十三兩六錢，以備本祠祀典。後祠廢，租亦失額。至國朝康熙五十四、五年間，修城南書院，有湘陰首士易象乾呈府憲提此項租銀，以充城南之用。至再至三，經邑侯于、

蔡兩公兩次詳覆得免，其時尚收地租銀十二兩零。卷宗班班可考，不知何年將此項失收，使先賢故地悉歸湮滅，豈當事之咎歟？抑亦後嗣之不力也！迄今，屋宇雖屬他人蓋造，而地租可以清復，倘得大力主持，於書院不無少補。因舊志未及詳考，故附錄於此。

後裔思炯謹誌。

〔清〕張思炯《玉潭書院志輯略》，清刻本

新建宋丞相魏國張公父子祠堂碑記

〔明〕楊廷和

宋丞相魏國張公浚，在中興號爲賢相。初逃張邦昌之議，平苗劉之亂，其風聲氣節已聳動天下。既秉軸，毅然以恢復自任，誓欲肅清中原，表著天心，扶持人紀，引擢賢俊英材，授任遠人，伺其用舍，爲進退天下占其出處，爲安危忠君體國之誠，直與諸葛孔明相望於千百載上下。雖困於讒忌，屢起屢躓，功未克就，而志不少衰。其子右文殿修撰栻，穎悟夙成，魏公教之一以仁義忠孝之實，受業於胡五峰之門。其爲學惓惓於理欲之分，義利之辨，朱子推之爲大本卓然，先有所見，已非其匹，學者稱爲南軒。先生嘗叅贊魏公，督府諸所綜畫，幕中人皆自以爲不及。魏公寢疾時，手書諭南軒兄弟曰："吾不能雪祖宗之恥，死不當歸葬先人墓左，葬我衡山下足矣。"乃葬之寧鄉溈山之南。後南軒卒，亦祔葬焉。

至是蓋三百餘年矣，墳墓所在，鞠爲榛莽，士人父老亦鮮有知之者。鳳陽胡侯明善，以名進士補令寧鄉，一年政通人和，訪而得之，憮然嘆曰："令甲有之，凡忠臣烈士有功德於國家，及惠愛在民，事迹昭著者，列於祀典，其祠墓禁人毀撤。若魏公所建立，載在信史，昭如日月，正應令甲所著。而南軒之學，師表百世，從祀孔廟，達之天下。今其祠墓在二邑者，顧蕪穢不治，非我有司之責而誰也？"

於是亟取售贖之餘，建專祠各四楹，其右則南軒書院。又買田四十畝，以備時享之用。門廡秩秩，繚以周垣，俎豆載陳，衣冠動色。會衡山劉侍御黻持節按蜀，過家見而悦之。既至蜀，以告予。謂子魏公鄉後學也，屬爲文刻於神道之石，且檄下廣漢，訪其遺裔。

　　予惟賢人君子之用於天下，不患無才，而患學術之不足；不患無學，而患所學之不正。嘗觀魏公之所以告其君矣，曰："人主之學以心爲主，一心合天，何事不濟。"又曰："所謂天者，天下之公理而已，必兢業自持，使清明在躬，則賞罰舉措無有不當，人心自歸，敵讐自服。"其本原皆自聖賢學問中來，非漢唐以下規規於功利之末者比。至南軒，每進對必自盟於心，其言曰："此心之發，即天理之所存，願時加省察，而稽古親賢以自輔。"是即魏公之説也。有宋一代名臣，若仲淹之於純仁，韓琦之於忠彦，吕夷簡之於公著，前啓後承，其詩書之澤，事功之盛，皆足以名當時而傳後世。若學術議論，視魏公之於南軒，或有間也。尚論於魏公，容有責備之意，而其大處終不可泯。予是以表而出之，觀者或勿以予爲齊人。侍御君思賢尚友，而樂成人之美，縣侯爲政而急於先務，皆可書也。故以爲記。

雍正《四川通志》卷四十，文淵閣四庫全書本

《張公父子祠堂碑記》殘碑拓片之一，刊刻時間待考。今藏寧鄉博物館

《張公父子祠堂碑記》殘碑拓片之二，刊刻時間待考。今藏寧鄉博物館

重修宋張忠獻公及南軒先生墓前祠堂碑記[①]

［清］陳嘉猷

康熙四十五年，猷筮仕潙甯。讀邑志，知宋忠獻張魏公以恢復未遂，誓不葬先人墓左，遺命卜兆於楓林鄉之寵塘。其子南軒先生安撫荆州，卒於江陵，亦祔葬焉。檢閱前署篆鍾諱靈秀者，考邑志

---

① 《張氏三修族譜》卷一收此文，題作《重修墓前祠堂碑記》。

與張氏之家乘，舉南軒墓田四十畝歿於浮屠者，勤勤懇懇，通詳請復。巡撫趙查驗批准，田租附之儒學，祭祀委之廣文，並令賢裔輪勤，祀典贏餘，次第修葺，而知有明嘉靖時，縣令胡公明善清出墓田，與夫縣前鋪地、北門官園地基，又另捐祭田四十畝，於墓前建祠庭，立書院，崇奉先賢，罔不周至？夫張氏自南軒之後，鏜公起義應文文山，事敗靖難，田廬已盡歿於元，而巃塘之不絕如綫，雖其曾孫敏登永樂賢書[①]，兩舉欽差，賜冠英坊[②]，亦以平定未久，瘡痍初復，不及請舉。而胡公毅然修廢墜於數百年之後，不亦盛乎？明末，燬於兵，祠又廢。

　　國朝初，邑中先達清出墓田，以付蜀僧，祠宇改爲精藍，而若敖之鬼幾餒。鍾公一詳，昌明正學，紹美胡公，誠大有功於名教也。及猷清丈田畝，道經墓前，躬進瓣香，見其岌嶢峻拔，垂若雙紳，兩墓巋然，江水襟帶，不禁爲之嘉嘆曰：魏公乃心王室，南軒克立大本，宜其鍾江山之秀，而覆蔭於無疆也。然而頹垣故址，斷碑殘碣，半淪於荒煙蔓草，目擊心愴，屢以修葺商之賢裔，而有志未逮，且祭田、官地清查未至，皆恨事也。雖蒙恩內轉，未嘗一日去諸懷。

　　茲張氏兩孝廉書來，都云：長沙重建南軒城南書院，儕等已捐貲勸事，復鳩族人於墓前，爲饗堂四楹，崇祀兩主，左右兩廊各四楹，前庭四楹，爲大門一，左右角門各一，周圍甃以磚甓，胡公所建碑嵌堂北，都勻太守維堅公所立碑嵌堂左。工始於丙申新秋廿六，豎梁於孟冬朔八。董斯事及捐資共勸者，俱欲勒名於石，且以碑記委之予。予展讀，雀躍良久，相望數千里而樂觀厥成之，心如置身兩墓之旁，而瞻拜肅將矣。

　　夫以魏公父子功德滿天壤，理學昭千古，固宜崇祀於弗替。然無胡公之盛舉，而祠田已歿於奇渥溫，無鍾公之詳覆，而血食亦化爲青精飯。有胡公闡幽於前，鍾公興廢於後，不得賢裔之合力大建，

---

① "賢書"後，《重修墓前祠堂碑記》有"蒞任延平郡守"六字。
② "賜冠英坊"，《重修墓前祠堂碑記》作"賜坊冠英"。

使師儒弟子釃酒於頹垣故址間，二公其吐之矣。似此溯源敦本，析薪而克負荷，肯堂而復肯構。此固張氏孝子慈孫之所宜，然亦吾黨仰止景行之心所願，善體我皇上崇德報功之至意也。今而後，張氏諸君春秋省墓，及歲時伏臘登斯堂也，秀者以窮理敬業爲本，樸者亦當先察義利公私之間，毋令忠孝理學世遠風微，則二公亦妥侑於斯堂矣。猷僭記，敢爲諸君子勖。

　　康熙五十六年丁酉歲仲夏月穀旦，陳嘉猷立。

道光七年冠英堂本《張氏六修支譜》卷首

清康熙五十六年刊立《重修貳公祠庭碑記》殘碑拓片之一，今藏寧鄉博物館

清康熙五十六年刊立《重修貳公祠庭碑記》殘碑拓片之二，今藏寧鄉博物館

連州南軒書院

　　南軒書院，在廣東連縣。清雍正五年（1727 年），知府朱振基就連州守禦所舊址改建。院舍有四進：前座爲頭儀門；二座爲大堂；三座爲講堂，匾題"培風堂"，左右各有房一間；後座爲名賢祠，祀張栻（南軒）、韓愈（昌黎）、周敦頤（濂溪），左右房各二間，左爲館師下榻處，右爲諸生肄業所，上有樓五間。兩廂共有房十二間，皆爲諸生肄業處。朱振基捐谷二千石，遴選紳士經理，發商生息，十一年置田一百一十五丘，歲收糧一百三十三石六斗，以爲書院經費。乾隆四十一年（1776 年），知州張利仁捐廉銀一千兩，發商生

息，作爲正課生童膏火。生員十名、童生二十名，每名月給膏火銀六錢，每月課考名列前者另加獎勵。每年二月開館，十一月散館，正臘兩月息銀留作鄉試賓興費。道光二十七年（1847 年），知州德潙用膏火本銀之月息銀作膏火資，由州署發給。咸豐四年（1854 年）德潙歿後，此項膏火遂廢。同治五六年間（1866 年、1867 年），衆紳公舉輪流經理糧田租銀，除送山長脩脯金，完糧公用外，贏餘存貯生息，續置産業，以期久遠。

季嘯風主編《中國書院辭典》，杭州：浙江教育出版社，一九九六年版

南軒書院，在州城内。雍正五年建。

嘉慶《重修一統志》卷四五五

南軒書院，雍正二年，裁連州守禦所。五年，知州朱振基即廢署改建書院。

道光《廣東通志》卷一百四十三《學校》

韶州南軒書院

韶州南軒書院記

［明］羅洪先

司馬晋江張公某，鎮嶺南之三年，民夷大和，兵戢不舉，考故正典，以嚴神人。曰："惟余姓出南軒先生，先生實後文獻。韶無特祀，不可以檄郡守。"於是韶守南寧陳君某，祇相其役，建南軒書院城中，爲希顔堂若干楹，門垣寢廡，牲帛器物，咸秩以度。訖工，陳以余厚善，俾爲之記，且曰："幸有以告希先生者。"

　　昔者，誦先生之言曰："學者莫先於義利之辨。義者，無所爲而
然，意之所向一涉於有爲，皆不免於利之也。"當是時，余持虛妄之
見，而未嘗實致其力，以爲吾之日用，苟未至於有所爲，斯已矣，
而豈必盡絶於其意；意之所向，苟未沉溺，斯已矣，而豈能遂無少
於偏。故聞沉溺而害甚者，若將浼焉，而自視，固義之歸也。已而
求之動靜之間，而後負大慚焉。

　　夫天之於人，不能無食色、居室、貨財以相養，則亦不能無爵
位、聲譽、技能以相別也。吾以有生重其累，而又以有知雜其誘。
以外誘之知而觸有生之累，其心既無以自勝矣，則亦不得不從而寄
寓其間。故意之所向，不之於食色，則之於居室，不之於貨財，則
之於爵位、聲譽、技能，而心之無所爲者日紛紜矣。方其始也，固
知其不可以相兼也；及其緣舋當機，轉輾依附，失者之慄，得者之
燥，營營然且滅且生，而不知悟也。然以其虛妄之見，則亦豈無驅
逐懲創之力哉！惟其強於暫者，不能自必於其久；勉於外者，不能盡
忘於其中。吾之日用，以爲未嘗有所爲者，乃其勉強之少間，而意有
所向，固即彼之所以爲沉溺。特吾有以文之，不若彼之暴露焉耳。

　　嗚呼！植其根而惡其支蔓，濬其源而禁其末流，豈徒無益而已
哉！不知吾心之無所爲，足以自勝而不羨於彼者。自作止食息，以
至出入進退之有節也，可以免於從逆之凶；自應酬宰制，以至家國
天下之有道也，可以周其一體之愛。用之而不見其窮，測之而不見
其兆。極於天地而不爲大，橫乎四海而不爲遠，傳之萬世而不爲久。
貴而無足以爲榮，賤而無足以爲辱，生死而無足以爲變。而輕重低
昂之勢，有不待於論量者。而以較吾之所謂營營，此何啻康莊之於
荆棘，清泚之於汙淖也？而猶以驅逐懲創之力，交戰而迭爲之主，
不已深惑而可哀矣乎？嗟夫！三代而下，父厚於慈而子薄於孝，君
德其下而民慢其上，反唇鬩牆之怨，譸張讒諂、傾奪爭鬪之禍接踵
而不休者，果孰爲之？其能足以自勝，而不屑於浼己者，幾何人哉？
此先生不能已於言也，吾因慚先生之言而有憤焉。

孔子曰：“君子喻於義，小人喻於利。”今之有以小人相毀者，夫人莫不怒之。夫直毀之而已，不必其嘗爲也，而顧以怒焉。怒而不出於僞，是小人之不可爲，而利之不可懷者，夫人而知之也。有以君子相譽者，夫人莫不喜之，夫直譽之而已，不必其能爲也，而顧以喜焉。喜而不出於僞，是君子之不可不爲，而義之不可舍者，夫人而知之也。知小人之不可爲矣，而吾之所喻，或不免於食色之類，則是可怒者，又將望而趨之。知君子之不可不爲矣，而吾之所喻，或不出於天下之公，則是可喜者，又將違而去之。夫喜怒之於毀譽若彼，而於其身又若此，非勿思之甚也乎！以余之不肖，懼人之不相遠也，故不諱其慚憤者，而具以爲告。雖然，苟未志於希先生者，亦孰聽而信之哉！先生蜀产而楚寓也。非文獻無所徵於韶，非欲希先生，韶不必於特祀。嗚呼！即祀事之行，可以知其人之辨已。

徐儒宗整理《罗洪先集》卷四，凤凰出版社，二〇〇七年版

桂林宣成書院

宣成書院，在廣西桂林。宋景定間，經略朱禩孫爲紀念張栻、呂祖謙，奏請以二人謚號爲名建。理宗准奏並題名。後毀於兵火。元元貞二年（1296年），廉訪副使臧夢解重建。至正三年（1343年），廉訪使也先普化修葺。明初，改爲臨桂縣學。正統五年（1440年），御史劉儁於縣學西重建。弘治十七年（1504年），提學姚鏌移建於府學和縣學間。正德中，右布政使翁茂南等修葺。原有祭田三十畝，正德中巡按謝天錫增置學田一百一十畝。清康熙二十一年（1682年），教授高熊征請于巡撫郝浴，移建于譙樓右將軍錢國安園址，督學王如辰改名“華掌”，以示對張、呂二公之尊崇。增置魚塘兩個，又以官吏捐資購置經史及四子百家書籍。雍正二年（1724年），巡撫李紱復題原名。十一年，升爲省會書院。十三年，宣成與秀峰二書院

每年共用銀一千六百九十二兩、米七十七石。乾隆四十七年（1782年），二院增置學田共九十八畝，年收米五十石，"宣成"得二十石。同治十年（1871年），巡撫康國器重修，奏頒"道德陶鈞"匾。額定正課生二十五名，額外正課生八名，附課生二十名。除附課生外，餘則月給膏火，成績優秀者，按等給賞銀。院長聘金銀四兩，束脩銀一百二十兩，月薪銀二兩五錢、米一石，每節節儀銀二兩，每課酒席銀三錢。後每年束脩薪水銀增至三百六十兩。光緒二十八年（1902年）裁撤，三十一年改建臨桂兩等小學堂。民國間沿辦小學。

季嘯風主編《中國書院辭典》，杭州：浙江教育出版社，一九九六年版

宣成書院，在府治北，宋景定間，經略朱禩孫以張栻、呂祖謙俱嘗游此，因請于朝祀之，理宗書額賜焉，蓋合二公之謚以爲名。本朝洪武初，以其地爲臨桂縣學。正統間，復建于學之西。

《明一統志》卷八十三，文淵閣四庫全書本

宣成書院，在桂林府治北。宋景定間，經略使朱禩孫以張栻、呂祖謙嘗游此，合二公謚爲名，請建書院，理宗書額賜焉。元元貞丙申，廉訪副使臧夢解重建。至正三年，廉訪使也先普化修。明初，改爲臨桂縣學。正統五年，御史劉儁復改建縣學西。弘治十七年，提學姚鏌移建府縣二學之間。正德中，右布政使翁茂南、按察使宗璽、參政黄衷、副使傅習、張佑修。明末復廢。國朝康熙二十一年，教授高熊征請于巡撫郝浴，以譙樓右將軍線國安園址建書院，祀宣、成二公，督學王如辰改名華掌。雍正二年，巡撫李紱復題曰宣成書院。

嘉慶《廣西通志》卷一三三，《續修四庫全書》本

同治十年八月，以廣西省城重修書院落成，頒秀峰書院扁額曰："書岩津逮"，宣成書院扁額曰："道德陶鈞"，榕湖書院扁額曰："經

明行修"。

《清實録·穆宗毅皇帝實録》卷三百十八

宣成書院山長題名碑
［宋］孫子先

國朝四書院之名，著於郡縣學之先，嵩陽、嶽麓、睢陽、白鹿洞是也。祖宗右文爲治，錫扁賜書，命官掌教，列聖率乃祖攸行，書院山長之建幾徧宇内，惟廣西未有。經始於景定辛酉，上在東宫之時，奏乞以宣公張氏、成公吕氏從祀於孔子廟，越一年，謂桂林爲宣公仕國而成公實生焉，乃築書堂合二公而並祀，驛以奏聞，理宗皇帝大書"宣成書院"以賜之。又乞建山長員以蒞教事。至於先閱三政而壁記未立，非闕典與？因列山長姓名鑱諸石，而書其前曰：

國初儒先，依山林，即閒曠，築室讀書，山長之名蓋有取也。今書院半居闤闠之中，其義何居？蓋心者，主乎身而宰萬物者也。天地生物之心，人得之以爲心，故曰仁人心也。仁道之大，包四德，貫五常。《魯論》曰，仁者樂山。乾之文言曰，君子體仁，足以長人。夫山之體静而萬物生焉，體仁長人則天下無一物不在所愛之中，教不倦仁也。名義之取，當於此而不於彼。因名思義，仁不勝用矣。不然，仁者性也，弗克盡其性，即弗克盡其職。盡不盡之間，賢不肖所由分，是非之心人皆有之，覩其名，識其人，議其實，可不畏哉！居是官而敬其事，固非有爲而爲，前瞻後思，勸戒存焉，是亦進德修業之一助。

［清］汪森《粤西文載》卷四十二，文淵閣四庫全書本

桂林宣成書院記
［元］藏夢解

宣成書院祀南軒、東萊二先生也。前朝有四大書院，唐李渤五

老峰下曰白鹿，宋周式湘西藏室曰嶽麓，河南登封縣之潁谷曰嵩陽，建康路之廣舍五十楹、聚書萬餘卷爲曹誠舊居曰睢陽，並賜敕額。自是，衡州則有石鼓書院，道州則有濂溪書院，黃州則有河南書院，湖州則有安定書院，徽州則有紫陽、考亭書院，建安則有建安書院、紫芝書院。其後，又有宗溪書院、延平、鷺洲、明道書院，而宣成之祠未聞也。婺州有麗澤書院專祀南軒，而宣成並祀無有也。景定三年，始以南軒、東萊同升建祠，加錫封爵，時南山朱公經略兩廣，以南軒持節、東萊垂弧實在茲土，雖學有三先生祠，而宣成之祀不及，乃請於朝，建二先生精舍，敕賜宣成書院扁額。此宣成書院之所自始也。

是年，南山朱公又即元南軒先生所創郡學之西新城之東築臺立祠，藏奎有閣，講書有堂，肄業有齋，設山長職事弟子員，帥漕兩司撥田租錢鹽數各有差，月有課，歲有養，輪奐之美者十有五年。

適值天兵來臨，凡天下地土之圖與夫人民之數，悉以内附，獨桂林不下。由是，吾夫子之宮牆、二先生之精舍俱成煨燼。平章史公任本道宣慰使日，僅能爲郡學漸復舊規，而書院未暇經理，遂使宣成石刻没於蓁莽，宣成棟宇化爲瓦礫，于兹又十九年矣。余猥以晚學謬分臬寄，拜謁宣聖之始，即詢宣成故祠，僉曰書院舊有田租，自丙子後入郡學矣，以故力不及書院。余聞之驚歎曰，郡學、書院各有田租，書院之租當爲書院用，食其租而廢其祠，有司漫不加省，可乎哉？乃相與謀所以經理興復之，起自至元甲子，悉以書院之租歸宣成，同志之士議以爲然，於是山長等共任其責，不十月而棟宇新。天相斯文，不十日而璽書至。道學增崇，士類欣躍，兹蓋千載一遇也！

有言於列者曰：道之廢興皆關乎數，始而創，中而廢，終而興，數之不可逃，天地且不能違，況於人乎！余曰：不然。有成敗興廢者，數不可逃也；無成敗興廢者，道之不可泯也。天地間，事事物物有形之形者必有敝，無形之形者必不可朽。道在事物，有形之形者也。道在人心，無形之形者也。道在天地，如水之在地中，無在無不在也。學者能因有在者而求其無不在者，因其有形者而求其無形者，斯得之矣。然則求之之法，當何如？曰人有此心，則有此道。道者，日用事物當然之理，皆性之德，無物不備，無時不存，不以智而豐，不以愚而嗇，不以聖賢而加多，不以不肖而損少，特在學者能求與不能求之分耳。人能弘道，非道弘人，道不虛行，待人而後行。

今夫子燕居堂之西偏，宣成有祠，前門旁廡，次第而舉，諸君出於斯，入於斯，藏修游息於斯，晨香夕燈，月奠歲祭，其知象宣成之像。然而左簡右編，晝誦夜思，曾是學宣成之學也乎？學不及也與，志同道合，心領意會，曾是心宣成之心也乎？心不逮也與，若猶未也，則二先生格言曰：學須常懷不足，學忌諱過自足，學聖人必學顏子，學須以聖人爲準的，諸君當於此求之可也。曰：戒自棄，勉自新，先朴實，後辨慧，進學之號有六，爲學之要有五，諸君當於此求之可也。又曰：學知難而後有進，工夫無窮虛度可惜，爲學自飲食起居、視聽言動、致知力行、趨實務本始，諸君又當於此求之可也。求之一日則有一日之功，求之一月則有一月之功，求之一歲則有一歲之功，求之終身則有終身之功。先賢有云：學道譬如登山，登之尋丈固已勝于平地矣。諸君讀其書，繹其旨，汲汲焉，拳拳焉，勉其如宣成者，去其不如宣成者，則沿張呂，遡濂伊，接洙泗，使聖道之明千萬世如一日，亦二先生之所喜，部使者之所望也。若夫講堂未建，齋廡未立，庖廩未具，諸君勉旃，毋使九仞之山虧于一簣，又吾道之幸云。

雍正《廣西通志》卷一百四，文淵閣四庫全書本

重修宣成書院記

［元］光祖

踰嶺而南，靖江爲會府，昔南軒張先生嘗帥於此，而東萊呂先

生實生焉。宋末，經略使朱禩孫請於朝，因二公之謐，立宣成書院，而附祠之。不二十年而燬。元貞丙申，憲副臧夢解始復立之，祠得不廢。至正三年冬，憲使額森布哈、宋公詔明，憲副托克托穆爾，僉憲長壽經歷伊爾幹齊布哈，知事王士最，照磨聶從禮，并理臬事，政修民寧，日有餘暇，行視廟學，顧二先生之祠，未稱也。命山長張信臣撤而新之，高明深廣視舊有加，人士聳觀，益重尊仰，咸屬余以記。

予聞亞聖既没，道統不傳，天相斯文，濂洛大儒輩出，倡明道德性命之學，至紫陽夫子始集大成，而二先生實爲之輔，六經四書之旨發明著述，無復餘蘊，厥功茂矣。桂林嶺海之會，使於兹郡者智略之士非不多也，生於兹土者文學之士非不多也，而後之人惟二先生是崇是仰，獨何歟？誠以有功於聖門也。彼區區功利詞章之習，烏足與議哉！學者觀此，則亦知所尚矣。然是祠之建未及百年，中間廢而復興，敝而益以完美者，誰之力與？我國家以宣明勉屬責之風憲職事，而能盡其責，未有若公之賢者也。人才治體爲諸道之最，而尤拳拳於斯道者，意有在也。廣西困於兵寇，日尋干戈，讀書知禮義者蓋鮮不有遵道崇德之義，行乎其間，使人有所觀感而興起。我恐風俗日益偷薄，而亂靡有定矣。舉是而表章之，厥慮遠哉！然則藏修游息之在是者，四方游宦而過是者，登先生之堂，拜先生之像，求先生之學以修其身，推先生之政以及其民，庶幾乎憲使修祠之美意云。

[清] 汪森《粵西文載》卷二十九，文淵閣四庫全書本

重修宣成書院立田記

[明] 陳伯獻

書院之制，昉於唐，盛於宋。前代學政未備，或假浮屠氏之宮，士之病於進修無所，往往擇勝地，搆精舍，爲群居之講授，其著名

海内，若白鹿、嶽麓、嵩陽、睢陽是已。自是，濂溪、河南、安定、
紫陽、清湘各有書院，以祠先賢，又皆出於有司之褒表。我朝學校
徧天下，師有定員，祀有隆典，教有成法，而生徒有常廩，若無待
於書院者。然考古圖舊，景有先哲之休風，以羽翼庠序之教，其可
棄置於翦滅之餘耶？

　桂林舊有宣成書院，宋經略使朱襈孫創建，以祠張南軒、呂東
萊二先生也。入元以來，屢經兵燹，建而燬者再。正統五年，御史
劉公雋復，創於縣學之西舊址也。弘治十七年，提學僉事姚公鏌移
介兩學之間，立祠於前，鑿池於後，講課有堂，肄業有齋，退食有
寢，庖庾有次，大規畫構，視昔有加。伯獻以晚學承乏於此，睠惟
斯院落成未久，而澠漫隨之，歲月易邁，懼益摧毀。士之有志就學
者，貧無資給，迺謀左方伯何公曰：是風化之幾也，咸捐俸以助。
於是，右方伯翁公茂南、憲使宗公璽、糸政黃公衷、憲副傅公習、
張公祐、憲僉俞公緇悉，各捐俸以從事。巡按御史謝公天錫聞之，
又欲推之悠久。乃藉救荒穀贏餘，置田一百一十畝，以歲之入而給
其需。遂修射圃置穿亭，壞於上者撤而瓦之，剝於下者平而甓之，
營而繚垣塗墍而堊之。列郡生徒就學悉有廩餼，貧不能存者亦賙賚
焉。先是，院有祭田三十畝，歲久并於豪強，御史楊公璋復之。至
是祀事咸備，學政增崇，人心飛躍，而書院煥然改舊矣。

　慨自孟子没，斯道晦蝕千數百載，舂陵、河南大儒繼作，然後
二帝三王以及吾夫子之輒授者始闡明於時。子朱子纘周程之緒，集
大成，明經訓，以覺斯人，獨於二先生推重焉。觀其同心協志，以
閑先聖之道，毫分縷析，身體力行。中更學禁，自信益堅，其所以
扶綱常、立人極，關係乎天下萬世之重，殊非習浮踵陋之所能爲焉！
南軒持節於此，每以興學立教爲己任。東萊毓秀於此，亦嘗究意於
鄉邦子弟。今去諸賢幾三百餘載，而其書家傳人誦，如日中天。奈
何學者徒勦竊其文，以爲科第利禄之媒，其於窮理修身之要，茫然
莫踐其實，豈建立書院之初意，諸公風屬之盛心哉？今之爲教與學，

果能離經辨志，崇本趨實，挹宣成之像而學，周旋俎豆之間以舒其容，循鼓舞絃誦之風以陶其氣，端居默識以極夫反己致曲，俾上不負朝廷樂育之恩，下不孤鄉邦典型之望，異時名世輩出，則雖地稱荒遠，亦將超越於中州，豈特度長絜短而已，而況涵濡宣成遺澤，爲書院增重，不於諸公爲有光乎？嗚呼，予日望之。

雍正《廣西通志》卷一百四，文淵閣四庫全書本

重修宣成書院上梁文

〔明〕姚鏌

伏以吾道流行，亘萬年而如一日，真儒倡和，更千載而不數人。粵惟洙泗以來，在濂洛爲儒風之始振；繼自崇寧而後，至乾淳實理學之再興，晦菴朱夫子固云集其大成，張呂二先生豈曰獨爲小知。蓋六經子史皆有言論以折衷，而道德性情俱即身心爲驗識。道原於一，鼎立爲三。陋蕭曹於不居，南軒本伊呂之佐；超董賈而獨上，東萊則顏閔之徒。或擴其道之大而六合可充，或養其性之美而四時已備。卓哉先覺，厥惟我師。顧學宮雖有通祀之儀，必書院乃爲獨宗之敬。

惟茲地稱八桂，祠肇兩賢，建節爲張素著桐鄉之愛，垂弧者呂實占嵩岳之靈，衣被尤切乎一方，興起尚新於百世，固宜使臣之有請，致煩明主之親題。匾特榜曰"宣成"，祀已隆於景定。間罹兵燹，遂致湮蕪；亦或舉之，復歸於廢。餼羊固在，不勝祼享之疎；靈光僅存，竟何觀瞻之具。是用徵工而集木，力圖撤故以從新。卜地而遷，舉官爲費；叢祠再整，像設俄嚴。翼翼重門，欲下路人之馬；憑憑四壁，盡依夫子之牆。廣大廈之幾間，屹高堂於數仞。五車書積，爭誇學海詞林；一鑑池開，共覩天光雲影。蒼松翠竹鬱乎，蔽前後以交輝；異卉奇葩紛爾，雜東西而並植。近以著我朝之懿美，遠將誇前宋之規模。非惟崇德報功，自此有竭虔妥靈之地；而於聚

· 275 ·

徒養士，寧獨無藏修游息之區。致敬於舄履，何如爲益於章縫。備矣，敢申善頌，以相讙謡。

雍正《廣西通志》卷一百十一，文淵閣四庫全書本

送楊郡博宣成書院講易序

［明］顧璘

夫聖人之道廣矣，大矣。孔子雅言，詩書執禮，又其言曰：興於詩，立於禮，成於樂，加我數年，五十以學《易》。春秋實所自作。孟子曰：春秋，天子之事也。由是觀之，六籍者，豈非學者本始哉。經解別其教，昭昭矣。後世儒者，往往盛推其功用，自漢以來列之學宮，各立師授，有以也。故學者博識詳説，不考信於六藝，謂之不經。國家以經取士，積習累葉，旁暢曲達，言義理者析秋毫矣。而通辨之士，乃或掇華廢實，苟罔資位。仕宦績效日贊於前，有道者以爲懼。巡按廣西監察御史莆田林公，按治之初，偕藩臬大卿，議集師儒，講五經同異於宣成書院。於時，聘經師五員，召諸郡成材生員至者三百人，甚盛舉也。全州學正楊君葦，以易師聘且行。

予唯六籍之教，脩身以達之天下，匪徒以文也已。師儒之職，傳道解惑，育德達材，正之以行，糾之以刑，率三年六年視其成否，以進於王國，其法具在《周禮·大司徒》，亦匪徒以言已也。君茲行，萃諸生俊秀者，相與繹羲文周孔之道，以求其心，斯古之教也。蠲故習，圖新功，俾底於大成至當，以無忝於學士，其爲國家利博矣哉！如此，則我林公亦懋有休澤，以流於粵之人，以光副天子之寵命。唯君等惠其或恃言以設教，飭位而鮮功，則諸郡邑之學固完，而奚取道路之僕僕乎？吾知楊君必不然也，爲我語諸君與諸來學之士，舉大者不安小成，否則名囿也，又徒言之不若幸勗之，庶幾有成焉。

［明］顧璘《息園存稿文》卷三，文淵閣四庫全書本

創建華掌書院碑記

［清］王如辰

　　大中丞郝公撫粤之明年，爲康熙壬戌，四方既平，罷兵休息，業循舊典，補行粤西鄉試，貢士僅三十人。公乃慨然曰：九郡之中，十年纔一試耳，而英才嚮學，域於郡縣，有玉不琢，有美不揚，士奚由勸。爰考舊志，桂林有宣成書院，實祀南軒張公、東萊呂公。又有桂林書院，代更久湮，學廢不講。乃相地勢，擇西隅前後池塘，翼以巍樓，形勝既佳，大工斯舉。公及藩司崔公維雅、臬司黄公元驥、泉議簡公上皆捐資以倡，命教授高熊徵董其役。鼖鼓初集，群心競趨，材不庀而良，工不鳩而聚，門堂、齋舍、亭閣、厨汲煥然備具。又捐資多購經史及四子百家之文，延有道宿儒爲之師。諸生至者，月有廩費以爲常。科歲兩試所取皆才，拔其奇尤集於斯院。於是馳檄九郡，所屬州縣名儁來赴，濟濟森森，咸以後至爲辱焉。嗚呼，可謂盛矣！

　　予惟聖道之大，視王化通塞。前此，延齡煽亂，五嶺以南幾爲異域。今蕩平甫奏，而率履周行，性善可徵，教行則復，況三江濯秀，碩德相望，能自得師，何必在遠。堯舜之道，孝弟而已，一貫之旨，忠恕匪他。倣鹿洞、嶽麓之成，規采安定、蘇湖之教法，以立誠主敬爲要，以正誼明道爲歸。聖之作，賢之述，師之教，弟子之學，舍斯奚從！是則公之志也。公既樂粤士之可與進於道，而又慮無以經久，乃議以全省學租爲多士佐讀之資，而崔公維雅樂公是舉，復置魚塘二區，用贍諸生，期永久而無廢。顏曰："華掌書院"，從公志，示仰止也。公平生盛德大業，卓識鴻文，史不勝書。予幸得親炙公之丰采言論，窺其用心，以知其學，而樂爲從事斯院者告也。因勒其事於石，而爲之記。

　　　　　　　雍正《廣西通志》卷一百十五，文淵閣四庫全書本

宣成書院課士

[清] 李紱

　　賢才國根本，得之國乃昌。經訓士葡奮，教成治益光。朝廷正有道，舉孝興賢良。聲教周四際，安得遺遐方。矧茲古西粵，經學漢濫觴。陳氏有家軋，上書言丘明（叶芒）。遂令左氏軋，鼎立於膠庠。霸才震士燮，詩學鳴曹唐。制科宋所重，大魁先馮王。有明尤挺出，朝士多軒昂。文定得啓沃，清惠才明將。鶴樓抗風節，凜凜嚴風霜。爭衡於上國，峩峩莫與京（叶姜）。流風百餘年，山高水猶長。菲薄忝遭逢，持節來炎荒。願與諸士約，講學興文章。藝苑共馳驟，德囿同翱翔。上以應景運，休徵來麟凰。下以致美俗，舊染回狉狼。庶幾輫翼南，奎壁同光芒。往聞常觀察，風氣開閩疆。又聞韓昌黎，文學興潮陽。望古一遙集，盛事其可忘。教化如有成，百世同芬芳。

雍正《廣西通志》卷一百二十五，文淵閣四庫全書本

漢州南軒書院

　　南軒書院，在漢州城內，改南軒祠。今圮。

雍正《四川通志》卷五中，文淵閣四庫全書本

綿竹景宣書院

　　紫岩書院，在四川綿竹。城北紫雲寺有宋張栻讀書堂遺址。元代光祿大夫行四川平章政事趙世延捐俸於遺址建書院。其齋舍、堂

室、庖溷、庫廁均備，另有先聖堂祀孔子，配以顏、曾、思、孟，"制度精詳，規模巨敞"。陝西張養浩撰記。明永樂初，侍郎黃某遷建於城東穿月波井之側，即張栻之父紫岩先生讀書處。嘉靖十五年（1536 年）重修，蜀人給事中彭汝實有記。後傾圮。萬曆元年（1573 年）知縣趙時勝重修，邑人國子監助教楊准爲記。明末，學舍碑石毀於兵火。清康熙四十八年（1709 年），知縣尹漸逵捐俸重建於縣署側。後又毀圮。雍正十二年（1734 年）知縣徐鴻烈重修。乾隆二年（1737 年）知縣安洪德改建院門直通文廟，易名"景宣"，以張栻謚"宣公"之故。十年知縣吳一璜移建於靈寶觀，改名"晋熙"，因縣舊爲晋熙郡之故。嘉慶十年（1805 年）邑舉人皮繡黻稟准，知縣李霖捐銀一百兩，仍建於邑東紫岩先生讀書舊址。工未竣，諸生借川主廟就讀，並改名"月波書院"。二十三年，舉人羅瑩璋等續成。道光五年（1825 年）知縣楊上容將"月波"併入"紫岩"。光緒八年（1882 年）知縣莊裕筠、山長楊聰等增修。光緒三十年（1904 年），改爲高等小學堂。三十三年（1907 年），改成縣立中學堂。

季嘯風主編《中國書院辭典》，杭州：浙江教育出版社，一九九六年版

　　紫岩書院（月波書院），在綿竹縣（今綿竹市），元時建於治北二十里，明永樂初遷於縣治東一里月波井側（即張浚讀書地）。康熙四十八年（1709 年）知縣尹漸逵重建於縣署側。乾隆二年（1737 年）知縣安洪德修葺，易名爲景宣書院。紫岩書院之名遂廢。嘉慶十年（1805 年）縣内舉人皮繡緞等請准添設紫岩書院于月波井舊址，因未竣工，暫設川主廟内，名月波書院；二十三年（1818 年）遷回原址。道光五年（1825 年）易名爲紫岩書院。光緒二十三年（1897 年）改建爲縣立中學校。

　　景宣書院，在綿竹縣署側，原爲紫岩書院，乾隆二年（1737 年）知縣安洪德易名景宣書院。乾隆十年（1745 年）知縣吳一璜移景宣

書院於西街改建，易名晋熙書院，景宣書院遂廢。

晋熙書院，在綿竹縣治西街靈寶觀故址，乾隆十年（1745年）知縣移景宣書院於此改建，易名晋熙書院。乾隆六十年（1795年）知縣楊家光重修，並建南軒祠於内。光緒三十年（1904年）改建爲高等小學校。

胡昭曦《四川書院史》，四川大學出版社，二〇〇六年版

紫岩書院，在綿竹縣東一里，宋張浚讀書處。

雍正《四川通志》卷五中，文淵閣四庫全書本

晋熙書院，在綿竹縣治西，以晋改縣爲晋溪得名。乾隆十一年，知縣吴一璜建。乾隆六十年（1795年）重修。嘉慶十二年，知縣陳焕章重修。

嘉慶《四川通志》卷七十九